薪火筑梦

肇庆市“中华优秀传统文化与社会主义核心价值观”

座谈会文章选

肇庆市炎黄文化研究会 编

暨南大學出版社
JINAN UNIVERSITY PRESS

中国·广州

图书在版编目(CIP)数据

薪火筑梦：肇庆市“中华优秀传统文化与社会主义核心价值观”座谈会文章选/肇庆市炎黄文化研究会编. —广州：暨南大学出版社，2015.1
ISBN 978-7-5668-1329-9

Ⅰ.①薪… Ⅱ.①肇… Ⅲ.①中华文化—文集 ②社会主义建设—价值论—中国—文集 Ⅳ.①K203-53 ②D616-53

中国版本图书馆 CIP 数据核字(2015)第 014818 号

出版发行：暨南大学出版社

地　址：中国广州暨南大学
邮　编：510630
电　话：总编室(8620)85221601
营销部(8620)85225284　85228291　85228292(邮购)
传　真：(8620)85221583(办公室)　85223774(营销部)
网　址：http://www.jnupress.com　http://press.jnu.edu.cn

排　版：广州联图广告有限公司
印　刷：佛山市浩文彩色印刷有限公司

开　本：787mm × 960mm　1/16
印　张：15.5
字　数：249 千
版　次：2015 年 1 月第 1 版
印　次：2015 年 1 月第 1 次

定　价：39.80 元

前 言

肇庆市炎黄文化研究会从2013年开始，开展以中华优秀传统文化与社会主义核心价值观为内容的学习、研讨活动。这一活动得到肇庆市离退休老领导，社会科学界的专家学者，大专院校、中小学教师的热烈响应和支持。经过深入发动，我们收到有关学习、研究传统文化与社会主义核心价值观的文章63篇，并于2014年8月22日在肇庆市湖滨大酒店举行座谈会。现在，我们从收到的63篇文章中，经审定、修改，筛选出39篇结集出版。这是一本理论联系实际、学术性与实践性兼具、特点鲜明的读物。理论上，本书对中华优秀传统文化与社会主义核心价值观、中华民族伟大复兴的中国梦以及公民道德建设的关系进行了深刻论述，并且用通俗易懂的语言对中华传统文化的许多经典进行诠释和表达；实践上，本书联系当前社会热点、道德现象、价值观上存在的问题，就吸收优秀传统文化的精华、培养和践行社会主义核心价值观方面，提出不少有益的建议和意见，特别是对肇庆市创建文明城市和在中小学中开展优秀传统文化教育有一定的参考价值。

2014年9月24日，习近平总书记在纪念孔子诞辰2 565周年国际学术研讨会上发表讲话时指出："中国优秀传统文化的丰富哲学思想、人文精神、教化思想、道德理念等，可以为人们认识和改造世界提供有益启迪，可以为治国理政提供有益启示，也可以为道德建设提供有益启发。对传统文化中适合于调理关系和鼓励人们向上向善的内容，我们要结合时代条件加以继承和发扬，赋予其新的含义。"当前的一个重要任务，就是要深入学习、深刻领会习近平总书记关于培育和践行社会主义核心价值观的重要讲话精神，真正做到思想更自觉、行动见成效，推动核心价值观建设不断向广度和深度拓展，使核心价值观无时不有、无处不在，成为可能和现实。

中华优秀传统文化是社会主义核心价值观的活水源头，在培养社会主义核心价值观过程中具有重要作用。优秀传统文化能够丰富、充实我们对核心价值观的认识，能够激起我们的道德情操、唤起我们的人格操守、活跃我们的精神生活，从而提高我们抵制西方价值观渗透的能力。我们要不断提高对培育和践行社会主义核心价值观的自信和自觉，担负起我们这代人传承中华优秀传统文化、弘扬中国精神、共筑精神家园的历史责任和使命。

“国无德不兴，人无德不立。”充分挖掘和运用传统文化的思想道德资源，开展优秀传统文化教育，对提高全民思想道德素养具有十分重要的意义。《薪火筑梦——肇庆市“中华优秀传统文化与社会主义核心价值观”座谈会文章选》一书，对社会主义核心价值观进社区、进农村、进企业，覆盖全社会，提出了很多好的意见和建议。特别是引起大家关注的公务员群体、党员领导干部的道德教育、道德修养，不少文章引经据典，以史为鉴，剖析当今落马的腐败官员，具有很强的针对性和现实意义。

借《薪火筑梦——肇庆市“中华优秀传统文化与社会主义核心价值观”座谈会文章选》一书出版的机会，衷心感谢肇庆市委常委梁志强同志以及市委宣传部、市教育局的关心和支持，同时要感谢积极参与我会举办的弘扬传统文化、培育和践行社会主义核心价值观活动的炎黄文化研究会的离退休老同志、肇庆市社会科学界的专家学者、大中小学的教育工作者。他们积极参加这次活动，踊跃撰写文章，为本书出版付出了辛勤劳动。在此，我们一并表示感谢!

肇庆市炎黄文化研究会

2014 年 12 月

目录

第二编　优秀传统文化与中国梦

第三编　优秀传统文化与道德建设

第四编　优秀传统文化与青少年教育

第五编　优秀传统文化与现实辉映

第一编 优秀传统文化与社会主义核心价值观

培育和践行社会主义核心价值观，是我们党为实现『两个一百年』的宏伟目标和中华民族伟大复兴的中国梦而作出的重大决策，是凝魂聚气、强基固本的基础工程、战略工程。

弘扬优秀传统文化　建设美丽精神家园

肖又喜

党的十八大提出的“三个倡导”、“二十四字”社会主义核心价值观，即倡导富强、民主、文明、和谐，倡导自由、平等、公正、法治，倡导爱国、敬业、诚信、友善，凝练了国家的价值目标、社会的价值取向和公民的价值准则。这是社会主义核心价值体系的内核，反映了社会主义核心价值体系的丰富内涵和实践要求，体现了社会主义核心价值体系的根本性质和基本特征。培育和践行社会主义核心价值观，是我们党为实现“两个一百年”的宏伟目标和中华民族伟大复兴的中国梦而作出的重大决策，是凝魂聚气、强基固本的基础工程、战略工程。

培育和践行社会主义核心价值观，必须立足于中华优秀传统文化。源远流长、博大精深的中华优秀传统文化，积淀着中华民族独特的精神标识，蕴含着丰富的思想道德资源，是中华民族永远不能离弃的精神家园，为中华民族生生不息、发展壮大提供了丰厚滋养。我们要进一步唤醒人们的文化自觉意识，增强文化自信，立足中华优秀传统文化，打牢社会主义核心价值观的根基。要坚持不忘本来、面向未来，坚持古为今用、推陈出新，坚持以文化人、以文育人，继承优秀传统文化，发展当代先进文化，加快建设文化强市和美丽精神家园。

一、读懂传统文化，夯实精神支柱

在传统文化中，读书、修身、立德不仅是立身之本，也是从政之基。书籍是人类知识的载体、智慧的结晶和进步的阶梯。只有认真学习，多读、善读好书，才能坚定理想信念、提高自身素养、锤炼道德情操、提升思想境界；才能把握人生道理、领悟人生真谛、体会人生价值、实现人生追求。读书不仅要读当代中国化的马克思主义理论书籍和经济、法律、科技、文化书籍，还要读中华优秀传统文化书籍，包括“四书五经”等国学经典、历史经典、文化经典、哲学经典、伦理经典。通过阅读这些穿透历史、跨超时空的经典，认识优秀传统文化的丰富内涵，领悟“半部《论语》治天下”的道理，自觉接受优秀传统文化的熏陶，提高人文素养和精神境界，进而懂成败、鉴是非、知兴替，温故而知新，彰往而察来；知廉耻、懂荣辱、辨善恶，塑高尚品格；陶冶性情，增长才干，改进思维，把握规律，提高把握大局、驾驭大事的能力。特别要学习优秀传统文化中“国家兴亡，匹夫有责”的爱国精神，“与时俱进，自强不息”的进取精神，“先天下之忧而忧，后天下之乐而乐”的忧患意识，“民为贵，君为轻”的民本思想，“仁者爱人”、“为政以德”的仁政文化；要挖掘书籍中阐发重民本、守诚信、讲仁爱、崇正义、尚和合、求大同观念的时代价值，把弘扬优秀传统文化与发展中国特色社会主义文化结合起来，把弘扬以爱国主义为核心的民族精神与弘扬以改革开放为核心的时代精神结合起来，为弘扬社会主义核心价值观提供正能量。

二、发展特色文化，提升城市品位

肇庆市是国家级历史文化名城，具有两千多年的悠久历史，文化底蕴十分厚实，文化遗产璀璨夺目，仅国家级文物保护单位就有五处。我们要积极挖掘、保护，合理开发、利用祖先留下的文物古迹、文化遗产（包括非物质文化遗产），传承历史文脉。肇庆市既是岭南土著文化的发祥地，又是中原文化与岭南文化、西方文明与中华传统文明最早交汇的地区，多元文化交融，才贤辈出，禅宗文化、包公文化、状元文化、龙母文化等独具特色，影响深远。我们要采取各种措施，大力宣传、弘扬这些特色文化，如前几年由南方日报出版社出版发行的包括《包公兴端州》、《母仪龙德》、《甲第开南粤》等一套六本、150多万字的《肇庆人文》丛书，就较好地宣传了这些特色文化。肇庆市是国家级优秀旅游城市，旅游资源相当丰富，市区“山湖江城”浑然一体，旅游文化互相融合，后势发展前景广阔。要充分挖掘旅游景点的文化元素（如山清水秀的星湖景区里面，就深藏着500多幅摩崖石刻)，加大文化元素的宣传力度，把“千年书法长廊”显露出来，使游客在享受自然风光的同时，也能接受千年华夏文化的陶冶，这样星湖景区就更显魅力，更有吸引力了。肇庆市具有光荣的革命传统，是“铁军”的故乡，是在黄花岗七十二烈士中排行第二位的李炳辉的故乡，是我国农民运动最早的发祥地，红色文化相当丰富，文化景点像一颗颗熠熠生辉的珍珠撒落在肇庆广袤的大地上。我们要着力开辟千里红色旅游文化走廊，发展特色旅游文化。肇庆市又是“中国砚都”，我们要大力弘扬全国独一无二的端砚文化这一传统文化精粹，加大国家级非物质文化遗产——端砚的工艺美术研发力度，发挥端砚文化村、端砚博物馆的参观、展示、销售作用，吸引天下游客如云而来。

三、扶持经济文化，焕发城市活力

文化是民族之魂、国家之基、城市之根。在全球经济竞争日益激烈、科技进步日新月异的当今，文化就是竞争力和生产力，抓文化就是抓发展。一个健康的社会如果没有绚丽的文艺，就像大自然没有空气、阳光和水一样，是无法存续的；一个没有文化引领和支撑的经济体，是不可能持续、快速发展的。美国苹果公司过去几年股票市值翻了20多倍，其成功经验就是将所有产品与文化艺术设计、文化产业相结合；韩国从十几年前提出“文化立国”以来，便指定文化产业为绿色增长产业，政府大力支持该产业发展，以影视、音乐、戏剧、游戏等大众文化为代表的“韩流”、“梦工厂”长盛不衰、硕果累累，一举占领亚洲市场，成为新的经济增长点，既赚取了大量外汇，又提升了国家对外形象。可见，文化就是生产力，文化产业就是朝阳产业，文化经济潜力大、前景广。我们要把培育和践行社会主义核心价值观落实到经济发展实践和社会治理中。一方面，要注重经济行为和价值导向有机统一、经济效益和社会效益有机统一，实现市场经济和道德的良性互动；另一方面，要深化文化体制改革，创新文化发展机制，为文化产业、文化经济提供政策、资源、资金各方面的支持，大力发展文化旅游、文化会展、传媒出版、动漫游戏、影视音乐、广告设计、工业设计、创意研发等文化经济和高端产业，大力开展文化招商，鼓励非公资本进入文化产业，培育文化消费点，增强文化软实力，激发城市活力，加快文化强市建设步伐，把肇庆建设成珠三角连接大西南枢纽门户城市。

四、落实惠民文化，把欢乐送给百姓

立足优秀传统文化，构建美丽精神家园，最终目的在于使全市人民享受文明富裕、和谐欢乐的幸福生活，即既富“口袋”，又富“脑袋”。因此，我们要着力落实惠民文化。要进一步解放思想，鼓励创作，多出一批像《桔花缘》一样荣获全国“五个一工程”奖的精品力作，推进文化事业大繁荣，建设百花争艳、姹紫嫣红的肇庆艺园，为全市人民提供精神食粮；要加快培养和引进文艺名家大师和文化创意、文化产业领军人物，培育德艺双馨的文艺人才，要“转作风，走基层，改文风”，贴近生活，贴近实际，贴近群众，活跃文艺创作和演出，使百姓共享文艺成果，始终保持文化的生机活力；要根据广佛肇经济文化生活圈的要求，加快市、县、镇、村四级公共文化设施的建设，构建基层公共文化设施网络，增强公共产品、服务的供给功能，打造“城市十分钟文化圈”和“农村十里文化圈”；要努力实施图书馆、艺术馆、文博馆等基础文化设施全覆盖工程，实施“全民阅读工程”，不断满足全市人民日益增长的精神文化需求，不断促进全市干部群众思想道德和科学文化素质的提高。

（作者为中共肇庆市委宣传部原副部长、肇庆市炎黄文化研究会理事）

弘扬为民、务实、清廉的中华优秀传统文化

钟金就　蒋志军

我们开展的以为民、务实、清廉为主题的党的群众路线教育实践活动，是在以习近平同志为总书记的党中央的领导下，在新时期保持党的先进性和纯洁性的一个重大战略举措，对提高党的建设水平，实现国家富强、民族振兴、人民幸福的伟大中国梦有着十分重大的意义。中华民族上下五千年，虽历经朝代更替，但“廉政文化”的思想源远流长、深实厚重。其体现着中华民族以民为本的理念，同时也是中华优秀传统文化的重要组成部分。当前，我们党员干部开展的以为民、务实、清廉为主题的党的群众路线教育实践活动，就是把中华优秀传统文化和当今中国特色社会主义伟大实践相结合的光辉典范。

一、为民、务实、清廉是对中华优秀传统文化的传承

1.中国传统文化注重人的价值，强调以民为本

早在几千年前，中国人就主张治国须利民、裕民、养民、惠民，如《尚书》里提出的“国将兴，听于民；国将亡，听于神”。形成于春秋战国时期的诸子百家思想，其主张虽各不相同，但几乎都包含着珍贵的民本思想。如孔子提出的“仁爱惠民”、荀子提出的“君舟民水”、法家提出的“君权民授”等都无一例外包含着民本思想。在此后的漫漫历史长河中，从“民者，万世之本”到“与民休息，宽以民力”，民本思想始终绵延不断、顺势发展。其中，“文景之治”、“贞观之治”、“开元盛世”的出现与民本思想的支撑密不可分，历代贤明帝王和清廉官员的人格特征也与民本思想的孕育息息相关。

2.中华传统文化十分注重官德培育，崇尚实干精神

中国传统社会民众历来崇尚官德，强调为政以德树己身，实干方能出政绩。孔子说的“为政以德”，唐朝罗隐说的“不患无位，而患德之不修”，强调的都是为官者要有官德。清朝陈宏谋在《从政遗规》中说的“当官之法，唯有三事：曰清，曰慎，曰勤”，指的是为官者要有令人敬佩的道德素养。而《论语·宪问》中的“君子耻其言而过其行”，《汉书》中的“百闻不如一见”、“临渊羡鱼，不如退而结网”，以及荀悦《申鉴·俗嫌》中的“名必有实，事必有功”，讲的是不论为官，还是做人做事，都要有实干精神，只有踏实做事，才能取信于人，才能做出让世人心悦诚服的政绩。东汉班固早在所著的《汉书·河间献王传》中，就提出了“实事求是”的学习原则。可以说，中华民族自古以来就是一个实事求是的民族。

3.中华传统文化注重廉政观念，特别重视自律与制律

中华传统文化特别注重自律与制律，自律修身，制律强化权力约束。我国历朝社会都致力于把道德教化和刑罚惩治相结合，尽管不同朝代对腐败的惩治力度不同，但基本做法都是依据法规制度进行权力约束。《晏子春秋》中收录的“廉者，政之本也，民之惠也；贪者，政之腐也，民之贼也”就体现了晏子关于廉洁从政的主张。汉朝法律规定“藏值十金，则重罪”，即“以十金作为标准，官吏贪污数额在十金以上必须处死”。唐朝的《唐律》规定了“六赃”，即“受财枉法、受财不枉法、受所监临财物、强盗、窃盗、坐赃”。明朝则强调治吏必须用重典，《大明律》中对官吏贪赃枉法犯罪量刑相当严厉，如监守自盗者、贪赃枉法至八十贯者，都以绞刑重治。

当然，纵观几千年中华民族文明史，虽然也有“民本思想”、“务实理念”和“廉政观念”的形成与建立，但其根本目的是为封建统治阶级服务。

二、为民、务实、清廉的理念具有鲜明的时代特征

在新的历史条件下，党开展以为民、务实、清廉为主题的群众路线教

育实践活动，最根本的目的是服务广大人民群众，这是新时期保持党的先进性和纯洁性的基本要求。这既是对中华优秀传统文化的继承和弘扬，更是我们党坚持走中国特色社会主义道路的必然要求。也就是说，我们党的执政理念是从中华优秀传统文化中汲取营养的，同时又具有中国特色社会主义的时代特征，这也是我们党的事业得以兴旺发达的源泉。

1.为民就是党的宗旨

中国传统文化博大精深、源远流长，其中“民本思想”可谓独树一帜。早在战国时期，孟子就提出了“民为贵，社稷次之，君为轻”的思想，认识到“得民心者得天下”的道理。但是，古代圣贤所倡导的民本思想都还不是真正意义上的“群众史观”，这是因为他们的出发点和归宿点都不是人民大众的利益，而是维护剥削阶级的统治，是以承认统治和服从关系的合理性为前提的。

我们党从诞生之日起，就明确宣布除了工人阶级和最广大人民群众的利益之外，没有自己特殊的利益。党来自人民、植根人民、造福人民。离开人民，党不仅无法生存和发展，而且一切奋斗和活动也将变得毫无意义。回顾成立以来的历史，党始终是为中国人民和中华民族的利益而奋斗的。毛泽东同志在总结中国革命成功的经验时特别强调，“有无群众观点是我们同国民党的根本区别”，“共产党的路线，就是人民的路线”。习近平总书记指出：“人民对美好生活的向往，就是我们的奋斗目标。”讲为民，就要在全党进一步牢固树立人民群众是真正英雄的历史观，树立以人为本、人民至上的价值观，树立立党为公、执政为民的执政观，努力做到在任何时候、任何情况下都不忘本、不变本。

2.务实就是党的作风

注重现实、经世致用，是中国文化的一大悠久的传统。这种以在农业社会所崇尚的经验理性为基础的文化传统，熏陶和培育出了中华民族鲜明的务实性格。而务实不仅是我们党的鲜明特点，也是我们党的优良传统和作风。在革命、建设和改革的历程中，我们党坚持立党为公的思想理念，坚持求真务实的工作作风，为人民群众做了大量实事和好事。我们党坚持务实作风是一贯的、长期的，在社会主义革命和建设时期产生的焦裕禄精神就是最生动的体现。习近平总书记指出："空谈误国，实干兴邦。"这突出强调了务实的重要性。务实就要锤炼作风。党员干部应带着感情和责任深入实际、深入基层、深入群众，坚持实干富民、实干兴邦，敢于开拓、勇于担当，多办顺民心、解民忧、惠民生的实事和好事。务实就要问政于民、问需于民、问计于民，立足现实、着眼长远，从现在做起，从具体事情抓起，从群众最不满意的地方改起，扎扎实实推进改革发展，扎扎实实为民造福。

3.清廉就是党的形象

中华上下五千年，我们的先贤产生了丰富的廉政思想。历朝历代为了政权稳定、社会巩固都十分重视廉政思想，从而推动了中国传统廉政思想文化的发展。习近平总书记强调："面对复杂多变的国际形势和艰巨繁重的改革发展稳定任务，实现'两个一百年'的奋斗目标，实现中华民族伟大复兴的中国梦，必须坚持党要管党、从严治党，积极借鉴我国历史上优秀廉政文化，不断提高党的领导水平和执政水平，提高拒腐防变和抵御风险能力，确保党始终成为中国特色社会主义事业的坚强领导核心。"当前，绝大多数党员干部是清廉的、节俭的、艰苦奋斗的，但也有一些党员干部身上还存在不清廉的问题，突出表现就是享乐主义和奢靡之风。对于这些问题，我们必须通过党的群众路线教育实践活动认真加以解决。习近平总书记强调："打铁还需自身硬。"自身硬，除了硬在理想信念、执政能力、工作作风上，还要硬在清廉上。要做到清廉，就必须加强党员干部的思想道德建设和党性修养；加强制度建设，把权力关进制度的笼子里；加强监督，让权力在阳光下运行。只有这样，才能切实维护党在人民群众中的良好形象和威信威望。

三、为民、务实、清廉是党员干部弘扬中华优秀传统文化和践行社会主义核心价值观的根本要求

践行社会主义核心价值观，必须抓好党员干部这个重点，发挥好他们的引领带动作用。不同于普通群众，党员干部有着人民赋予的特定权力，

需要发挥特定作用。因此，他们要率先垂范，自觉成为社会主义国家价值目标的奋斗者、社会主义社会价值取向的引领者、社会主义个人价值准则的践行者，其根本要求就是要做到为民、务实、清廉。

1.为民

为民，就是要坚持立党为公、执政为民。把实现好、维护好、发展好人民群众的根本利益作为思考问题和开展工作的根本出发点和落脚点，忠实地贯彻和执行党的群众路线，当好人民公仆，做到情为民所系、权为民所用、利为民所谋。

(1) 情为民所系。就是要对人民群众有真挚的感情。只有对人民群众具有真挚的爱，满怀真情，才可能牢固地确立起为民的立场和采取为民的行动。现在交通工具发达了，有些干部与群众的距离却远了；通信工具先进了，有些干部与群众的沟通却困难了。这里首先表现出的是一个立场问题、感情问题，也就是说有的党员干部对群众的感情淡漠了。我们要自觉摆正与人民群众的关系，从思想和感情深处真正把人民群众当主人，要设身处地、换位思考，把人民群众的安危冷暖放在心上，以群众的忧乐为忧乐，以百姓的疾苦为疾苦。

(2) 权为民所用。党员干部与普通群众的一个重要区别是，他掌握着一定的权力。习近平总书记强调：“马克思主义权力观概括起来是两句话：权为民所赋，权为民所用。”无论官当多大、权有多重，都必须始终坚持履行为人民服务的义务。现在的确有些党员干部在如何对待和使用权力问题上存在着糊涂观念：有的认为权力是上级给的，想问题、办事情不怕群众不满意，只怕领导不注意，逢迎拍马，唯上是从；有的认为权力来源于个人努力、个人奋斗，把“有权不用，过期作废”奉为信条，滥用权力甚至以权谋私。这些思想和行为是同马克思主义权力观背道而驰的。如果奉行这样的权力观，不出问题、不犯错误是不可能的。

(3) 利为民所谋。人民对美好生活的向往，就是我们奋斗的目标，全心全意为人民谋利益是为民的落脚点。任何工作要不要做、能不能做，都要从人民的需要、人民的利益出发，而不能从个人和小集团的利益出发。我们的一切言论行动，必须以合乎最广大人民群众的最大利益、为最广大人民群众所拥护为最高标准。在利益分化、社会多元、社会分层的今天，群众的利益需求越来越多元、多样、多变，我们要正确处理最广大人民群众的根本利益、现阶段群众的共同利益和不同群体的特殊利益之间的关系，切实把人民利益维护好、实现好、发展好。

2.务实

务实，就是坚持勤奋工作、埋头苦干，对党和人民的事业高度负责，坚持不懈地带领群众艰苦创业，扎扎实实地做好各项工作。

(1) 要树立正确的政绩观。真正的政绩是为党和人民服务而踏实工作的实绩，是经得起群众、实践和历史检验的实绩。党组织对领导干部要严格要求、严格管理、严格监督，帮助他们树立正确的政绩观，科学衡量其政绩；要进一步改进干部的考核标准和方法，既要看主观努力，又要看客观条件；要把干部实际为群众做了什么、在群众中的口碑如何作为评价他们工作的主要方面。对弄虚作假、欺上瞒下、贪图虚名、搞假政绩的干部，要坚决予以查处。要力戒浮躁之气。浮躁之气，败坏了党风，也影响了干部的健康成长。它反映了一些干部思想和工作作风上存在的问题，是思想不正、党性不纯的表现，实质是个人主义在作怪。克服浮躁之气，最根本的是要树立马克思主义的世界观、人生观、价值观，着力解决好权力观、地位观、利益观的问题。做工作要立足于当地的长远发展和人民群众的根本利益，不搞劳民伤财的“形象工程”、“政绩工程”，不盲目铺摊子、上项目，不提一些不切实际的高指标，不喊哗众取宠的空口号，把心思用在工作上，把感情贴在民心上，把成绩归功于集体，养成兢兢业业、踏实苦干的作风。

(2) 要有知难而进、埋头苦干、兢兢业业、锲而不舍的精神。我们在办实事、求实效的过程中，必然会遇到许多矛盾和问题。尤其是在改革已经进入攻坚期和深水区，世情、国情、党情在发展变化的今天，我们更要敢于正视矛盾和问题，迎难而上，知难而进，千方百计使矛盾和问题及时、正确解决。要多到矛盾突出的基层去，多到困难较多的一线去，多到难点、焦点问题聚集的地方去，在克服困难、化解矛盾、解决问题的过程中抓落实、促发展、出实绩。正如习近平总书记所说，要有“钉钉子”的精神，一锤一锤接着敲，直到把钉子钉牢，钉牢一颗再钉下一颗，一直钉下去，必然大有成效。

3.清廉

清廉，就是要坚持严于律己、廉洁奉公，时刻把党和人民的利益放在首位，严格遵守党纪国法，坚持高尚的精神追求，永葆共产党人的浩然正气，切实做到“拒腐蚀，永不沾”。

（1）要正确认识和处理奉献精神和利益原则的关系。坚持人民的利益高于一切，坚持立党为公、执政为民，正确对待和处理个人利益，淡泊名利、无私奉献，这是党的性质和宗旨对领导干部的根本要求，也是共产党人应有的政治品格。在制度和政策规定的范围内，领导干部的利益是正当的，但绝不能把获取个人利益看成是自己人生的唯一追求，更不能把个人利益凌驾于党和人民的利益之上。

（2）要正确认识和处理党的事业和个人价值的关系。我们并不反对追求个人价值，关键在于追求和实现什么样的个人价值。在当代中国，领导干部只有在建设中国特色社会主义的实践中作出成绩和贡献，只有为党的事业不懈努力，只有为人民的幸福奋斗不息，个人价值才是崇高的，才能得到最大程度的实现。

为民、务实、清廉是相互关联的。为民必然要求务实和清廉，也只有务实和清廉，才能真正做到为民。它们共同诠释着共产党人的核心理念——为人民服务。领导干部只有做到为民、务实、清廉，全心全意为人民服务，才能以人格力量感召群众、引领风尚，以实际行动影响和带动全社会，从而自觉推进社会主义核心价值观的培育和践行。

几千年中华民族文明史，无论在理念上还是实践上都有“为民、务实、清廉”的观念和先例。虽然其形成与建立，根本目的是为封建统治阶级服务，却为今日的“为民、务实、清廉”提供了基本的文化元素和厚重的文化底蕴。而在当今，无论是基于历史角度，还是现实角度，中华民族底蕴深厚的“为民、务实、清廉”文化都值得我们共产党员继承和发扬光大。当代中国特色社会主义的伟大实践也要求我们既要弘扬中华优秀传统文化，又要在中华优秀传统文化上有所创新，培育和践行社会主义核心价值观，从而把党的事业推向健康发展的轨道。

（作者：钟金就，肇庆市社科联主席；蒋志军，肇庆市社科联科员）

论中华优秀传统文化的当代意义

叶菲菲

复兴国学，是当代中国思想界的一股潮流。新中国成立60多年，改革开放30多年，中国的经济现代化取得重大成就。高速发展的经济极大地丰富了我们的物质生活，但市场经济的负面影响，也造成了思想意识形态领域混乱、伦理道德失序的困境。因此，价值重建与文化重建，任重而道远。今天谈“重温传统”，不是以过去为导向，提倡复古主义，而是以未来为方向，以现实问题为出发点，从传统中开辟出新意，跟上时代步伐。中国的历史实践表明，对于传统文化，应该活学活用。要做到活学活用，就得以现实问题为出发点，将传统看作解决问题的资源和经验，使传统活在解释之中，活在日常生活之中，活在对现实生活的不断回应和接续传承之中。因此，我们有必要理清以下几个关系，赋予中华优秀传统文化以历史新义。

一、弘扬中华优秀传统文化与践行社会主义核心价值观的关系

中国传统文化博大精深、源远流长，其中闪耀的思想精华和道德精髓是社会主义核心价值观的重要思想源泉。社会主义核心价值观在三个层面的倡导直接或间接地继承了传统文化中的思想精华。国家层面倡导“富强、民主、文明、和谐”，这是借鉴了传统文化中“自强不息”、“以和为贵”等思想。社会层面倡导“自由、平等、公正、法治”，这是借鉴了儒家“天人合一”、“允执厥中”、“隆礼重法”等思想。“自由”在古代多指人通过发扬善心，进而知性、知天，“参天地之化育”，最终实现天道与人道的交融互通，达到物我为一、天人合一的境界。“中则正”，指一个人如

果能守护善性，言行不偏不倚，就能保持公心，体现公正。"法治"在传统文化中作为德治的重要补充，受到不少思想家的推崇。个人层面倡导"爱国、敬业、诚信、友善"，这是传承了中华民族几千年的传统美德。"爱国"是中华儿女矢志不渝的信念，是我们弥足珍贵的精神财富。"诚信"思想最早来自儒家，《中庸》讲："诚者，天之道也。"天道至诚、真实，所以，人道也应如此，保持真诚善良的人性。"信"为人言，人要言必信，行必果。由"诚"到"信"，是做人的基本要求。儒家认为，仁、义、礼、智、信是每个人都应遵守的道德规范。"仁"表现为善待他人，推己及人，即"友善"。"义"表现为处事得体，办事尽心，即"敬业"。

党的十八大政治报告在"扎实推进社会主义文化强国建设"的总体战略布局中，特别强调指出："建设优秀传统文化体系，弘扬中华优秀传统文化。"这足以证明，以习近平总书记为首的新一届党中央政府非常推崇中国传统文化。2013 年 11 月，习近平总书记来到曲阜孔府考察，并来到孔子研究院。桌子上摆放着展示孔子研究院系列研究成果的书籍和刊物，他一本本饶有兴趣地翻看。翻阅《孔子家语通解》、《论语诠解》这两本书时，他说："这两本书我要仔细看看。"2014 年 2 月，习近平总书记在中共第十三次集体学习上强调，要使社会主义核心价值观的影响"像空气一样无所不在、无时不有"。可以说，国家的发展，既需要坚实的物质基础，也离不开强大的精神支撑；民族的进步，既有赖于物质文明的积累，也有赖于精神文明的培育，更有赖于进步的核心价值观的引领。传承优秀传统文化，使社会主义核心价值观内于心、外于行。

二、弘扬中华优秀传统文化与实现中国梦的关系

一个缺乏梦想的人是一个苍白的人，一个缺乏梦想的民族是一个软弱的民族，一个缺乏梦想的国度是一个无力的国度。中国梦就是使每一个中华儿女过上美好生活的梦想。这个梦想，从大的方面来说，就是民族的复兴，国家的富强、民主、文明、和谐；从小的方面来说，就是个人的出彩，家庭的和睦，单位、社区的健康发展和良好风尚的形成。中国梦之所

以强调中国道路、中国精神、中国力量，是因为我们党成立九十多年来，领导人民走过了波澜壮阔的革命斗争和国家建设历程。要实现这个“中国梦”，当然，要靠党的正确领导，要靠坚持“三个自信”，但就我们个人而言，最重要的还是要靠发扬以爱国主义为核心的民族精神和以改革创新为核心的时代精神，抢抓机遇，艰苦奋斗。而优秀传统文化就承载着伟大的民族精神，演绎着伟大的民族之魂，宣扬着伟大民族的“精、气、神”。只要我们用心、用情、用力去挖掘、去学习、去运用，就一定能锻造我们的民族之魂、高扬我们的民族之气、彰显我们的民族之威、展现我们的民族之能。

鲁迅先生曾经说过：“唯有民魂是值得宝贵的，唯有它发扬起来，中国才有真进步。”中国传统文化中有“天下兴亡，匹夫有责”的价值取向。儒家思想强调“修身、齐家、治国、平天下”，这种家国一体、修齐治平的理念，孕育了中国人舍生取义、热爱祖国的价值追求。在中国历史进程中，正是这种价值追求，激励着无数仁人志士在危难关头挺身而出、报效国家。中国梦的实现，中华民族的伟大复兴，没有无数国民的奉献精神和爱国情怀，显然是不易达成的，这正是我们倡扬传统爱国主义情怀的现实意义之所在。所以，我们要在实现中华民族伟大复兴的中国梦的新征程中，认真学好优秀传统文化，大力弘扬中华文明，把我们的民族之魂、兴国之魂融入每个人的精神世界中，贯穿现代化建设的各个领域，为全面建成小康社会、开创中国特色社会主义新局面、实现“两个一百年”的奋斗目标和中华民族伟大复兴的中国梦而努力。

三、弘扬中华优秀传统文化与发展现代教育的关系

应试教育鼓励学生的智力发展，而对学生的其他素质，尤其是道德和人格的培养不够重视，这对于学生的全面发展是极为不利的。在当下的中国社会，年青一代中有许多人不知孝道为何物，不知礼义廉耻为何物。近年来常常发生的大学生违法犯罪案件和伦理丑闻，折射出当代大学生中正酝酿着的严重的道德伦理危机。在这样的形势下，有识之士普遍感到，人只有知识和技能是不够的，还应该有良好的品德修养、行为习惯和对家

庭、社会的担当。我们的教育应当如何培养德才兼备之士，是当下社会向中国的教育事业提出的一个严峻课题。

实践证明，“建国君民，教学为先”。古人治国，道德教育实为首要。我国的传统教育是非常注重人的品德教育的。从传统社会的城乡官学、私塾教育，到民间行会的拜师学艺，无一不是强调以德为先、先学做人后习本领的理念。中国的儒家传统经典《大学》中有句话说：“知所先后，则近道矣。”这就是说，如果先后次序颠倒了，教育就不能达到预期的目标。古人讲“孝悌也者，其为仁之本欤”，讲“首孝悌，次见闻”，就是说教育应该先培养人的孝悌之心，然后才去教他知识和技能。中华优秀传统文化是中华民族语言习惯、文化传统、思想观念、情感认同的集中体现，凝聚着中华民族普遍认同和广泛接受的道德规范、思想品格和价值取向，具有极为丰富的思想内涵。加强对青少年学生的中华优秀传统文化教育，要以弘扬爱国主义精神为核心，以家国情怀教育、社会关爱教育和人格修养教育为重点，着力完善青少年学生的道德品质，培育理想人格，提升政治素养。加强道德建设、解决当前的社会问题，要求我们应高度重视中华传统美德的弘扬，做知礼守法的社会人。因此，立足现实，重温传统，开创出面向未来、面向全社会的新的价值系统，是我们今天重新思考中华传统文化的真正有效的出发点。

（作者为中共肇庆市委党校理论研究室助教）

构筑核心价值观的基石

伍建文

“倡导富强、民主、文明、和谐，倡导自由、平等、公正、法治，倡导爱国、敬业、诚信、友善，积极培育和践行社会主义核心价值观。”党的十八大从国家、社会、公民个人行为三个层面，明确了价值导向，确定了社会主义特有的社会价值尺度，为当今社会提供了一个基本的价值标准，让我们明白了什么是重要的，什么是有价值的。这不仅将凝聚起全社会共同的价值判断，统率起全社会的价值理念，也为肇庆创建文明城市，大力推进“两区引领两化”战略，建设珠三角连接大西南枢纽门户城市提供了精神动力和精神家园。

一、核心价值观是我们的思想灵魂和精神家园

改革开放30多年，社会的开放使人们的生产、生活、思想、行为方式变得多姿多彩，但同时也带来了思想观念的多样化，造成了价值观的多元与浮躁并存、思想激进与困惑并存等问题。在这样一个历史惶惑期，有无正确的精神支柱和精神家园，其结果截然不同。前不久山东招远血案向我们昭示了心灵空虚而信奉邪教的个体的凶残以及思想浮躁、价值多元的社会表现出的漠然。社会主义核心价值观的适时提出，就是要我们构建和追求一种价值尺度、一种价值导向和一种人文精神，并从中提炼出民族的向心力和前进动力，引领和整合多样化的思想观念及社会思潮，最大限度地形成社会思想共识，形成全体人民团结奋进、共创和谐的强大精神力量。

肇庆是一个发展中、进步中的城市。在实施“两区引领两化”战略、推进建设珠三角连接大西南枢纽门户城市的过程中，其离不开精神力量的

支撑。枢纽型门户城市的定位和发展目标，就是中国梦在肇庆的具体化，是社会主义核心价值观在国家、社会、公民个人行为三个层面对肇庆市民的具体要求。肇庆是我们共同的家园，只有热爱家园的人，才能产生与家园休戚相关、荣辱与共的真感情，真心实意地与家园同甘共苦，并始终站在共同的立场克服个人利己思想，事事处处以肇庆集体利益为重。因此，作为肇庆人不仅要对肇庆有着强烈的归属感，同样也应对肇庆的城市发展目标具备强烈的归属感，要把核心价值观作为自己的思想灵魂和精神家园。

二、直面核心价值观的重建难题

1.社会公德堪忧

公民的社会公德状况，是一个国家国民精神面貌和道德素质的集中体现。联合国前秘书长加利曾在社会发展世界首脑会议上指出：“当今世界正面临着社会和道德危机。”当代西方各国，无论是发达国家，还是发展中国家都会遇到令人担忧的道德问题。我国素有文明古国、礼仪之邦之称，自古格外崇尚“修身、齐家、治国、平天下”之道。但是，我们既要为已有的辉煌道德成果而自豪，也要正视目前我国公民道德建设方面存在着的不少问题。梁启超说：“中国的私德发达而公德欠缺。”今天重新审读这句话，仍让我们汗颜。当前我国公民道德建设方面确实存在着不少问题，在一些领域和地方严重失范，如是非、善恶、美丑界限模糊；见利忘义、损公肥私之事常有发生；以权谋私、腐化堕落之象屡禁不止；不讲信用、欺诈成为社会公害；拜金主义、享乐主义、极端个人主义成为时尚；很多青少年追求自我实现，往往强调了权利而忽略了义务……这些“缺德”现象，严重损害了正常的经济和社会秩序，损害了改革发展稳定的大局，更妨碍了和谐社会的建立。

而造成这些现象的原因在于中国传统的道德体系已动摇了一百多年。第一个阶段是自太平天国运动以来各种新思潮对传统道德进行的革命。洪秀全成立的“拜上帝教”首先打响了声讨传统道德体系的第一枪；辛亥革命从根源上颠覆了封建的集权统治体制；“五四运动”更是全盘否定了中国的文化，眼中只有“德先生”和“赛先生”。第二阶段是自“文化大革命”以来其对传统道德体系的巨大冲击和摧毁。第三阶段是自改革开放以来我们大开门户接纳西方的文化和精神，它使得我们与我国的传统文化渐行渐远……这一百多年的沧桑变化使我们的传统道德体系支离破碎，而新的道德体系尚未建立，现代社会还没有一个让人民普遍认可的核心价值观。因此，社会经济尽管在高速地发展，却没有为公民带来健康的心态及平和的环境。

2.倡导者面临困境

与以什么样的核心价值观来统率公民相应的一个问题，是以什么样的角色来进行教化。社会主义核心价值观的倡导者角色有两个：一个是由党或政府来教化广大人民群众；另一个是老一代对年青一代或上代对下代的代际教育。

对公民进行核心价值观的教育，政府负有不可推卸的责任。由政府来推动并主导核心价值观教育，是中国古老的历史传统，它根源于以德育辅助治国的德治主义实践，同时也是东亚一些国家的当代特色，表现得比较明显的有新加坡的实践。在价值观体系建设领域内，政府所推动的理论研究、规范制定和价值观教化，虽然形式上可以做得轰轰烈烈、如火如荼，但未必就有助于公民素质的提高和伦理生活的有序进行，因为新的价值体系的形成需要时间，核心价值观在公民心中和行为中的根植需要潜移默化的力量，需要数代人的共同努力，更需要我们有决心、有耐心、有恒心。

关心下一代、教育下一代、关心年青一代的价值观教育，成了老一代或年长一代的口头语。这个口头语的内涵非常丰富，它既是一种义务，表明上一代有教育下一代的责任，又是一种权利和资格，表明上一代有权利或资格来教育下一代。但一个显而易见的事实是，中国传统价值观念的迷失，正是从当前已到了“德高望重”年龄的那一代人开始的，由他们去对下一代进行教育，必然招致年青一代的轻视。因此，核心价值观不能仅仅寄望于形式上的教育，唯有落实到人心处，才能化为公民主体的自觉实践。

三、构筑核心价值观的基石

社会的转型带来了众多新的价值诉求，但是核心价值观要成为全体社会成员普遍理解并接受、自觉遵守并奉行的价值理念，价值多元化和主流价值边缘化这两个趋势无疑就会成为隐忧，因而必须要在理想的树立、道德的建设上取得突破，举起理想及道德的火炬，一路前行。

1.形成全社会共同的理想信念

面对纷繁的社会、浮夸的心态，百姓的心灵需要“神于天，圣于地”的理想支撑，既要有游走于苍穹的远大理想，又要有知行合一、脚踏实地的态度。就国家领域来讲，“富强、民主、文明、和谐”既是我国社会主义现代化的建设目标，又是老百姓希望国富民强、繁荣昌盛、幸福安康的共同理想。就公共生活领域来看，“自由、平等、公正、法治”既是对美好社会的生动表述，也是百姓对社会自由和公义、公平、公正的期盼。就肇庆市而言，就是要把肇庆提出的目标要求与个人实际很好地结合起来。

2.构筑全社会的道德精神家园

虽然传统的核心价值体系历经太平天国运动、“五四运动”和“文化大革命”的冲击后分崩离析，但是如今的社会主义核心价值观，也绝非凭空创造的。传承、借鉴传统核心价值观的合理因素是对五千年中华优秀传统文化的致敬。最值得推崇的传统核心价值观是“四维八德”，“四维”即礼、义、廉、耻，“八德”即忠、孝、仁、爱、信、义、和、平，历代统治阶级均视之为治国软武器，孙中山、毛泽东也不例外。毛泽东在新中国成立不久后曾说过：“治国就是治吏，礼义廉耻，国之四维；四维不张，国将不国。”因此社会主义核心价值观离不开对中华民族几千年传承下来的价值观的挖掘、整理、继承。百姓的基本道德素质包括两个方面：一是底线性道德，即自由平等、诚实守信等，这是我们社会得以维持的基本道德条件；二是导向性道德，即爱国意识、自立意识、民主意识和创新精神等，这是幸福社会倡导和追求的理想。而“爱国、敬业、诚信、友善”，就个体生活领域来说，则是公民的基本道德规范，是从公民个人行为层面对社会主义核心价值观基本理念的凝练。

3.遵循持久、创新原则

培育社会主义核心价值观，最为关键的是得到广大人民群众的普遍认同，毕竟，它是由执政党和政府倡导、民众广泛参与的过程，而这个过程，并非一朝一夕就能完成，需要一代又一代的人们的传承，同时还不能被其他价值观影响取代，唯有如此才算成功。因此，社会主义核心价值观的构筑要坚持两个原则：一是保持“二十四字”方针的稳定性，不因领导层的变更而修改，让“二十四字”的核心价值观如同口诀一样在每代人中流传，成为社会上每一个人共同遵守和维护的行为准则，潜移默化地存在于每个生活和工作细节中，根植在每个人的灵魂深处，长期成为中华民族的精神支撑并内化为社会稳定器。二是坚持优秀传统的传承性，中华民族优秀的传统如同我们的血液，只能更新，不能停滞，传统的“四维八德”核心价值观对我们的影响依然存在，如何吸收、留存其精华，古为今用，如何根据新情况、新问题，推陈出新，对其加以补充和改造，将是对我们的考验。

核心价值观的提出只是一个起点，“培育”、“践行”则是漫漫前路，唯有每个个体自觉付诸行动并使其在社会上蔚然成风，社会主义核心价值观才能成为我们的精神支撑。

（作者为中共肇庆市委党校副教授）

浅议诚信作为社会主义核心价值准则的地位和作用

陈大同

诚信是中国传统文化中深具中华色彩、饱经中华智慧浸润、在五千多年的历史长河中发挥着巨大作用的真挚词语。在建设富强、民主、文明、和谐的社会主义现代化国家的进程中，培育和践行社会主义核心价值观，让诚信成为公民个人层面的价值准则之一，而且把诚信建设定为道德实践活动的重点，这是很有必要的，也是很适当的。

一、“诚”、“信”互训与“诚信”合成词及其近义词、衍生词

东汉许慎《说文·言部》：“信，诚也。从人言。”《说文·同部》又称：“诚，信也。从言成声。”信，诚也；诚，信也。这是同义词之间的相互训释，在训诂学上属于互训，即“转相训也”，表明同义词之间，尽管各自具有多个义项，但用以进行相互解释的必定是各自根本的、固有的意义。随着双音词的逐步推行，秦汉时代的书籍已使用“诚信”一词。《礼记·祭统》：“贤者之祭也，致其诚信。”又说：“诚信之谓尽礼 。”《礼记·祭统》所称的诚信，与《汉语大词典》对诚信的第一项解释“真诚，真诚的心”大体上相符。因为进行祭拜时，参与者一般都处在真心、本心状态。可见“诚信”具有“诚”与“信”各自的根本的、固有的意义，表明是由两者合成的。

随着汉语的发展和演变，由诚、信和诚信作要素，历代衍生出一系列诚信的近义词。如诚实、诚笃、诚朴、诚挚；忠诚、真诚、至诚；信用、

信义、信守、信誉；忠信、笃信、坚信、守信。其中“信用”一词在《尚书·康王之诰》已出现：“信用昭明于天下。”申明“信用”必须清楚明白地向天下宣告，可见当时君主对“信用”也是十分强调的。至今“信用”仍然是使用频率较高的词语。此外还有词素不带“诚”和“信”的“诚信”同义词“然诺”，反义词“食言”、“反悔”等，使用广泛。

二、诸子百家对诚信的倡导

首先，代表中国传统的主流文化的儒家经典对诚、信、诚信及其近义词、衍生词的使用最多，因此其影响最大，充斥于社会的各个层面。“人而无信，不知其可也。”唐代孔颖达认为：“言人而无信，其余虽有他才，终无可也。”句式和事体与《诗经·鄘风·相鼠》所说类似。“相鼠有皮，人而无仪。人而无仪，不死何为。”“相鼠有体，人而无礼。人而无礼，胡不遄死。”其尖锐性比“人无信不立”还强烈，比《弟子规》的“凡出言，信为先”更鲜明而深刻。战国末期儒家中最有影响力的大家荀况，在《荀子·不苟》中把诚信纳入相关的道德范畴中进行正反论证：“公生明，偏生暗；端悫生通，诈伪生塞；诚信生神，夸诞生惑。”并加以提示指出：“此六生者，君子慎之。”其中公、端悫、诚信属于正面。公指公正、公平；端悫指正直诚实，与诚信是近义词。

属于道德范畴的主张除了“兼爱”以外，少作论述的墨子也在《墨子·修身》中揭示：“志不强者智不达，言不信者行不果。”《墨子·修身》指出言语所表示的属于不诚信的，践行起来也就必然不能成为事实。论断具有墨子所擅长的严谨逻辑。

中国古代兵家的议论曾经被看成“诈道”、“诡道”，但是其中权威的著作都申述坚守诚信原则。《孙子兵法·计》：“将者，智、信、仁、勇、严也。”其中三者与儒家的“智、仁、勇”相同。《孙膑兵法·将义》也说：“信者，兵之足也。”“将者不可以不信，不信则令不行。”以兵之足比喻命令的执行，特别提示不能不信，因为不诚信导致命令不能执行，这关系到将士们的存亡，也可以说关系到命运。《尉缭子·战威》另外标举礼信，认为“必先礼信而后爵禄，先廉耻而后刑罚，先亲爱而后律其身”。

兵家对诚信的认识更是提高到客观规律的层面。如《吕氏春秋·离俗览》立有《贵信》一文，当代著名学者陈奇猷在书中作按语指出，这是兵家“用民之要”的议论。以一大段进行排比铺叙：“天行不信，不能成岁；地行不信，草木不大。春之德风，风不信，其华不盛，华不盛则果实不生。”以下还推演夏、秋、冬“不信”，君臣、处官、贵贱、交友、百工之间“不信”，最后作结说：“夫可与为始，可与为终，可与尊通，可与卑穷者，其唯信乎！信而又信，重袭于身，乃通于天。”这样繁复的推论，比儒家的“诚者，天之道也”、“诚之者，人之道也”所涵盖的范围更广大，效用更突出。

三、秦汉以后历代对诚信守则的标榜和宣扬

长期以来被视为奉行严刑峻法、残暴刻薄的秦朝，事实上也标榜忠信、善行。近几十年秦墓出土的简书表明，秦始皇在位时期，颁行了官吏的道德信条和行为守则。其中1975年12月在湖北省云梦县睡虎地第十一号秦墓出土的竹简文字，于1977年编成《睡虎地秦墓竹简》一书出版，内分十种编目，当中一编为“为吏之道”，文中多次出现诚信和与之相近的词语。

宽俗（容）忠信，和平毋怨。

吏有五善：一曰中（忠）信敬上，二曰精（清）廉毋谤（怨），三曰举事审当，四曰喜为善行，五曰龚（恭）敬多让。五者毕至，必有大赏。

凡戾人（为民表率），表以身（以身作则），民将望表以戾（至）真。表若不正，民心将移乃难亲。

“为吏之道”中不少话语与儒家经典《礼记》、《大戴礼记》相同。这就证明了西汉贾谊的名作《过秦论》指责秦始皇“废先王之道”、“以愚黔首”言过其实。实际上，秦始皇在统一六国的过程中，仍然按照传统的主

流思想进行治理和教化，包括治吏和治民。

七八十年之后，董仲舒作为贤良文学之士，应对汉武帝的策问，提出“诸不在六艺之科、孔子之术者，皆绝其道，勿使并进”。最后两句，后人称之为“罢黜百家，独尊儒术”。汉武帝接受了建议，“立学校之官，州郡举茂才孝廉”，从此儒学开始处于独尊地位。董仲舒在对策中提到的“仁谊（义）礼知（智）信五常之道”就包括了诚信，并成为全国人民奉行的信条和守则。

以后随着朝代的更迭、社会的变迁，制度、政策和施政方式有所改变，人们对诚信的标榜和把握也有所不同。但诚信作为道德规范、价值准则和世界观、人生观一直被信奉和践行，即使是由少数民族统治者建立的北朝、辽、金、元和其他统治范围较小、为时较短的政权，也大体保持一致。在此期间，社会群体、行业组织、家族或家庭还针对各自的实况和环境，制定出规约、守则、族规、家训、治家格言，大多把诚信列作守则、教条、格言或其他信奉名目。明朝文庙的御旨卧碑、清朝官学的《圣谕广训》都含有诚实守信的告诫和劝谕，提醒士子在进德修业中不忘修身养性、健全人格。工商业单位历来都标榜“货真价实，童叟无欺”。至今仍营业的百年老店之所以历久不倒，总结出的一个原因就是坚守信誉。

四、历代因失信而招致落败的教训

中国历史上因失信而招致人亡政覆的最古老的典型，是周幽王嬖爱褒姒而败亡。西周最后的君主周幽王嬖爱出生于褒国姓姒的妃子褒姒，把原来出生于申国的王后及其所生的太子宜臼废除，改立褒姒为后，改立她所生的伯服为太子。当时都城镐京接近犬戎，为防备戎人入侵，周幽王与诸侯约定，在通往镐京的大道上依一定距离布筑高台，在台上布置大鼓，鼓声远近响应，诸侯的军队闻讯即驰援镐京。依此办法实发实演了几次，诸侯的军队果然都兴师驰援，褒姒非常高兴，从此喜欢上这种能使自己大笑的演练。而周幽王为博取褒姒大笑，在没有寇兵入侵的情况下，也照样击鼓传警报，因而诸侯的救兵扑空了几次。针对这种荒唐行为，申后的父亲申侯联结缯国的缯侯，引进犬戎攻占镐京，一举把宗周摧毁，追杀周幽王到骊山之下，西周从此灭亡。原来的太子宜臼东迁洛邑，成为周平王，成立东周。在这一历史事件中，周幽王无疑是昏君，为了看到宠后小小的笑容而招致大灭亡，“为天下笑。此夫以无寇失真寇者也”。讲求治乱兴衰的史观就把褒姒作为祸首，认定“赫赫宗周，褒姒灭之”。此事先收入《诗经·小雅·正月》，以后或作为教训，或作为典故，传述不断。今天从“诚于信”的角度作思考，西周灭亡这一悲剧，直接的诱因应是周幽王对诸侯失信。

人类社会由于不守诚信而造成失利，甚至招致败亡的，大至国政，小至个人经营，历史上不乏先例，今后也有可能发生，所以应该设法避免。

五、当今社会对诚信的召唤

改革开放以来，中国经济和社会发展突飞猛进，经济发展连续 35 年保持近 10%的年均增长速度，成为世界第二大经济体，科学技术和文化教育同时获得重大成就，广大人民的生活水平和社会福利随之得到显著的提高，中国和平崛起，举世瞩目。但是随着经济、政治、文化和社会的改革开放逐步深入，中国也涌现出诸多诚信缺失、道德滑坡的现象，突出的有欺瞒、诈骗、假冒、伪造、剽窃、侵权等类型，弄虚作假、窃取利益、作奸为害的方式、伎俩繁多，涉及范围覆盖全社会各行各业、城乡各大角落。乘时涌现的网络商务，一经面世，便乘监管制度还不健全、监管力量还薄弱之机，销售侵权、假冒、伪劣商品。如 2014 年 7 月曝光了上海福喜食品有限公司制售原料过期、劣质的肉制食品。经上海市食品药品监督管理局检定，封存了 144 吨烟熏风味肉饼、麦乐鸡、小牛排。之后，在全球 17 个国家拥有 50 多家食品加工厂的美国福喜集团，宣布全面召回上海福喜公司的所有产品，集团公开道歉，总裁来华进一步部署，重新组建团队。这是治理失信经营见效的一个明显的例子。类似的诸多因诚信缺失、道德滑坡而引致的恶劣事件，不仅对社会安全、公共利益、个人福祉造成了危害和冲击，也造成了巨大的经济损失。

对存在的问题，政府曾经大力贯彻依法治国的方针，着重加强和完善法治，制定和修订了一系列的法律、法规，改革和健全相关的司法制度，从而维护了社会稳定的大局。但是在较长的一段时间内，政府并没有强调依法治国和以德治国相结合。大力加强全社会的道德建设，特别是挖掘、弘扬优秀的传统文化和传统道德，与依法治国有效配合是十分必要的。因而道德自觉、道德践行的成效还有待提高。2013 年 12 月中共中央办公厅印发了《关于培育和践行社会主义核心价值观的意见》，列出了核心价值观的基本内容，并且就积极培育和践行社会主义核心价值观作出了详细而具体的指引。其所指明的“二十四字”核心价值观及其培育和践行的途径和办法，应是推进中国特色社会主义道德建设、道德践行的有效良方，其中就表明要以诚信建设作为广泛开展道德实践活动的重点，笔者认为这可以理解为对把诚信作为社会主义核心价值准则的召唤。可以深信，全面贯彻执行《关于培育和践行社会主义核心价值观的意见》，把它融入国民教育全过程中，把它落实到经济发展实践和社会治理之中，坚持不懈，必将逐步夯实中国特色社会主义的思想道德基础，其中的诚信核心价值准则也将会历久弥新、生生不息。

（作者为肇庆学院教授、肇庆市炎黄文化研究会理事）

试论优秀传统文化与社会主义价值目标之关系

陆仲华

中华文化博大精深、源远流长。五千多年来，在中华文化的滔滔长河中，以儒家学派为代表的思想文化始终处于主导地位并影响至今。因而，儒家经典思想成为优秀传统文化的重要历史渊源与社会价值目标的体现依据。社会主义核心价值观来源于儒家思想文化所形成的深厚、丰富的社会历史文化的积淀。“富强、民主、文明、和谐”则是社会主义核心价值观处于国家高度的奋斗目标，是中华民族实现伟大复兴的奋斗目标。

一、儒家经典思想的核心内涵

“四书五经”是中华传统文化的重要代表，也是儒家思想文化的经典，具有丰富、深刻的精神内涵，在人类社会中折射出永恒的智慧光芒。为此，我们通过对儒家经典思想的探究、阐发，归纳出儒家经典思想的核心内涵，主要体现在以下几个方面：

(1) 是强国富民的思想。孔子“仁”的核心思想贯穿于《论语》并体现其中，“子曰：‘爱人。’”（《论语·颜渊》）由此可见，儒家的“仁”就是人与人之间形成和谐共存关系的“人道主义”，即符合情理的和谐关系，是“民胞物与”的高尚境界。《论语》里很少提到孔子关注经济建设或经济生活，“子罕言利”（《论语·子罕》）。但孔子在“仁”的思想指导下，明确指出君子爱财，取之有道。“富与贵，是人之所欲也，不以其道得之，不处也。贫与贱，是人之所恶也，不以其道得之，不去也。”（《论语·里仁》）“不义而富且贵，于我如浮云。”（《论语·述而》）这些都说明，孔子并非不“爱财”，而是强调要把义与利结合起来，应先弘义然后兴利。这是儒家以“仁”为核心的经济伦理观念。它从三方面来阐述这种强国富民的思想：①治国平天下。“博施于民而能济众。”（《论语·雍也》）②利民惠民。“因民之所利而利之。”（《论语·尧曰》）③减税薄赋。“因民之所利而利之，斯不亦惠而不费乎？则可劳而劳之，又谁怨？”（《论语·尧曰》）

（2）是治国以德、宽政惠民的“民为邦本”思想。儒家强调治理国家要施行仁政，即以“德”为主，“为政以德，譬如北辰，居其所而众星共之”（《论语·为政》），同时他们继承了《尚书》中的“民为邦本”的传统思想，“天生民而立之君，以为民也”，并在此基础上一以贯之“仁”的思想观念，就是“己欲立而立人，己欲达而达人”，“己所不欲，勿施于人”，这也是以民意为基础的民主思想。此外，重视德行，举贤才治国安邦，又是民主思想的一种体现。“舜有天下，选于众，举皋陶，不仁者远矣。汤有天下，选于众，举伊尹，不仁者远矣。”（《论语·颜渊》）

（3）是人与人之间相处谦恭有礼、睦邻友好的文明思想。儒家经典思想十分注重人与人相处谦恭有礼、睦邻友好的融洽社会关系。“有朋自远方来，不亦乐乎？”（《论语·学而》）“子曰：‘能以礼让为国乎，何有？’”（孔子说：“能够以礼让的原则来治理国家，那还有什么呢？”）（《论语·里仁》）“孝德”的推行，也是其中重要的体现。“子曰：‘里仁为美。择处不仁，焉得智？’”（孔子说：“居住在有仁德的地方才是美好的。如果不选择有仁德的住处，哪能算得上是智呢？”）（《论语·里仁》）“老吾老以及人之老，幼吾幼以及人之幼。”（关心敬爱自己的老人以及其他的老人；关心爱护自己的年幼晚辈以及其他的年幼晚辈。）（《孟子》）

（4）是和谐万物、与天地自然相互依存的和谐思想。“和谐”是中华民族先民们的重要美学范畴。在儒家经典思想里，“仁”的核心内容就包含着“和谐”的精神内涵——民胞物与。它体现在三方面：①人与人，即人与社会和谐协调的关系。“有子曰：‘礼之用，和为贵。先王之道，斯为美。’”（孔子说：“礼的应用，以遇事做到和谐为可贵。古代贤王治理国家的方法，可贵之处就在于此。”）（《论语·八佾》）②人与自然，即天人合一、和谐共处的关系。“获罪于天，无所祷也。”（如果得罪了天，向谁祈祷都是没有用的。）（《论语·八佾》）“致中和，天地位焉，万物育焉。”（《中庸》）“不违农时，谷不可胜食也，数罟不入洿池，鱼鳖不可胜食也，斧斤以时入山林，林木不可胜用也。”（《孟子·梁惠王》）③人的自身个体，即人的自我修养品格。“子曰：‘见贤思齐焉，见不贤而内自省也。’”“子曰：‘以约失之者，鲜矣。’”（孔子说：“经常能约束自己的人，过失就少了。”）（《论语·里仁》）因此说，儒家崇尚“仁”，自然就崇尚“和谐”，因为和谐是“仁”的固有含义。

从上述可知，富强、民主、文明、和谐是儒家经典思想的核心内涵。

二、儒家经典思想的社会理想——富强

“内圣外王”是儒家的一种道德追求方式。儒家十分重视道德修养，通过“修身”，依据智力改造本性，培养品德，以期达到“内圣外王”的目的。所谓“内圣”，就是“穷则独善其身”（《论语》），不同流合污，不苟且为人。“外王”就是把治国平天下作为自己的责任担当，“达则兼济天下”（《论语》）。因此，在儒家经典思想里，富国强民不仅是他们的道德追求，也是他们的社会理想。他们认为，把国家治理好了，国家强大了，人民富有了，外敌不敢侵略，国家得到统一，就是为国家和人民造就福祉，是最大的“仁”。这种思想观念集中表现在孔子对管仲的评价——“桓公九合诸侯，不以兵车，管仲之力也。如其仁，如其仁。”（《论语·宪问》）虽然孔子与管仲的政见不一致，但孔子由衷地赞许管仲是富国强民的“经世之才”。

此外，孔子也明确地向弟子颜渊、子路阐述自己的志向：“老者安之，朋友信之，少者怀之。”（使年老的人得到安康舒适，使朋友们互相得到信任，使年轻的孩子们得到关怀爱护。）（《论语·公冶长》）“仓廪实而知礼节。”（《管子》）要实现这种理想，就非富国强民不可。

三、儒家经典思想的社会治理方式——民主

儒家以德治国，以礼修身。他们在社会治理方式上推崇上古尧舜禹时代天下为公的无私奉献精神和崇高道德品质。根据传说和文献，上古尧舜

禹时代，天下是“公”的，他们集中议事议政，就是聚集起来，采用公众民意来治理国家（天下）。他们把继承帝位的方式称作“禅让”，即民众推举德高望重的尧为帝，尧则根据民意把帝位逊让给深受民众拥戴的舜，舜则根据民意传位给治水三过家门而不入的禹。这种崇德举贤的大公无私精神，其实质就是民主精神，深得儒家鼻祖孔子的敬仰：“子曰：‘巍巍乎，舜禹之有天下也，而不与焉。’”（孔子说：“多么崇高伟大啊，舜、禹得到了天下，却不去谋取个人的私利呀！”）“子曰：‘大哉，尧之为君也！巍巍乎，唯天为大，唯尧则之。’”（孔子说：“伟大呀，尧作为这样的君主多么崇高呀！只有天是最高大的，只有尧才能效法天。”）（《论语·泰伯》）

当然，由于时代久远，历史资料和熟悉古代历史的贤人又不多，对于夏朝、殷朝后代之礼制，孔子是信疑参半的，“文献不足故也”（因为文字资料不足，熟悉夏礼殷礼的贤人也不多）（《论语·八佾》）。但他对前辈、杰出的政治家子产卓有成效地治理社会的方法，却是推崇备至。“子谓子产：‘有君子之道四焉，其行己也恭，其事上也敬，其养民也惠，其使民也义。’”（孔子评论子产说：“君子有四种道德：自己行为庄重；事奉君主恭敬；他们对待人民，注意给予恩惠利益；注意合乎义理。”）（《论语·公冶长》）

因此说，儒家经典思想在社会治理方式上十分崇尚民主精神并努力推行它。

四、儒家经典思想的道德伦理——文明

“礼”是儒家思想的一种等级制度的反映，也是儒家倡导的品德修养形式。“克己复礼”就是能制约自己内在的欲望和超越等级制度而回归平常的心理。在这种礼制的约束下，人们就会做到温柔敦厚、谦恭俭上，从而使社会人际关系文明和谐、团结和睦。同时，这种礼制也是尊老敬德的表现。“乡人饮酒，杖者出，斯出矣。”（在举行乡饮酒礼后，要等老年人先走出去，自己才出去。）（《论语·乡党》）“子曰：‘事父母几谏，见志不从，又敬不违，劳而不怨。’”（《论语·里仁》）说的是侍奉父母，对他们不

对的地方要委婉规劝。即使看到父母打从心里不愿听从意见，也要恭敬而不违背，为父母而操劳，也不要怨恨。这些都是儒家在礼制下的处事方式，即道德伦理的文明表现。

五、儒家经典思想的审美特质——和谐

中华民族自古就具有勤劳、智慧的品质，他们在生产劳动中创造了丰富、灿烂的历史文化，而在数千年的中华文化史长河中，和谐作为历史审美主线贯通始终。“美”必定和谐，和谐就一定具有“美”的内在因素。

在儒家经典中，和谐思想成为他们指导修身、齐家、治国、平天下的重要审美内涵。“君子和而不同，小人同而不和。”（君子讲和谐而不盲从附和；小人因同流合污而不能和谐相处。）（《论语·子路》）“丘也闻有国有家者，不患寡而患不均，不患贫而患不安。盖均无贫，和无寡，安无倾。”（我听说过，对于拥有国家的诸侯和拥有采邑的大夫，担心的不是财富不多，而是财富不均；担心的不是人少，而是社会不安定；国内财富分配均匀了，就无所谓贫穷；国内和睦团结了，就不显得势力薄弱；社会安定了，国家就没有倾覆的危险。）（《论语·季氏》）最能体现他们和谐审美内涵的是“暮春者，春服既成，冠者五六人，童子六七人，浴乎沂，风乎舞雩，咏而归”（暮春时节，春天的衣服已经穿定了，和成年人五六人、少年六七人，去沂河洗洗澡，到舞雩台上吹吹风，唱着歌一路走回来）（《论语·先进》）。这是通过礼乐教化而达到社会安定、人民安居乐业的理想境界，因此说，儒家经典思想里的审美特质就是和谐的思想。

通过以上几方面对儒家思想核心内涵的阐析，表明优秀传统文化与社会主义价值目标有着密切关系。

六、优秀传统文化与社会主义价值目标的关系

（1）优秀传统文化为中国特色社会主义建设提供了丰富、深厚的历史文化基础：追求富强的社会理想。

(2) 优秀传统文化为中华民族伟大复兴的梦想提供了实现方式：民主、团结、集中的政治制度。

(3) 优秀传统文化为社会主义人人平等的社会伦理奠定了民族精神文化依据：文明、平等、友善的人际关系。

(4) 优秀传统文化为中华民族的和平崛起提供了丰富、深刻的智慧源泉：和谐发展的国际关系原则。

综上所述，社会主义核心价值观正是对以儒家经典思想为核心内涵的优秀文化进行提炼吸收、融通发展、扬弃继承的智慧结晶。同时，把儒家经典思想的核心内涵——“富强、民主、文明、和谐”提升为国家高度的奋斗目标，为中华民族实现伟大复兴的梦想指明了前进方向。

(作者为德庆县文化馆馆员)

利用重要节日文化　培育和践行核心价值观

姚福初

习近平总书记指出，一种价值观要真正发挥作用，必须融入社会生活中，让人们在实践中感知它、领悟它；要注意把我们所提倡的观念与人们的日常生活紧密联系起来，在落细、落小、落实上下功夫。他同时强调，要把社会主义核心价值观的要求融入各种精神文明创建活动之中，吸引群众广泛参与，推动人们在为家庭谋幸福、为他人送温暖、为社会作贡献的过程中提高精神境界、培育文明风尚；要利用各种时机和场合，形成有利于培育和弘扬社会主义核心价值观的生活情景和社会氛围，使核心价值观的影响像空气一样无所不在、无时不有。

本文仅就如何利用中华民族的重要节庆日，发挥其传播社会主义核心价值观的独特优势，并联系德庆地方性节诞，谈谈个人的认识和体会。

一、运用传统节日传承优秀传统文化

中华民族历史悠久，源远流长。中国传统节日，凝结着中华民族的民族精神和民族情感，承载着中华民族的文化血脉和思想精华，是维系国家统一、民族团结和社会和谐的重要精神纽带，是建设社会主义先进文化的宝贵资源。在中华民族的历史发展进程中，传统节日以其丰富的文化内涵和周期性、民族性、群众性的特点，深深地融入人们的日常生活和精神世界中，滋养着民族的生命力、创造力和凝聚力，推动着中华文化历久弥新，不断发展壮大。

改革开放三十多年来，随着人们的物质生活水平的日益提高，人们对精神文化生活的需求也迅速增长，对亲情、友情、和谐、美满的渴求也更加强烈，传统节日越来越受到社会各界人士的重视和关注。传统节庆活动在各地广泛开展，人们的节日生活日益丰富。因此，我们要利用传统节日，更好地传承优秀传统文化，构建社会主义精神文明。

中华民族传统节日主要有春节、元宵节、清明节、端午节、中秋节和重阳节等。

春节期间，要突出辞旧迎新、团圆平安、兴旺发达的主题，营造家庭和睦、安定团结、欢乐祥和的喜庆氛围。这和践行国家富强、民族振兴、人民幸福的"中国梦"是一脉相承的。德庆和全国各地一样，春节活动丰富多彩，亲友相互拜年，给孩子发"利是"（红包）；还进行各种娱乐活动，如舞狮、舞龙、舞凤鸡、逛花街等，并组织干部群众和师生开展慰问军烈属活动、城乡文娱体育比赛活动。元宵节是春节的继续，各种活动如吃汤圆、赏花灯、观焰火、猜灯谜、扭秧歌等，都把节庆引向高潮。这个节日，要适应时代发展要求，运用现代科技手段，多制作一些美观大方、富有情趣的节庆文化产品，多创作一些易于传颂、有真情实感的节庆用语，多生产一些安全卫生、健康有益的节日食品，突出民族特色，体现人文关怀，增添节日魅力。德庆县近年来制作的传统食品如竹篙粉、鹅油酥、裹蒸粽等，就深受人们的喜爱。

清明节期间，要突出纪念先人、缅怀革命先烈的主题，引导人们正确认识并理解中华民族的优良传统和革命传统，慎终追远，珍惜我们今天来之不易的幸福生活。毛泽东当年祭拜中华民族始祖黄帝时，曾写下《祭黄帝陵》一诗。德庆县在清明节期间，每年都组织干部群众和师生祭拜革命烈士活动，使之成为革命传统教育的大课堂。

端午节期间，要突出人与自然和谐共处的主题，利用群众性文化娱乐、体育健身和科普宣传活动，提升人们的文明素质和科学意识。同时，要通过组织纪念伟大爱国诗人屈原的活动，增强人们的爱国情感。德庆的传统习俗是家家包粽子、祭屈原，过去沿江一带有赛龙舟活动，内乡如悦城河、马圩河一带还有跑旱龙的活动。对于这些传统文化，我们要适当引导，使之与创建社会主义精神文明有机结合起来。

中秋节期间，要突出团结、团圆、庆丰收的主题，努力营造民族团结、国家统一、社会和谐、家庭幸福的节日氛围。德庆和全国各地一样，家家户户购备月饼、柚子、糖果，以拜月、贺月；亲友之间互相礼送月饼果品，以庆祝节日。是夜，家家赏月，吃月饼、果品，尽情欢乐。在县城和乡镇，还有文艺晚会、猜谜语等活动。我们还要进一步创建、拓展活动的渠道，不断提升传统节日的思想文化内涵，使传统节庆活动成为传承中华文明的重要载体。如把神话传说“嫦娥奔月”的梦想变成今天“神舟登月”的现实，并把两者结合起来，以振奋时代精神，实现中国梦。

重阳节期间，要突出敬老孝亲的主题，大力弘扬尊老敬老的传统美德。现在，重阳节已法定为“老人节”，国家制定了不少优惠老人的政策，我们还要适应群众的审美情趣、接受能力和心理特点，立足群众，使其乐于参与和便于参与，如传统的重阳登山活动、野游活动、访老拜师活动等，都是大众喜爱的。

传统节日所蕴含的民族优秀文化传统，是对广大群众特别是对青少年进行思想道德教育的宝贵资源。我们要积极研究和保护，切实加强管理和引导，使它为弘扬中华文明作出积极的贡献。

二、发挥现代节日传播社会主流价值的独特优势

现代节日可分为两类，一类是政治性节日，主要有“五四”青年节、“七一”建党节、“八一”建军节、“十一”国庆节等；一类是国际性节日，主要有“三八”国际劳动妇女节、“五一”国际劳动节、“六一”国际儿童节等。

我们要挖掘各种现代节日蕴藏的丰富教育资源，发挥其政治性或国际性的独特优势，开展革命传统教育，加强对革命传统文化时代价值的阐发，发扬党领导人民在革命、建设、改革中形成的优良传统，弘扬民族精神和时代精神。

“三八”国际劳动妇女节既是世界各国劳动妇女为争取和平、平等、发展而发起的节日，也是世界各国劳动妇女为争取妇女与男子权利平等而斗争的国际大团结的节日。这个节日要以积极倡导男女平等、关注和尊重女性、回报母爱为主题，开展多种纪念活动。德庆县和全国一样，开展“巾帼建功”、“五好家庭”、“和谐家庭”、“婚育新风”、“春蕾计划”等丰

富多彩的精神文明创建活动，有力地促进了社会和谐。

“五一”国际劳动节是为纪念国际工人阶级争取权益的节日，也是赞美劳动、赞美广大劳动者的世界性节日。这个节日要以尊重劳动、尊重创造、爱岗敬业、甘于奉献为主题。资料表明，在当代中小学生中，当谈及理想、前途时，入仕当官、成名成家、从艺成“星”者占绝大多数，竟没有人心甘情愿当一个普通工人和农民。曾有报纸开辟“明天谁来种田”栏目专门讨论这个热门话题，认为这种现象与“五一”节倡导的“劳工神圣”、“劳动光荣”背道而驰。可喜的是近年来各级领导充分注意到这个倾向，并加以正确的引导，使中小学生树立正确的人生观。笔者不是反对成家成“星”，而是说人们无论从事什么职业，在人格上都是一律平等的，并没有高低贵贱之分。德庆县每年评选劳动模范和各行业的先进工作者，举办形式庄重、内涵丰富的群众性庆祝和纪念活动，以不断增强人们的劳动意识和劳动观念，积极形成劳动光荣、创造伟大的时代新风，努力开展中国特色社会主义事业新局面。

“五四”青年节是为纪念 1919 年爆发的“五四运动”而设立的节日。这是一场彻底反帝反封建的爱国革命运动，是一场伟大的思想解放运动和新文化运动，它拉开了中国新民主主义革命的序幕。这个节日要以大力弘扬爱国、进步、民主、科学的“五四精神”为主题。“五四精神”，最根本的就是中华民族的爱国主义精神。德庆县利用集会、墙报、文艺演唱等多种多样的形式，积极引导广大青少年自觉地把自己的人生追求同祖国和民族的命运前途联系起来，把爱国之志转化为报效祖国的实际行动，并发挥自己的聪明才智，展现自己的人生价值，努力创造出无愧于时代和人民的光辉业绩。

“六一”国际儿童节是全世界关爱儿童、爱好和平，为争取儿童健康成长和受教育权利而发起的纪念日。这个节日要以大力创造促进儿童健康成长的良好社会环境为主题。德庆县采取丰富多彩的形式，积极构建学校、家庭、社会的“三结合”教育网络，引导广大青少年树立远大理想、培养正确向上的道德行为习惯，并取得了可喜的成绩。

“七一”为中国共产党建党纪念日。党的成立是开天辟地的大事件。这个节日要以“没有共产党就没有新中国”的时代主旋律为主题。德庆县在党的生日举办文艺晚会或歌咏比赛，利用报纸、电台各种媒体宣传伟大、光荣的党的光辉业绩。

“八一”为中国人民解放军建军纪念日，这个节日要以没有强大的人民军队就没有人民的一切、必须拥军优属、不断增强国防意识为主题。德庆县在每年的建军节都举办图片展览、诗歌演绎、体育竞赛等活动，以引导群众增强国防意识、热爱人民子弟兵、用实际行动关心和支持军队的现代化建设。

“十一”为中华人民共和国国庆节。这是除春节外最隆重的节日，一般休假七天，称为“黄金周”。这个节日应以大力弘扬爱国主义精神为主题。每年国庆节，德庆县都举办文学创作比赛、书法美术展览、文艺表演晚会、体育比赛等丰富多彩的活动，以展现国家富强、民族振兴、人民幸福的景象，激励人们为实现四个现代化而努力奋斗。

三、挖掘地方节诞习俗，汲取传统美德正能量

传统节日和现代节日，都是全国共同的节日。此外，各少数民族、各地方都有其独特的节（诞）日习俗，如福建沿海一带的“妈祖诞”、广州和珠三角一带的“波罗诞”、壮族的“歌节”、白族的“蝴蝶会”、侗族的“姑娘节”等。这里笔者仅就德庆县的节（诞）日习俗，对挖掘其深厚的文化积淀、充分汲取优秀传统文化中的正能量等问题谈点体会。

一是龙母诞（农历五月初一至初八为龙母诞辰，称为“正诞”；八月初一至初八为龙母“升仙”的日子，称为“润诞”，俗称“得道诞”）。龙母诞影响之大，远远超出地域。诞期前后，四海朝宗，来自珠三角、西江流域一带乃至港、澳、台和海外的同胞多至三十万人，如1992年，外来客船多达222艘次，大小车辆达1 100辆次。这个节诞要以“母仪龙德”为主题，即传承、弘扬龙母诚信、友善、勤劳、勇敢、助人为乐、尊老爱幼、救死扶伤等崇高品德；学习、传播五龙子全忠尽孝、为民除害、不畏强暴、坚强勇敢的优秀精神。自古至今，龙母和五龙子的故事之所以为普罗大众喜闻乐见、深入人心，是因为他们有功于国、有德于民。这说明了

一个真理：精神的力量是无穷的，道德的力量也是无穷的。中华文明源远流长，孕育了中华民族的宝贵精神品格，培育了中国人民的崇高价值追求。

二是盘古诞（农历五月十三日为盘古诞）。旧时县城的香山、新圩镇的山咀、官圩镇的金林、回龙镇的大塘，皆有盘古庙，虽然这些庙宇或久圮，或拆毁，但人们在诞期仍会举行各种纪念活动。过去在诞期这天，主要进行的活动有放炮、演戏、相亲、庙会集市等，热闹非凡。此节诞曾有来自广东佛山、郁南、封川，广西等地的客商和本地村民一至两万人，盛况空前。这个节诞要以盘古“开天辟地，改造自然”为主题，弘扬“天行健，君子以自强不息”的思想，这是中华民族积极进取、刚健有力、勇往直前的内在动力。至今德庆县的金林村，仍举行一年一度的“五月十三”圩日活动，这实际上就是盘古诞日。

三是祭孔诞（分春秋二祭，春祭是农历二月十一，秋祭是八月廿七）。德庆县是省历史文化名城，德庆学宫（孔庙）是国家文物保护单位，德庆县自建孔庙以来，祭孔活动极盛。孔子是伟大的思想家、教育家，其创立的儒家学说，博大精深。因此祭孔诞要以其倡导的礼、义、仁、智、信为主题。国无德不兴，人无德不立。我们必须加强全社会的思想道德建设，引导人们讲道德、守道德，形成向上的力量、向善的力量。今天，德庆的祭孔诞已变成学习与弘扬中华优秀传统文化的大课堂，广大干部群众、学校师生都积极参与。

除了上面列举的全民性节（诞）日以外，还有以大力弘扬尊师重教为主题的教师节，以尊老敬亲为主题的老人节和母亲节、父亲节，以赞美真挚的爱情为主题的七夕节等。这些节日都要被赋予新的时代内涵，使之与中国特色的社会主义相适应，让优秀传统文化在新的时代条件下不断发扬光大。

（作者为德庆县斌山中学高级教师、肇庆市炎黄文化研究会理事）

浅谈孝道与社会主义核心价值观的关系

谈湛梧

中国共产党第十八次代表大会向全党和全国各族人民提出了实现中华民族伟大复兴的中国梦的任务。要实现这个伟大的战略任务，就必须积极培育和践行社会主义核心价值观。什么是社会主义核心价值观？社会主义核心价值观的基本内容是：富强、民主、文明、和谐，自由、平等、公正、法治，爱国、敬业、诚信、友善。它由三个层面组成：国家层面的价值目标（富强、民主、文明、和谐）、社会层面的价值取向（自由、平等、公正、法治）和公民个人层面的价值准则（爱国、敬业、诚信、友善）。

习近平总书记在中共中央政治局对培育和弘扬社会主义核心价值观、弘扬中华传统美德进行第十三次集体学习时指出：“社会主义核心价值观是文化软实力的灵魂，是文化软实力建设的重点。”一个国家的文化软实力，从根本上说，取决于其核心价值的生命力、凝聚力、感召力。历史和现实都表明，构建具有强大感召力的核心价值观，关系到社会和谐稳定，关系到国家长治久安。同时习近平总书记又强调，培育和弘扬社会主义核心价值观必须立足中华优秀传统文化。抛弃传统、丢掉根本，就等于割断了自己的精神命脉。只有不忘本来才能开辟未来，只有善于继承才能更好地创新。中华传统美德是中华文化精髓，蕴含着丰富的思想道德资源。

我们中华民族有着五千多年的历史，有着浩如烟海的各种历史文化典籍、丰富的文物且有深厚智慧的建筑，这些都是中华民族特有的宝贵财富。它智慧的光芒穿透历史，思想的价值跨越时空，历久弥新，成为人类共有的精神财富。这就是中华民族优秀的传统文化。

孝道是我们中华民族传统文化的精华。它以“尊老、敬老、养老、送老”为基本内涵。“人之行，莫大于孝。”在中国，孝道有着几千年历史，从周朝就有关于孝的思想论述，到了春秋时期，孔子把孝的思想总结、阐发到一个新的高度，并创作了全面深刻论述孝道思想的《孝经》。

在我们中华大地有着两千多年历史的“儒、佛、道”三大流派，都把“孝道”奉为至圣。孔子说：“孝悌也者，其为仁之本欤。”孟子说过：“于此有人焉，入则孝，出则悌。”《礼记》则说：“修身、齐家、治国、平天下。”佛教从东汉传入我国已近两千年，成为国人崇拜的三大教派之一。佛教主张宽容、仁爱、入世、平等、现实。佛经说“孝名为戒”，也是说行孝便是持戒，大戒以孝为先。佛教的孝经就是《地藏经》。佛祖释迦牟尼在佛门中树立了至孝的光辉榜样。道教的代表人物老子是我国春秋时期著名的哲学家，也被称为道家的始祖。他有一篇教人改恶行善的《太上感应篇》，教导人要忠孝友悌，正已化人。道家的孝经就是《文昌孝经》。《文昌孝经》中说：“孝治一身，一身斯立；孝治一家，一家斯顺；孝治一国，一国斯仁；孝治天下，天下斯升；孝事天地，天地斯成。”经文中还特别对母亲养育子女的辛劳进行了歌颂。道家讲究法自然，而孝正是自然万物中的一种感情，乌鸟私情，羊羔跪乳，孝道是自然之道。由此可知，孝在中华传统文化中的地位十分崇高；也由此可知“和谐”是孝道中一项重要的内容。没有孝道，家庭不和，社会不安，争斗不息，百姓遭殃，环境受到了破坏，生灵涂炭。千百年来血的教训证明了孝道的伟大意义。再回顾历史，“文景之治”带来了汉朝的经济繁荣，“贞观之治”和“玄宗之治”使唐朝成为世界强国和我国历史上的盛世王朝。俗话说“家和万事兴，家衰口不停”，可见和谐对一个国家和家庭多么重要。

孝是一种道德，是意识形态上的东西。无论从社会的安定，还是个人的成长和个人的本性来说，孝都是每个人从出生开始就要面对的一个问题。我们中华民族是一个讲孝道的民族。只有讲孝道才有社会的和谐、人与自然的和谐，才有几千年的繁衍生息、子孙不断、经济繁荣。

近百年来，中国的孝道遭到严重摧残，正如国学大师钱穆所说，近代的国人“对清朝政权之不满意，而影响到对全部历史传统文化不满意”已成事实，一些人总觉得外国文化比中国传统文化好，连中国传统文化的精华也给扫荡了，荒唐到把汉字、中医药也视为异物，甚至企图用拼音来代替汉字，名曰“方便工农大众”。用西医取代中医，并用行政手段来摧毁中医药的生存环境。清朝政权能代替中国传统文化吗？能代替孔子吗？能代替粟作、稻作、青铜冶炼、犁耧、造纸、中医诊疗、中式木结构营造技艺、印刷术、火药、指南针、珠算、火箭、人痘接种等科学技术吗？为什么这些人不为中国优秀的传统文化骄傲呢？不想方设法去发扬光大呢？

孝道带来社会和谐、家庭和睦、生态平衡的例子多到数不清，历史上的情况在这里不多说了，就说一说近些年来我们调查和目睹的情况吧！德庆县官圩镇金林村是一个古老村落，文化积淀深厚，孝道纵穿古今。一位名叫梁金娇的中年妇女，十多年来一直侍奉公公婆婆，善教子女。在现代社会婆媳关系极其复杂、矛盾特别尖锐的环境中，她一直遵守“大孝要尊亲”的祖训，孝敬老人。二三十年来没有和婆婆争吵过，即便有时老人说她几句，她便走开，等老人唠叨过后再慢慢向老人家解释，让老人家消除疑虑和隔阂。婆婆中风后，她一直守着老人家，喂饭、喂药、端屎倒尿，还常常用三轮车载着婆婆到离家一公里远的医疗站看病，日复一日直至老人辞世。金林村的谈其林七十多岁了，身体还硬朗，他多次错过了结婚的机会，所以一直是单身。他读书不多，只在小时候读了三四年启蒙馆，但一直铭记着老祖先的教训——孝悌传家。他有一个弟弟，早亡，遗留下三个八九岁的子女，除此之外他还有一个老母亲。面对着这样一个破碎的家庭，谈其林勇挑重担，起早摸黑到外地搞副业。他烧炭、钩松香、打砖坯、做泥水工等，把赚来的钱供三个侄子（女）读书，使三个侄子（女）顺利地读完高中，外出打工，成家立室。母亲也活到九十三岁才去世。三个侄子（女）长大后也没有忘记伯父对他们的关爱，与人谈到自己的成长情况时，总会说起伯父对自己如何好。他们在外地打工也常抽空回家看自己的伯父。谈其林病了，侄子（女）们不但安排好人照料他，还争着出钱为他治病。常买衣物给他，并给他盖了一座新屋。金林村还有一个叫谢伯标的人，自小得了脑膜炎后遗症，是一个生活完全不能自理的人。为了给他治病，他父母二三十年来一直不放弃，弄得心力交瘁，几乎要崩溃了。他姐姐谢洁梅及妹妹谢洁玲、谢少梅参加工作后，主动挑起这副重担，想方设法为他治疗，并把他送到肇庆市福利院治疗。进肇庆市福利院治疗费用不低，每月费用至少要一千元，这对于各自家庭经济都不宽裕的姐妹来说，困难之大是可以想象的。更何况她们还要赡养父母呢！

类似以上的孝悌之情，在金林这个小山村里还多着呢！这里再讲一个感人的家庭和谐的事例。德庆县高良镇五星村委会磨刀石村，有一名叫陈灶妹的农村妇女，28 年来一直照料着十级伤残的丈夫。陈灶妹结婚后不久，生了两个女儿，一家四口其乐融融。可是有一天不幸降临这个家庭，丈夫上山伐木，一段木头打到了丈夫身上，几经抢救医治，丈夫的命虽保住了，但是成了一个十级伤残之人，胸腔以下的神经不再起作用，瘫痪在床。陈灶妹每天除了干农活、照顾两个几岁大的女儿外，还得给躺在床上的丈夫翻身、换药、喂药、喂水、喂饭、端屎、端尿等。为了避免丈夫身上生褥疮，还要每两个钟头帮丈夫翻一次身，即使出去干活也不例外，每两个钟头就得回家一次。陈灶妹只能把苦咬碎了往肚里咽，默默地接受命运的安排。丈夫出事后不久，曾有多个媒人来劝她离婚改嫁，但都被陈灶妹一一婉拒了。从丈夫出事到现在已 28 年了，陈灶妹一直在服侍着十级伤残的丈夫。这件事被广东省妇联知道后，省妇联觉得陈灶妹的事迹太感人了，于是陈灶妹被评为“十佳妻子”。

以上的例子说明了什么？不正有力地说明了中华传统文化的无比魅力吗？不正说明了孝道对家庭和睦、社会和谐所产生的强大凝聚力吗？近百年来，我们缺失对优良传统的认可和信任，于是便出现了军阀割据、军阀混战的局面，出现了被日本帝国主义侵占掠夺的局面，出现了饥寒交迫、饿殍遍野的情况，出现了贪官污吏肆无忌惮掠夺民脂民膏、抢占国家资源的现象。孔子被打倒了，“儒、佛、道”的优良传统文化被摧毁了，近十多年来中国人的性格少了温、良、恭、俭、让，增添了暴躁凶悍，一句话不和动辄打人杀人，非置对方于死地不可；医患纠纷连续不断，吸毒贩毒人群尤多；暴力拆迁使平民百姓露宿街头，财物被毁、被抢；贪官将财产转移到国外，连小孩子都搞“拼爹”活动，离婚率高企不下，一些人不愿赡养父母，企业、行业垄断市场经济，物价飞涨，司法腐败，老百姓生存底线缺失，无政府主义思潮泛滥，是非错乱，自然生态受到严重摧残，电拖网捕鱼导致渔业资源遭到破坏，土地严重污染，空气严重污染，贫富两极分化大……这些难道不是孝道缺失、和谐失真的表现吗？不是道德沦丧的表现吗？

上述的劣行和现象的产生，其主要原因是德育缺失，一些人以救世主的身份打着“反封建”的旗号，把一切封建社会留下来的东西都认为是

“封建毒草”，非全部摧毁不可。没有批判地、因地制宜地吸取外国文化的精华，盲目地把外国文化全部搬进来，结果一塌糊涂。几千年的中华文明古国没有被磨灭、被摧毁，靠的是什么？就是靠优良的传统文化，靠孝道的不断传承，靠仁、义、礼、智、信的普及推广。没有孝道的社会会成为一个和谐的社会吗？

要弘扬中华传统文化，培育和弘扬社会主义核心价值观，就必须抓好中国的教育改革，反思历史，痛下决心，制订出一套行之有效的教育改革方案，使国人具有懂礼义、知廉耻、爱国爱民、奋发向上的精神面貌。

（作者为德庆县新圩中学高级教师）

浅谈传统文化的精神资源蕴含的社会主义核心价值观

孔繁健

中国的传统文化源远流长，内涵丰富，博大精深，这对于中国人来说，是非常值得骄傲的。然而当前有人认为，传统文化是一种说教，与自己的生活和工作不沾边；也有人认为，它是过时的文化，不适用于当今社会的思想活动。其实，我们虽然生活在现代社会里，但传统文化无时无刻不在影响我们的生活，直接影响着我们为人处事和我们事业的成败。传统文化的精神资源也蕴含着当今中国社会提出的正能量的观点、社会主义核心价值观的理念，下面就这个问题谈一下笔者的看法。

一、传统文化的精神资源在现实中的意义

1.“百善孝为先”，孝道阐发出社会关系的伦理大道

中国传统文化是典型的“德性文化”，其最有继承价值的部分就是传统道德。传统道德的精华为社会主义道德体系的构建提供资源，为社会主义精神文明建设提供重要的营养。从“仁、义、礼、智、信”，到“温、良、恭、俭、让”，这些无一不是从孝悌之道和谦让之道引出的处理不同社会关系的伦理道德，还以人类的普遍感受为基础。“推己及人”、“己所不欲，勿施于人”（《论语·卫灵公》）、“己欲立而立人，己欲达而达人”（《论语·雍也》），这样由己及人，容易引起人的共鸣。由小及大，由家及国及天下，层层推进。孝道一直是中国社会最重要的伦理规范，是一切伦理的原则、起点和核心，“君子笃于亲，则民兴于仁；故旧不遗，则民不偷”（《论语·泰伯》），将以孝为先加以推广放大，阐发出孝敬父母、赡养老人；夫妻之间互敬互爱、忠贞专一，长幼之间友爱恭让；邻里之间互帮

互助、和睦相处；重视家庭，工作认真上进，遵纪守法，爱国等优良传统。这也是现在提出的社会主义核心价值观的部分内容。我们今天进行公民道德建设，要想各项道德规范深入人心、取得实效，就要效法中国传统道德的“阐发之道”。

2.“天人合一”是自然的伦理大道

中国传统道德文化是一种大理论观，即“天人合一”的思想，为建立现代的生态理论、协调人与自然的关系提供了丰富的思想资料。“天人合一”的思想是建立在深厚的伦理道德基础之上的。它的内容包括把“仁爱”之心扩展到自然的一草一木、一山一水、一事一物，对自然和善，对万物亲和，泛爱众生。“天、地、人”为“三元”或“三才”，共同构成一个完整的世界，即如庄子所言（亦为道家所言）的“天地与我并生，万物与我为一”，因此人与天地应成为一个和谐的整体。著名物理学家杨振宁曾说过：“人体作为宇宙的一个部分，是一个小世界，一粒沙子是一个小世界，一朵鲜花是一个小世界，一滴水是一个小世界，虽然它们这么细小，却是大世界中的一个小世界，大小的世界相互作用、生生不息，不断地得失与消长，形成宇宙这个大世界、大自然。”这揭示了人的精神应与天地相通，它们也会互相作用，天地的变化必然影响到人的生存，人的活动也必然影响到天地的变化；启发现代人，不要破坏自然，如破坏植被、过量砍伐林木、过分填湖填海，否则将会造成地震、泥石流等灾害。为什么许多动物在地震或天要下大雨之前就能感知，这就说明动物的感官是与大自然相通的。

3.保持自然和谐，构建健康的向上向善的处世理念

反对奢侈浪费，提倡简朴的生活方式。《孟子》中的“数罟不入洿池，鱼鳖不可胜食也；斧斤以时入山林，林木不可胜用也”，都考虑到了资源的保护、资源的有序开发、社会的可持续发展；同时它也引申、揭示出人们要注重道德、重视家庭、珍惜亲情，强调中和而反对偏激、极端。人与人之间只有和谐而有序地相处，才能化解社会矛盾，防止与减少社会犯罪，在宁静的心态中求得身心健康，从而促进社会和谐稳定。

4.中国传统文化正走出中国，影响整个世界

据有关资料的统计，目前国外已建立孔子学院465个、孔子课堂713个，分别分布在123个国家和地区。在美国，众议院曾以高票通过了一项决议案，以371∶41的票数通过在孔子诞辰2 560周年的9月28日举行纪念活动的决定。这一高度赞扬儒家思想的做法鼓舞了成千上万的学者，从而使他们在全球人文社会各个领域作出了重要贡献。可想而知，在美国这样发达的超级大国，都这样高度评价儒家思想，并为中国孔子诞辰举行纪念活动，我们作为中国人，应有一种自豪感。2013年在山东曲阜举办的祭孔大典活动，不但有中央及山东省、市各级有关领导参加，还有许多外国友人参加，盛况空前，目的是表达对孔子先师的崇敬之情，召唤中华文化灵魂的回归，让孔子的思想成为一面镜子，让每个人通过这面镜子不断检讨自己、不断取得进步。曾有75位诺贝尔奖获得者齐集巴黎发表声明：如果人类要在21世纪生存下去，必须回到2 500多年前去汲取孔子的智慧。可见我们的传统文化，我们的传统道德观念，是多么伟大、多么不可或缺，对当今中国乃至世界的和平与发展有着多么重要的意义。

二、传统文化的精神资源的典句中蕴含着社会主义核心价值观

为了追求理想、实现自己的人生价值，中国儒家文化要求社会成员要完善好人格，要有“以天下为己任”的胸怀；强调社会的整体利益重于一己私利；要求人们能“克己复礼”，建立一套系统的治世理念，“修身、齐家、治国、平天下”，要求人的一生须一步步攀登和跨越，去实现人生的理想。这里面也包含着爱家、爱国、爱人民的理念，体现了难能可贵的积极进取的人生态度，也是当今提出的社会主义核心价值观要求达到的精神境界。

《论语·学而》中孔子说过“礼之用，和为贵，先王之道，斯为美”，即强调对礼节或制度的应用要以和谐为贵。古代先王的治国之道、治国方

法，可贵的地方就在这里。可见现在我们国家提出要构建和谐社会的目标与社会主义核心价值观目标是和儒家传统文化相对应的。

《弟子规》中的“恩欲报，怨欲忘，报怨短，报恩长”，则教导人们对怨恨的事，应宽大为怀把它忘掉，放在心上就是处罚自己；对别人的恩德要常记不忘，常思报答。《弟子规》中还有“将加人，先问己，己不欲，即速已”，要求人们做到设身处地为别人着想。《论语·卫灵公》中孔子说“己所不欲，勿施于人”。如果每个人都能做到这样，人与人的矛盾就一定会化解，人与人的友善关系就会得到确立，和谐相处的氛围日益浓厚，文明局面就会出现。

《中庸》中的“中也者，天下之大本也。和也者，天下之达道也。致中和，天地位焉，万物育焉”，即阐发了人们在处事时如果能达到中和状态，一切的事物就能得到和谐的存在，各得其所。

孟子曰：“公输子之巧，不以规矩，不能成方圆。”这里揭示了一个社会、一个集体，没有“规矩”、没有制度是不可想象的，一个人如果没有“规矩”，就可能游走在危险的边缘。启示一个国家也要有“规矩”，用法律治理好社会秩序。

孟子曰：“上无道揆也，下无法守也，朝不信道，工不信度，君子犯义，小人犯刑，国之所存者幸也。”这里揭示了道义和法治在国家治理中的重要性，法治不健全，国家是无法生存下去的。

《中庸》里说：“唯天下至诚，为能尽其性；能尽其性，则能尽人之性；能尽人之性，则能尽物之性；能尽物之性，则可以赞天地之化育；可以赞天地之化育，则可以与天地参矣。”孟子曰：“至诚而不动者，未之有也；不诚，未有能动者也。”这里揭示了人的内心真诚、明白事理的重要性，一个人如果能做到至诚，就可以感动身边的一切事物，就可以与天地并立为三了。

《论语·学而》：“与朋友交，言而有信。”《弟子规》：“凡出言，信为先，诈与妄，奚可焉。”《增广贤文》：“言忠信，行笃敬。”这些都要求人们开口说话、做人做事，应以诚信为先，答应的事情，一定要遵守承诺，踏实而懂礼节地努力做到，更不能用花言巧语去欺骗别人。倡导人们要“干喜欢干的事，干有益别人的事”。

《弟子规》:“兄道友，弟道恭，兄弟睦，孝在中，财物轻，怨何生，言语忍，忿自泯。”《增广贤文》:“爱人者，人恒爱之，敬人者，人恒敬之。”这些都道出了人与人之间应如何做到友善的方法。而《朱子家训》中的“见富贵而生谄容者，最可耻，遇贫穷而作骄态者，贱莫甚”，则揭示了这种人是走向“友善”反面的人，是缺德的人。

佛法中提出的“持戒”，就是说要做到守法、守规矩，要有敬业精神，办事要合情合理、有条不紊。这里也蕴含着社会主义核心价值观的内容。

三、掀起弘扬传统优秀文化、践行社会主义核心价值观的热潮

1.认识恢复学习优秀传统文化的紧迫性

受历史方面的影响，从20世纪60年代起，在教育界乃至全社会中，国人都基本中断了对优秀传统文化的学习，致使现在世人行为与传统文化的要求差距过大。主要表现为：一是人们对传统文化的淡薄和不重视，二是教育问题的错位。教育应是孝的文化。把“教”字拆开，一边是“孝”，一边是“文”，教育要得到正位，就必须从“孝道”教育开始，学会做人，然后才去学其他的“文化”知识，正如《弟子规》所说的“首孝悌，次谨信，泛爱众，而亲仁，有余力，则学文”。公元前206年，汉朝建立后，以孝治国，每个皇帝的谥号前都加上一个“孝”字（如孝惠帝、孝文帝、孝武帝……），可见当时的“孝道”教育气氛之浓。当时，小到家庭，大到国家，都是以孝字为先，而当今的教育刚好倒过来，着重让学生学习书本的现代文化知识，却忽视了对孝道的教育。学生不懂得如何去做人，于是出现有些中小学生因很细小的事就离家出走，甚至走上邪道，结束自己的生命的事件。这使父母多么伤心，然而为人子女却不知道、不在乎、不以为然。还有，在当今经济大潮的冲击下，几千年传承下来的亲情、友情、爱情、乡情、邻里情渐渐淡薄了、疏远了，上下楼不认识，也不打招呼，没有一个整体的人格信仰，没有一个共同的精神支柱。另外，当今社会出现的群架、群伤、偷抢勒索、“医闹”、“小悦悦事件”等现象，都反

映出这种社会病态。因此，恢复学习并践行我们传统的德性文化、培育和践行社会主义核心价值观已到了刻不容缓的时候。

2.吸取历史上优秀传统文化被破坏的教训

中国传统文化在近代受到的冲击是让人痛心的，历史上的太平天国运动、辛亥革命、五四运动，在推翻打倒政权的同时，也将文化一并打倒了。还有，受20世纪60年代的“文化大革命”掀起的批林批孔运动的影响，在山东曲阜，大量的关于孔子的书籍化为灰烬，“万世师表”的大匾被红卫兵摘掉。这里受害最深的是正在成长的整整一代青年，他们不仅无法像前辈那样受到优秀传统文化的熏陶，反而成为摧毁孔孟之道的斗士。一边是传统文化的遗弃，一边是新的文化体系还未完全建立，双重矛盾直接导致了当代中国信仰的缺失。是信仰金钱还是信仰仁德？文化归属感的缺位使人们在前进的道路上迷失了方向。这是非常可怕的社会现象，这个局面要迅速扭转过来。

3.各级领导带头掀起学习优秀传统文化、践行社会主义核心价值观的热潮

既然传统文化有这么重要的意义，有这么丰厚的思想资源值得当今社会借鉴，那么我们更加要掀起学习优秀传统文化的热潮。中共中央办公厅印发的《关于培育和践行社会主义核心价值观的意见》指出：“加强对优秀文化思想价值的挖掘，梳理和萃取中华文化中的思想精华，作出通俗易懂的当代表达，并赋予新的时代内涵，使之与中国特色社会主义相适应，让优秀传统文化在新的时代条件下不断发扬光大。”从这么一段出自中央一层的要求中，我们看到了中国的希望、中国的美好未来。习近平总书记还亲自在中央党校的开学典礼上讲述中华优秀传统文化，并提出“国无德不兴，人无德不立”，通过研读伦理经典，使人们明白“知廉耻，明是非，懂荣辱，辨善恶”等观点。习近平总书记作为中国最高领导人，提出了这些要求，这充分体现了领导带头学习优秀传统文化的开始。有了这样的学习势头，还要一级抓一级，抓学校的学习，抓主流媒体的正面宣传，释放优秀传统文化的正能量，达到全民学习优秀传统文化的效果，从而培养国民健全的道德品格，提高人类素养和精神境界。净空法师曾说过，如果能

够改变现在人们热衷于电视网络（电视网络常常含有不健康的内容）的现象，引导人们转向学习优秀传统文化，并掀起全国性的学习热潮，不出一年，甚至半年，社会风气正能量的思想就能得到弘扬，积极向上、稳定和谐的局面就会大有改观，负面问题就会大大减少。此外，我们的各级领导更要带头践行好社会主义核心价值观，习近平总书记 2014 年 5 月在上海调研时的一段讲话，便高度概括了培育和践行社会主义核心价值观的总要求。他说："培育和践行社会主义核心价值观，贵在坚持，知行合一，坚持行胜于言，要在落细、落小、落实上下功夫，要注意把社会主义核心价值观日常化、具体化、形象化、生活化，使每个人都感知它、领悟它，内化为精神追求，外化为实际行动，做到明大德、守公德、严私德。"只有我们都这样做了，我们的中国精神才会凝聚正能量，助推中国梦的实现。

（作者为封开县人大常委会办公室主任）

爱岗敬业　诚信做人

——广东四会互感器厂有限公司践行社会主义核心价值观的体会

张树华　关炼乔

自从2013年中共中央办公厅印发的《关于培育和践行社会主义核心价值观的意见》传达到广东四会互感器厂有限公司以来，广大员工通过认真学习、深刻理解，把践行社会主义核心价值观贯彻到生产和日常生活中，坚持爱国、敬业、诚信、友善，创造了很好的经济效益和社会效益。

2014年上半年广东四会互感器厂有限公司销售收入同比增长20%，税利也同步增长。出口创汇的势头很好。目前我们正在开发1 000 Kv的高端产品，这些产品将进入高端市场（欧盟国家、美国和俄罗斯等工业发达国家）和南方电网广东、广西、海南、贵州、云南五省（区）。

社会主义核心价值观共二十四个字——富强、民主、文明、和谐，自由、平等、公正、法治，爱国、敬业、诚信、友善。这二十四个字高度概括，涵盖方方面面，是党的十八大和十八届三中全会精神的具体体现，也是中华民族优秀传统文化的继承和发展。作为企业，怎样践行社会主义核心价值观呢？

一、务实爱国

“过去，军工产品和航天产品只能由军工企业生产，还要对生产者进行严格的政审。现在，民营企业也可以生产军工产品和航天产品，而且顶呱呱！我们的观念要更新。”这是中国酒泉卫星发射中心司令员获悉“四互公司的高原型互感器为神舟五到十号和天宫一号实现航天飞行作出重大贡献”的消息之后讲的话。

记者问公司总经理：“几百台高原型互感器销往酒泉卫星发射中心，

是否赚了很多钱？”总经理回答：“没有赚多少钱！因为要攻克技术难关——海拔 3 000 m 不放电，零下 40 ℃不开裂；精度和可靠性要求都很高。对军工产品和航天产品，微利甚至亏点本，我们也乐意干。因为这是国家的荣誉，我们能为国家尽点力，是我们的光荣。这是最大的、最具体的爱国精神。每次‘神舟’或‘天宫’发射，全体职工都会集体观看电视现场直播，欢呼祖国的强盛，也欢呼自己的业绩。”

“过去，民营企业为军工企业配套。现在，军工企业乐意为民营企业配套。我们的观念要更新。”这是广东省科技厅厅长获悉“四互公司出口产品的外壳是由沈阳一家军工厂配套生产的”的消息之后讲的话，“这种铝合金外壳要承受很高的压力（2.2 MPa）。广东省尚无企业可以制造，多年来都由沈阳一家军工厂为我们配套生产。因为他们有生产能力，出口产品的利润又高。产品的外壳铸着四个汉语拼音字母 GDSH（广东四会），产品销往全世界，全世界都知道 GDSH，多么光荣啊！新中国成立初期我们羡慕印着 USA 的产品（美国货），现在中国货 GDSH 扬名四海，为国争光，这是爱国的又一具体体现。”

二、爱岗敬业

作为一名生产工人，在日常生产工作中怎样体现自己的社会主义核心价值观呢？这就是爱岗敬业。

1980 年出生的中专毕业生欧彩霞入厂时在车间是一名绕线工人。她勤学苦练，精益求精，把做好产品作为自己的职责，产品每次送检合格率几乎都是 100%，连续四年被评为公司的质量标兵，现任生产出口产品的高压车间副主任，负责指导和监控高压线圈的制作。高压线圈是出口产品高压互感器的“心脏”，非常重要。欧盟的专家来公司考察时，对高压线圈的质量非常满意，竖起大拇指连说“ very good”。有一次，意大利 ABB 公司急需订购 60 台高压互感器，适逢中国春节放假。怎么办？工人二话不说，除夕加班，大年初一也加班！按质、按量、按时交付，毫无怨言。为了什么？为了公司的利益和信誉，为了祖国的荣誉，同时，也为了自己——加班工资＝平时工资 × 3。“四互人”把国家、企业、个人的利益融为一体，这是多么可贵的来自生产第一线工人的爱国情怀啊。工人们说“爱岗敬业就是爱自己的家、爱公司和爱国”。

三、诚信做人

顾客是企业的“上帝”，也是企业的“衣食父母”。

全体职工非常明确，企业的生存和发展必须取信于顾客。靠什么？第一，靠产品质量；第二，靠合理价格；第三，靠优质服务。经过认真学习，克服各种困难，包括许多不良的习惯，公司从上到下全面实施ISO 9001、ISO 14001、OHSAS 18001国际先进管理模式，所交付产品的送检合格率均在99.5%以上，准时率在90%以上，深受广大顾客的欢迎，顾客对公司的满意度在98%以上。另外，公司被广州白云电器股份有限公司授予“金牌供应商”的称号，被国际知名企业厦门ABB开关有限公司授予“最佳合作伙伴”的称号；被评为“全国诚信守法乡镇企业”、“广东省诚信示范企业”，荣获“广东省政府质量奖”。公司承诺预防污染、保护环境，每年组织职工体检，帮助职工防病治病，保障职工健康安全。

这就是工人自觉地把国家的信誉和个人的利益融为一体所创造的佳绩。诚信是实实在在的，是通过一个个产品体现出来的。所以，诚信是工人创造出来的。

四、建立一个团结友爱、温馨如家、朝气蓬勃的集体

在“冷”环境下工作，难以调动职工的积极性。公司千方百计为职工创造一个“热”环境。工人之间亲如兄弟姐妹，相互帮助，没有钩心斗角！

抛光工人谭群容（女）患晚期鼻咽癌，总经理和工会主席带领全体职工捐款救助，共捐款8 000多元，又安排其丈夫到公司工作，分配2室1厅的宿舍。车工梁朝阳患尿毒症，公司又组织捐款活动，共捐款7 000多元帮助救治。在职工的心里，公司就是自己温馨的家。

具有本公司特色的企业文化把全体职工团结在一起，成为一个坚强的

战斗集体，招之即来，来之能战，战之能胜。每天 17：30—18：30 免费轮训在岗职工，每年开展铣工、车工、钳工、锡焊、装模、CAD（计算机辅助设计）、电脑打字等劳动竞赛，提高职业技能。高技能带来高效率、高质量和高收入。

重大节日公司还会举行篮球、羽毛球、乒乓球、拔河等体育比赛，举办庆祝晚会，寓教于乐。晚会形式多样，卡拉 OK、游戏、有奖问答、抽奖（特等奖奖品有冰箱、电脑、彩电、空调等）等环节，愉悦了员工身心，增强了员工的团队精神。

为每间职工宿舍装彩电、空调、中央太阳能热水器；全部车间装空调；夏天供应绿豆汤等清凉饮料。工人说："夏天，公司比家里凉快、舒适。"全体职工生产热情高涨。

公司还被评为"全国模范职工之家"、"广东省和谐劳动关系先进企业"、"广东省厂务公开民主管理先进单位"。

总经理爱职工。职工服从命令听从指挥，做好每一个细节，让总经理放心，让顾客放心，让社会放心！

我们的理念是"企业有效益，职工有得益"。随着企业的发展，职工的收入每年递增 15%以上。工人们深刻地体会到，社会主义核心价值观是看得见、摸得着的，不是空中楼阁。只要我们脚踏实地，立足本职，放眼全局，善于把个人利益融入企业利益和国家利益之中，把小我变成大我，就能在践行社会主义核心价值观的过程中创造出辉煌的业绩。国家富强、人民幸福、中华民族伟大复兴的中国梦就一定能实现。

五、结论

举国上下践行社会主义核心价值观，必将创造出丰硕的成果——国家富强、人民幸福。

在工厂践行社会主义核心价值观必须加强党的领导，把这项任务摆上重要位置，使践行社会主义核心价值观同生产工作融为一体。党员、干部要带好头，以身作则，讲党性、重品行、作表率，以人格魅力感召群众、引领风尚。广大工人应从我做起，人人参与，把社会主义核心价值观转化为自觉的行动。只有这样，践行社会主义核心价值观的任务才能落实到基层。只有把社会主义核心价值观融入工人的生产活动和精神世界中，我们才能获得物质文明和精神文明建设的双丰收，企业才能实现又好又快的发展。

（作者：张树华，广东四会互感器厂有限公司总经理；
关炼乔，广东四会互感器厂有限公司总工程师）

第二编 优秀传统文化与中国梦

实现中国梦必须弘扬中国精神。这就是以爱国主义为核心的民族精神和以改革创新为核心的时代精神，是凝聚中华民族的牢固精神纽带和实现中华民族伟大复兴的强大精神力量。这种精神是凝心聚力的兴国之魂、强国之魂。

薪火相传，用文化软实力助推实现中国梦

邝耿力

党的十八大报告指出："全面建成小康社会，实现中华民族伟大复兴，必须推动社会主义文化大发展大繁荣，兴起社会主义文化建设新高潮，提高国家文化软实力。"这标志着提升我国文化软实力已成为全面建成小康社会、实现中华民族伟大复兴的战略任务。

从党的十七大到十八大，"提高"和"增强"国家文化软实力的提法一再为党的政治报告所认可，这意味着文化软实力建设已经成为中国的国家战略构想。

文化软实力不仅关系着一个国家的创造力、凝聚力、影响力，更关系着一个国家和民族的兴衰存亡。

一、文化软实力的内涵

中国古代典籍很早就将"文"与"化"结合起来，构成与现代"文化软实力"相近的"文化"概念，其中的"化"是动词，体现出"文"具有感化人心的巨大力量。这和现代文化学所指的作为人的物质、精神财富总和的"文化"的观念不同，中国古代的思想家本来就是将文化看成是"软实力"的无形力量。先秦文献中的"文"，一方面是指与道德观念、政治意识相关的人伦秩序、社会制度，另一方面也是指与文字典籍相关的思想文化和观念形态。但是，一旦将"文"与"化"联合起来使用，则是指用这些伦理道德、典籍去教化、影响人们。与靠军事力量征服人们不同，文化具有感染、影响人们的精神力量。我们的古人倡导要通过文化的力量去"化成天下"，而反对以武力去征服天下。比如儒家所推崇的"王道"、"行文德之教"等，就是强调文化在国家统治中的重要作用，认为它虽是一种

“软”的力量，却是无敌于天下的巨大力量。这种思想对历朝历代都产生了深远的影响，对我们今天的现实社会仍然有意义。

目前错综复杂的国内外形势，客观上决定了增强我国文化软实力的重要路径之一，就是向“老祖宗”学习，就是对优秀的传统文化进行充分的挖掘，科学地、合理地继承，并创造性地发展。

二、当前我国文化传承存在的问题

由于缺乏继承和创新，中华文化正面临着内外双重危机。从外部看，各国纷纷重视抢占文化的制高点，软实力在综合国力竞争中的重要性不断提升，西方价值观的强势来袭、个别国家对我国文化资源的盗用和掠夺威胁到我国的文化安全；从内部看，随着外来文化对我国社会各个领域的渗透，一些人丧失了文化自觉与文化自信，对外来文化盲目崇拜和依赖，对民族文化则日渐疏离。长此以往，这不仅会使民族文化对人民的向心力和维系力发生危机，而且有可能使中华民族文化失去自有的特色，陷入存亡绝续的境地。

1.传统伦理道德遭到破坏，继承不力

所谓传承人的问题就是老者去世，没有年轻人去继承文化的问题。文化必须后继有人，传承人有责任去物色有培养前途的人并进行培训，只有这样才能够使优秀文化传承下去。这一问题对我国的文化传承和保持中华文化的独特性造成很大的影响。与此同时，在错误思潮的打压和市场经济的冲击下，中国传统伦理道德正面临着前所未有的危机。拜金主义、享乐主义大行其道，造成社会是非观颠倒、道德滑坡。“毒奶粉”、“地沟油”、“小悦悦”等事件的相继出现，不断拷问着社会良知。

2.教育重理轻文

当今中国，学校教育重理轻文。不管是在高中文理班上，还是在大学文理专业上，都存在这样一个严重的问题。很多人认为学理工类就前途广阔，学了文史类就百无用处。这种教育模式，已经给中国的社会发展带来了巨大的负面影响，也严重阻碍了中国社会的和谐发展。从个人层面上来说，一个人的成长离不开文理的协调发展，如果重理轻文，则会在成才的路上因为知识结构和能力结构的失衡而出现个人能力木桶理论中的“短板现象”，这将严重阻碍个人的成才与发展；从国家层面上来说，任何国家如果忽视文科，必然会表现出治国的封闭性、狭隘性和行为的短视性。国家的管理者更不能没有文科素养。缺乏文科素养就不可能有宏观的视野与战略的眼光，很容易“一叶障目，不见泰山”，很难在复杂的现象背后分析出深层的意蕴。俗话说，“文依附理，文以理存；理彰显文，理得文则活”。只有文理协调发展，国家和民族才能真正强大兴盛。

3.对文化传承认识不到位

一部分组织及个人对文化传承的理解和认识仍然不够深刻。一些地方和部门对文化传承在推动经济增长及社会发展的长远功能上缺乏正确的认识。单就传承中的文化遗产而言，就可以看出公民对其保护力度及对其所拥有的文化内涵的理解程度还不够，有些民众甚至仍将文化遗产等同于名胜古迹。他们对热点新闻及颇受争议的事件认知度较高，但对一些考古发现关注度不高。另外，城乡发展与文化传承之间的矛盾仍旧普遍存在。

4.对非物质文化遗产保护不力

近些年来，人类的生活发生了翻天覆地的变化，逐渐被高科技取代的传统文化和工艺慢慢地消失于人们的视野中，人们沉醉在现有的生活环境中，忘却了对非物质文化遗产的传承和坚守。有些人认为传统文化是落后的，落后的就该被淘汰；还有些人崇洋媚外，总觉得“外国的月亮比中国的圆”。例如，当今很多国人热衷于过西方节日，传统节日在人们的生活中日渐式微。与此种种，导致我国的不少非物质文化遗产逐步失传、湮灭，有的已经灭绝或濒危。

针对以上存在的问题，笔者深痛其弊，尝试提出若干建议。

三、实现文化传承的有效途径

1.全面系统地认识传统文化

首先，应该抱着脚踏实地、理论联系实际的态度，顺应时代发展的潮流，详尽总结和梳理优秀传统文化的由来、变迁、斗争以及发展，竭尽全力去保证文化传承工作的科学性和完整性，坚固文化遗产保护的历史根基。其次，面对新时代、新情况，应当坚持马克思主义的世界观和方法论，在对传统文化取其精华、去其糟粕的过程中，充分发挥党和政府的引导作用。总之，努力使文化传承系统化、简洁化，形成便于人们学习、评价和继承的传统文化体系。

2.科学准确地评价传统文化

坚持历史唯物主义和辩证唯物主义的观点，以科学、严谨、审慎的态度对待中国传统文化。首先，要坚持以历史观点、站在历史的时间节点上看待中国传统文化和评价历史人物。其次，要站在现代的时间节点上，用现代的科学观来考察传统文化，将历史的和现代的两种视角贯通、结合起来。只有很好地做到这种贯通、结合，才能对传统文化作出客观科学的评判与选择。再次，要切实把握和深入地理解传统文化的本质内容，而不是只在其外部特征上浮光掠影、走马观花。最后，应面向世界，博采众长，广泛吸收人类所创造的一切优秀文化成果，以克服中国传统文化中的消极因素和弥补中国传统文化中的欠缺。中国 21 世纪新文化的创造和发展需要在多元文化的激烈交汇、碰撞、融合中进行。中国文化也在变，不断吸收，不断变化更新，其魅力就在于创造。我们青年人在把中国文化的精华学到手的同时还要吸收外来的文化，再熔为一炉，创造出具有中国特色的新文化。

3.用辩证发展的眼光看待传统文化

马克思主义基本原理告诉我们，要坚持用历史的、发展的眼光一分为二地看问题，对于传统文化的传承问题更是如此。任何一个民族的文化，都必然存在着优、劣两方面的因素。中国传统文化历经数千年，漫长的历史、封闭的社会环境等独特的条件使中国传统文化更加具有鲜明的两重性。近代以来的中国历史告诉我们，传统文化的传承坚决不能走封闭僵化的老路，而应该坚持推陈出新的原则，辩证、发展地分析问题、解决问题，对待任何问题都要做到三思而后行，坚持创新精神，使优秀传统文化的传承具有科学性、时代性及新颖性。要特别关注优秀传统文化中能够指导并解决中国目前社会发展中存在的种种弊端及能够提高百姓生活幸福指数的部分。要在传承中使我国的优秀传统文化发扬光大，在发展创新中凸显优秀传统文化的包容力。优秀传统文化为建设中国特色社会主义文化强国提供源源不断的优秀精神文化食粮，有助于我们早日实现灿烂的中国梦。

4.建设、创新并输出传统文化

建设，要立足基层，致力于构建公共文化服务体系，将文化资源向社区、村镇倾斜，完善基层文化设施，丰富群众文化生活。创新，要大力发展文化创意产业，培养一批乔布斯式的文化创新先锋，造就一批像李安、莫言那样具有世界影响力的文化大师，创新文化产品的内容、形式与产业形态，打造出更多传世精品。输出，要把文化交流、文化输出与文化保护工作结合起来，打破外来文化威胁，切实将民族文化成果保护好，并推介到世界各地，增强中华文化在世界上的感召力和影响力，增强我国的国际话语权。

四、结束语

文化是民族的血脉，是人民的精神家园。我国拥有举世无双的丰厚历史文化资源，它是我们进一步发展和弘扬中华文化的雄厚基础。"学古之道，犹食笋而去其箨也。"我们应艰苦奋斗，完好保留祖先的文化遗产，并将之发扬光大。同时，按照十七届六中全会和十八大的部署要求，加快推进社会主义文化强国建设，清除当前文化领域的种种乱象，增强文化整体实力和竞争力，让古老的中华文明焕发出蓬勃的生命力，与世界共享文化多样性的明媚阳光。

（作者为肇庆市图书馆助理馆员、肇庆市炎黄文化研究会会员）

弘扬优秀传统文化，助推中国梦的实现

常　静

实现中华民族的伟大复兴，是中华民族近代以来最伟大的梦想。实现这个伟大的中国梦，就要传承和弘扬中华优秀传统文化。一个国家和民族，如果说政治是躯架、经济是血肉，那么文化则是灵魂。习近平总书记指出：“博大精深的中华优秀传统文化是我们在世界文化激荡中站稳脚跟的根基。抛弃传统、丢掉根本，就等于割断了自己的精神命脉。”因此，准确把握优秀传统文化的时代价值和中国梦的丰富内涵，从优秀传统文化中汲取实现中国梦的精神力量，是我们当前面临的重大理论和实践课题。

一、“中国梦”的提出与传统文化一脉相承

“中国梦”并非始于今日，也并非某个人一时冲动而“创造”的一个热门词语。实现中华民族伟大复兴的中国梦是广大中华儿女的共同呼声，表达了人民对未来美好生活的向往和期待。它有着深厚的历史渊源和传统文化积淀。纵观中国历史长河，从古代“大同”、“小康”的儒家思想，到康有为的《大同书》，再到孙中山先生提出的“三民主义”、“振兴中华”，再到中国共产党的治国理念，从古至今，中华民族从未停止过对“中国梦”的追逐。

1.孔子的“大同”、“小康”思想

最早的“中国梦”的提出可以追溯到孔子。孔子在《礼记·礼运》中最早明确提出了“大同”和“小康”的概念。《礼运》说：“大道之行也，天下为公，选贤与能，讲信修睦。故人不独亲其亲，不独子其子，使老有所终，壮有所用，幼有所长，鳏寡孤独废疾者皆有所养。男有分，女有归。货恶其弃于地也，不必藏于己；力恶其不出于身也，不必为己。是故

谋闭而不兴，盗窃乱贼而不作，故外户而不闭。是谓大同。”在孔子看来，上古时代的黄帝、尧、舜所治理的以“天下为公”的社会是最为理想的社会，即“大同”。“小康”最早见于《诗经·大雅》中，“民亦劳止，汔可小康”，是说人民劳累困苦，希望过安逸的生活。但真正给“小康”一词赋予许多思想的，还是在传统思想和文化上最有影响力的儒家。《礼记·礼运》篇中孔子认为，也不知什么原因，“大道既隐”，出现了私有和“家天下”，战争也由此而起。但因为禹、汤、文、武、成王、周公都很重视礼，以礼为标准决定是非，考查信用，惩罚过失，倡导仁爱，讲究谦让，所以其社会也能政治清明、人民生活安逸。可见，孔子把“六君子”所治理的社会状态称为“小康”。根据孔门后学戴圣编的《礼记》（成书于西汉），孔子的“小康”社会是和“大同”社会联系在一起的，这主要反映了当时儒家批判现实和崇尚先古的政治观点。孔子“小康”和“大同”的梦想虽具体含义有所不同，但要建立一个和谐有序的美好社会的目的是相同的。

2.近代以来中国人民对中国梦的追逐

中国梦集中体现了近代以来中国人民的理想和夙愿。正如习近平总书记指出的，“实现中华民族伟大复兴，就是中华民族近代以来最伟大的梦想。这个梦想，凝聚了几代中国人的夙愿，体现了中华民族和中国人民的整体利益，是每一个中华儿女的共同期盼”。自1840年鸦片战争以来，“救亡图存”成为贯穿中国近现代史的一条主线，“振兴中华”成为全体志士仁人发自心底的激壮呐喊和艰辛探索的时代主题。康有为的《大同书》，描绘了一个由小康到大同的理想王国。虽然康有为通过“改良”去推行资本主义制度从而达到“大同”社会的希望，是一种不切实际的幻想，但它反映了中国人民对公正的、幸福的理想社会的渴望。孙中山希望建设一个“人能尽其才，地能尽其利，物能尽其用，货能尽其畅”的理想社会，这一思想成为指导孙中山一生开展民主革命的纲领。他明确提出了“振兴中华”的口号，确立了“驱除鞑虏，恢复中华，创立合众政府”的政治主张，开始了他对中国梦的追求。在“三民主义”中他又指出：“我们要解决中国的社会问题……就是要全国人民都可以得安乐，都不至于受财产分配不均的痛苦……”“三民主义”集中体现了他为“振兴中华”所作的理论思考和实践追求。

在各种力量的交锋整合和各种道路的尝试比较中，以马克思主义为指导思想的中国共产党应运而生并不断发展壮大。它以争取民族独立、人民解放为使命，以实现国家富强、人民富裕为己任。中国共产党在继承以往几代中国人努力的基础上，紧紧依靠人民，为实现中华民族伟大复兴的中国梦完成和推进了三件大事：一是实现民族独立、人民解放；二是确立社会主义基本制度，并在探索社会主义建设道路中建立起独立的、比较完整的工业体系和国民经济体系；三是进行改革开放和新的伟大革命，成功开创和发展中国特色社会主义，推动社会主义现代化建设取得了举世瞩目的伟大成就，开始实现国家富强、人民富裕。站在改革开放的时代波峰上展望中华民族伟大复兴的光明前景，习近平总书记指出："现在，我们比历史上任何时期都更接近中华民族伟大复兴的目标，比历史上任何时期都更有信心、有能力实现这个目标。"

二、实现中国梦，优秀传统文化精髓不可丢

中央党校哲学部副主任、博士生导师王杰认为："传统文化是一面镜子，是一部教科书，以史为鉴，可知兴替。中华文化中蕴含着非常丰富的智慧、道理……在中华民族伟大复兴、实现中国梦的道路上，这些精华不可丢。"中华优秀传统文化是中华民族的突出优势，是我们最深厚的文化软实力，在中国优秀传统文化中，蕴含着丰富的思想资源和强大的精神力量，对今天中国的发展有借鉴作用。因此，实现中国梦，必须充分汲取优秀传统文化的正能量。

1.中国传统文化注重对"礼"的追逐

中国传统文化中有着相当完备的礼仪思想和礼制设计。这些礼仪规定了当时的人伦秩序，维系着社会的有序运转。儒家创始人——孔子强调学礼、知礼是做人的根本。他说："恭而无礼则劳，慎而无礼则葸，勇而无礼则乱，直而无礼则绞。"可见，恭、慎、勇、直这些品格都必须有"礼"的支撑才能发挥应有的作用。孔子在任中都宰相时，面对当地欺诈现象严

重的社会风气，就用“礼”来治理，不到一年时间，这个地方就出现了一番“男女别途，路不拾遗，夜不闭户”的大同世界的景象。所以一个地方、一个国家、一个民族要有良善的民风、厚道的人心，必须要靠“礼”的教化、规范。“非礼勿视，非礼勿听，非礼勿言”更是千百年来约束中国人行为的基本准则。1983年，著名史学大师钱穆先生在向美国学者邓尔麟谈及中国文化的特点以及中西文化的区别时，认为“礼”是中国传统文化的核心。

有礼，人与人之间才会有友爱、和谐；无礼，人与人之间则是一种对立、冲突的状态。今天，在实现中华民族伟大复兴的中国梦的过程中，需要重温中国传统的礼仪思想，从中发掘出符合时代背景和现实需求的新型礼仪规范，提升国民的道德修养和素质，塑造新时期东方文明古国、礼仪之邦的崭新形象。

2.中国传统文化中有着对“和”的价值追求

“和”包含融合、和谐、和睦、平和的思想和观念。“和谐社会”的建立就来自儒家思想中的“和”思想。《论语》中说：“君子和而不同，小人同而不和。”这就达到了“和”的理想状态，也是儒家所提倡的和谐之道。这种和谐之道同时涵盖了人与社会、人与自然等领域的关系。这种在承认差异的基础上谋求和谐共处的精致安排，正是我们今天构建和谐社会的题中应有之意。在经济高速发展的今天，社会不可避免地会出现一些不“和”的现象，恐怖分子、邪教组织、坑蒙拐骗等问题严重影响社会和谐、人心安定。中国梦归根结底是人民的梦，只有在“和谐社会”下，人们才有出彩的机会。因此，这种以“和”为显著特征的中国优秀传统文化作为社会的精神遗产，对形成和谐社会的政治生活、经济生活、文化生活、社会生活和贯穿其中的价值观念有着极大的影响。

3.中国传统文化中有着“刚健有为，自强不息”的精神特质

《周易》中讲“天行健，君子以自强不息”，这种自强不息的奋斗精神在中国文化的起始阶段即已产生。愚公移山、精卫填海等故事口口相传，反映了中国祖先奋勇开拓的精神。中华民族是勤劳、务实的民族，中国人民用自己勤劳的双手治理了黄河水患，养育了一代又一代华夏子孙。在实

现中华民族复兴的过程中，这种精神更应该得到继承和发扬，从而为中国梦的早日实现贡献自己的一分力量。

4.中国传统文化中有着“舍生取义”、效忠祖国的价值取向

儒家思想强调“修身、齐家、治国、平天下”。这种家国一体的理念孕育出了舍生取义、效忠祖国的价值追求。“虽九死其犹未悔”的屈原、“精忠报国”的岳飞、“先天下之忧而忧，后天下之乐而乐”的范仲淹、“苟利国家生死以，岂因祸福避趋之”的林则徐等，都是这种价值追求的典范。他们是支撑古老中国不断前进的脊梁。中华民族在21世纪想要实现伟大复兴的中国梦，没有无数人民的奉献精神和爱国情怀，显然是不易达成的。这也正是我们弘扬传统爱国主义情怀的现实意义之所在。

5.中国传统文化中有着“天人合一”、顺应自然的生态理念

党的十八大提出“把生态文明建设放在突出地位，融入经济建设、政治建设、文化建设、社会建设各方面和全过程中。努力建设美丽中国，实现中华民族永续发展”。随着现代化进程的加快，生态环境已经成为制约经济发展的严重问题。如各种异常天气，被网民们戏称为“春如四季”。中国传统文化蕴含着许多人与自然和谐的思想，体现了与现代生态文明相契合的生态智慧。如“天人合一”、“物我同一”的敬畏自然、与自然和谐相处的观念；《淮南子·主术训》里的不可“涸泽而渔，焚林而猎”，不可为眼前利益而牺牲长远利益的可持续发展观；《老子》里“人法地，地法天，天法道，道法自然”的遵循自然规律、顺应自然之道。这种与自然和谐相处、顺应自然规律的思想，对人自身的完善以及社会发展都是非常重要的。面对全球气候变化以及经济社会发展所带来的生态危机挑战，探讨如何继承和发扬我国传统文化的精华，丰富建设社会主义生态文明的思想，具有重要的理论价值和现实意义。

当然，中国传统文化博大精深、源远流长，还有许多像通过自我人格的修养，“吾日三省吾身”，达到心境合一的程度，以排解现代人的心理寂寞、空虚之感的理念思想；“己所不欲，勿施于人”的平等思想等，都是我们现代社会生活不可或缺的重要人生价值观。

在我国经济实力日益增长的今天，“崇洋媚外”的现象仍是屡见不鲜。

我们首先要做的就是树立起对中国传统文化的信心，在汲取传统文化精髓的基础上，赋予其时代精神，发掘它们蕴含的真正力量，再使其与中国特色社会主义文化的建设相适应，助推中国梦的实现。

三、对待传统文化要科学扬弃、开拓创新

我国优秀传统文化凝聚着中华民族历久弥新的精神财富，是发展社会主义先进文化的深厚基础，应当成为当代建设中华民族共同精神家园的重要思想支撑。但我们同样要传承“五四精神”，用批判的眼光对待传统文化、创新文化，避免走上脱离实际的“复古”道路。要坚持传统文化与时代精神的辩证统一，在吸纳、整合、创新、传承的过程中，使传统文化真正发挥作用，进而构建适合中国道路的文化价值认同体系。

一方面，建立优秀传统文化的传承体系，深度挖掘文化遗产、文物古迹、民俗艺术等传统文化资源，规范对文化典籍的整理和加强对非物质文化遗产的保护，放大并阐发优秀传统文化的思想价值。肇庆市历史文化资源丰富，应合理利用和保护文化瑰宝，增强人们的文化自信心和自豪感，用优秀传统文化吸引人、感染人、激励人，让优秀传统文化成为人们的一种生活方式和行为习惯，在全社会形成普及、宣传、学习和继承优秀传统文化的良好氛围。更为重要的是要抓住源头，把对传统文化的学习和继承纳入国民教育中，从娃娃抓起，引导国民了解传统文化，学习传统文化，在耳濡目染、潜移默化中产生认同感，增强国民信心，当好优秀传统文化的继承人。

另一方面，坚持古为今用、开拓创新。我们应立足社会主义现代化建设的具体实践，运用现代科技改进传统文化的留存形式和传承手段，推动优秀传统文化的创造性转化和创新性发展，使之与当代社会相适应，与现代文明相协调，始终保持旺盛的生命力和鲜明的时代性，实现永续传承和全面发展。

“不忘本来才能开辟未来，善于继承才能更好地创新。”我国正处在全面建成小康社会、合力推进社会主义现代化建设的关键时刻，需要我们传

承好、弘扬好优秀传统文化，也正如习近平总书记在主持中共第十三次集体学习时所强调的那样，“中华文化源远流长，积淀着中华民族最深层的精神追求，代表着中华民族独特的精神标识，为中华民族生生不息、发展壮大提供了丰厚滋养”。继承和发扬中华优秀传统文化，只有理解和把握中华文化在当代的独特创造性、价值理念和鲜明特色，才能在全球多元多样的文化思潮中，从根本上增强当代中国的文化自信和价值观自信，为实现中华民族伟大复兴的中国梦提供强大的凝聚力和向心力。

（作者为中共肇庆市委党校科学文化教研室讲师）

以中国精神为基点，共筑伟大的中国梦

刘建雄

党的十八大闭幕后，习近平总书记在参观复兴之路展览时，提出了实现中华民族伟大复兴的中国梦。接着他在十二届全国人大一次会议上的讲话中又系统阐发了这一思想，他指出："实现中国梦必须弘扬中国精神，中国要实现中国梦，与其他大国的崛起一样，离不开崇高的精神的推动。"所以，构筑伟大的中国梦，我们要以中国精神为基点，大力弘扬伟大的中国精神，加快伟大中国梦的实现步伐。

中国精神源远流长，是中国梦实现的思想理论基础。中国精神，是指积蕴于现代中华民族复兴历程中，特别是在近些年中国的快速崛起中迸发出来的具有强烈的民族集聚、动员与感召效应的精神及其气象，是中国文化软实力的重要显示。

五千多年的中华文明孕育了中国古代精神，使其具有深厚的历史基础和文化分量。"天行健，君子以自强不息；地势坤，君子以厚德载物。"自强不息，强调刚健有为、勤劳勇敢、积极向上、坚韧不拔的精神品格及其生命意志力；厚德载物，则蕴含着中国精神固有的内在性，表现为天人相通、民胞物与的本体观，也拓展为诸如应时守势、虚一而静、德性修持、内圣之道以及为己之学等的人生观与价值观。"苟日新，日日新，又日新。"强调革故鼎新、锐意进取，倡导"发愤忘食，乐以忘忧"。中国人因而创造了世界上独一无二的华夏文明，而且是世界上唯一未中断过的文明，无数的仁人志士奋发前行，不屈服于恶劣的环境、势力与外来侵略者的凌辱压迫，将刚健坚毅的精神代代相传。

"民为邦本，本固邦宁。"强调"民之所欲，天必从之"，"君者，舟也；庶人者，水也。水则载舟，水则覆舟"，"民为贵，社稷次之，君为轻"。民本思想肯定了人民是国家的主体，人君要掌握国家的权力，必须得到人民的同意。爱民、养民、为民是为人君的最大职责。

“仁义至上，刚正不阿。”我们以仁义为人的最高品格，崇尚君子人格，肯定“三军可夺帅也，匹夫不可夺志也”、“富贵不能淫，贫贱不能移，威武不能屈”的大丈夫精神，弘扬至大至刚的正气、舍我其谁的抱负，强调人人都有内在的价值与不随波逐流的独立意志，以“知其不可而为之”的气概，刚正不阿，气节凛然，甚至杀身成仁，舍生取义。

“天人之际，合而为一”与“和而不同”则主张人与自然的和谐、人与人的社会和谐、人与自我的人格和谐。强调“天人合一”，重新肯定人与自然的统一。重视“协和万邦”、“天下一家”的文化理想，即既重视各民族及其文化、宗教的分别性、独特性，又重视和合性、统一性。在人与人的关系问题上，主张仁爱、以和为贵与协调性，爱好和平，反对以力服人。

经过数百年的民族发展，中国精神已凝成中国近现代精神，并具有明确的民族指向和奋斗目标。中国梦既是对170多年来中华民族奋斗历史中的渴望和追寻的概括，也是当下中国对自己未来的期许；既是对中国人共同命运中凝聚的感情和力量的表达，也是对普通个人的希望和追求的表达。

可以说，建立在中国精神基础上的理论自信，使中国梦具有坚实的思想基础。

中国精神内涵丰富，是中国梦实现的精神纽带和强大动力。

民族精神和中国梦相互联系，密不可分。民族精神是中国梦的基础，中国梦是民族精神在新的历史条件下的发扬光大。中国精神不仅是中国革命建设和改革的精神动力，也是中国梦实现的强大动力。一个国家、一个民族的崛起，离不开精神力量的支撑。中国梦，作为今天中华儿女对尚未实现的美好愿景的希冀和追求，必然具有精神因素作为内在动力源泉。正如习近平总书记指出的那样：“实现中国梦必须弘扬中国精神。这就是以爱国主义为核心的民族精神和以改革创新为核心的时代精神，是凝聚中华民族的牢固精神纽带和实现中华民族伟大复兴的强大精神力量。”这种精神是凝心聚力的兴国之魂、强国之魂。爱国主义是中华民族最深厚的思想传统，最能感召中华儿女团结奋斗。多年来，中华民族形成了以爱国主义为核心的团结统一、爱好和平、勤劳勇敢、自强不息的伟大民族精神，特别是中国共产党成立后，培育并形成了多种精神，极大地拓展了民族精神的内涵，使中华民族展现出崭新的精神风貌。中华民族之所以能够历经磨难而不倒，饱经风霜而弥坚，屡遭挫折而愈勇，就是靠爱国主义精神激发出的整个民族的强大凝聚力、战斗力。千百年来，这种民族精神薪火相传，越燃越旺。井冈山精神、长征精神、延安精神、红岩精神、西柏坡精神是革命战争时期中华民族精神的突出表现。在当代和平时期，民族精神又有了新的内涵，例如，"两弹一星"精神、抗洪精神、载人航天精神、抗震救灾精神、奥运精神等。经过改革开放30多年的巨大发展，我们今天比历史上任何一个时期都更加接近中华民族伟大复兴的中国梦。但"更加接近"不等于已经实现，我们还有很长的一段路要走，还有很多的矛盾需要化解，还有很多的困难需要克服。在距离中国梦越来越近的关键时刻，我们比任何时候都更加需要激发中华民族的自尊心、自信心、自豪感，比过去任何时候都更加需要发挥全体中华儿女的自觉能动性和积极创造性，比任何时候都更加需要崇高的中国精神。

因此，只有弘扬中国精神，才能增强中华儿女实现中国梦的共识；只有弘扬中国精神，才能激发中华儿女实现中国梦的豪情；只有弘扬中国精神，才能鼓舞中华儿女实现中国梦的斗志。所以说，中国精神丰富的内涵，是支撑起中国梦的强大动力和精神纽带。

中国精神长久不衰，是中国梦实现的力量之源。中国精神是兴国之魂、强国之魂，是实现中华民族伟大复兴的力量之源。

中国精神可以产生巨大的力量。江泽民指出："一个民族、一个国家，如果没有自己的精神支柱，就等于没有灵魂，就会失去凝聚力和生命力。"有没有高昂的民族精神，是衡量一个国家综合国力强弱的重要尺度之一。一个国家的综合竞争力不仅包括由国家基本资源、经济力量、军事力量和科技力量等构成的"硬实力"，还包括由文化、意识形态和政治价值观的影响力、感染力、导向力以及国际舆论的营造力与国际形象的塑造力等构成的"软实力"。精神力量对指导和推动客观世界与主观世界的发展具有巨大的能动作用，并在一定条件下可以转化为物质力量。没有一定的精神力量，物质力量的建设就会遭到破坏，没有精神支柱，就等于没有灵魂。所以所谓的综合国力的竞争，归根到底是民族精神的竞争，民族要参与竞争，首先要具备有竞争力的民族精神。

中国精神产生的巨大能量，可以破解中国梦实现过程中遇到的各种难题。中国梦是中华民族伟大复兴的梦，它前无古人，也后无来者。这就注定着它必定会经历重重困难和挫折，它前进的道路必定充满未知数，越往前走，难题越多。我国正处于经济发展的快速阶段，产业结构不合理，经济发展不协调，环境污染严重，农业基础薄弱，工业科技含量低，城乡区域发展差距拉大，由腐败问题引起的社会矛盾突出等，都摆在我们面前，是阻碍我们实现中国梦的难题。面对如此严峻的形势，我们更应该发扬中国精神，提升自身的道德修养，用强大的精神力量去对抗一切腐朽思想，同时不断地提高自身文化的创造力，以精神力量为指导，去努力实现中国梦。

中国精神能够凝聚起伟大的中国力量。实现伟大的中国梦需要凝聚和依靠强大的中国力量，而强大的中国力量又需要中国精神来凝聚。中国梦归根到底是人民的梦，必须紧紧依靠人民来实现，必须不断为人民造福。中国力量是指积极投身于中国特色社会主义伟大实践的最广大人民群众，这是实现中国梦的根本依靠和力量源泉。实现中国梦，必须始终依靠最广大人民群众，坚持以人为本的价值取向。只有从人民群众的根本利益出发，坚持“从群众中来，到群众中去”的原则，中国梦才会具有牢固的群众根基，才能全面建成小康社会，建设富强、民主、文明、和谐的社会主义现代化国家，从而实现中华民族伟大复兴的中国梦。

因此，我们要重视中国精神的价值，弘扬中国精神，共筑伟大的中国梦。

（作者为广宁县广宁中学教师）

第三编 优秀传统文化与道德建设

『国无德不兴，人无德不立。』这是一句传统文化中的至理名言。加强领导干部的道德修养，除了依靠国家制定法律的约束、制度的刚性保证外，加强马克思主义教育也是非常必要的。

国无德不兴　人无德不立

——谈优秀传统文化与领导干部的道德修养

黄　荣

加强党的领导，一方面要加强党领导国家、治理国家的能力；另一方面则要加强党性和作风建设，提高领导干部的道德素养。在新的历史时期，各级领导干部肩负着领导全国各族人民实现中华民族伟大复兴的中国梦、实现党的十八大提出的“两个一百年”的奋斗目标的历史使命；肩负着全面落实十八届三中全会制定的全面深化改革体制的艰巨任务。为此，从严治党，从严管党，大力加强党性和作风建设、提高领导干部的道德素养是一项非常重要和紧迫的战略任务。

习近平总书记在论述弘扬中华优秀传统文化、践行社会主义核心价值观时多次说到“国无德不兴，人无德不立”。这是一句传统文化中的至理名言。加强领导干部的道德修养，除了依靠国家制定法律的约束、制度的刚性保证外，加强马克思主义教育也是非常必要的。需要特别指出的是，我们党在从毛泽东思想到中国特色社会主义理论最新成果——科学发展观的马克思主义中国化的整个过程中，都非常注重汲取中国优秀传统文化的精华，并进行科学的扬弃，为我所用，使其成为领导干部道德修养的重要内容。

中华优秀传统文化博大精深，从提高领导道德修养的角度来看，我们可以将传统文化整体结构和丰富内涵概括为“内圣外王”四个字，即提高道德修养，做治国平天下的大事业，达到“圣人”的最高境界。儒家文化作为中国传统文化的主体，包含着这样一个逻辑：要做一名好官，先要做一名好人。为政者，只有先修身以德，才能“安人”、“安百姓”。“修身、齐家、治国、平天下”的主张鲜明地体现了这一点。只有拥有良好的道德修养，才能有良好的政治行为，“领导干部首先要堂堂正正做人”。做人是基础，基础不牢，就会地动山摇。所以，将做人、做官、做事有机地统一起来是中国优秀传统文化的特点。它提出的一整套理论和规范对我们领导干部做人、做官、做事都有非常重要的启示。

人与其他“物”的区别是什么？荀子说“水火有气而无生，草木有生而无知，禽兽有知而无义，人有气、有生、有知，亦且有义”（水、火有气但没有生命，草木有生命但没有知觉，禽兽有知觉但不讲礼仪，人有气、有生命、有知觉，而且是讲礼仪的）。人有这样的特点，吃饱穿暖了，非常悠闲，若没有教育，跟禽兽的区别不大，所以人离禽兽不远。可见，人与物之别，人与禽兽之差，只是一念之差。“差”在什么地方？正是人有了礼仪文明，有了人伦道德即做人的规范，才有了羞耻之心、荣辱之道，懂得了是非、善恶、美丑，才是人。这是人之为人的一个基本点。

从人与人的关系来说，人的强大在于能够组成社会。组成社会，就要有人与人相互合作和爱护的“仁义”之道。所以修养仁义道德，不纯粹是为了个人，更主要是为了处理好人与人的关系。孔子说的“修己以安人”、“修己以安百姓”，就是指要让别人得到安宁，做官的要让老百姓得到安乐。北宋思想家张载的境界就更高了，他说要“为天地立心，为生民立命，为往圣继绝学，为万世开太平”。传统道德正是从国家利益和整体利益的原则出发，在个人对他人、对社会的关系上，强调个人对他人也有一份责任，官员更要对百姓负责，既要有治国安邦的理想，又要有自强不息的追求。我们要坚定自信，增强自觉，实现自强，努力建设强盛中国、文明中国、和谐中国、美丽中国。

传统文化对人的启示就是，做人首先要树立道德人格，承担做人的责任，要分清楚是非、善恶和美丑，按照今天的话讲，就是要有荣辱观，懂得以什么为荣，以什么为耻。所以，道德人格不只是一般人，更是领导干部首先应树立的。这是做人的基本资格。

孟子说：“行有不德者，皆反求诸己，其身正而天下归之。”做人要“反求诸己”，遇到挫折时切莫责备他人，而应先反过来从自己身上找出问题的症结，并努力加以改正。就像射击一样，发而不中，你不能怨旁边的人胜过了你，比你的环数高，而应该从自身寻找原因。在孔子说的“忠恕”之道中，所谓“忠”之道，就是“己欲立而立人，己欲达而达人”；

所谓“恕”之道，就是“己所不欲，勿施于人”。“忠恕”之道的基本精神就是设身处地，推己及人——我自己不愿意别人怎样对待我，也不要以之来对待别人；我自己所希望达到的，也希望别人能达到。

“反求诸己”的品德，不仅仅是对普通人的要求，更是对各级官员的要求。“朕躬有罪，无以万方，万方有罪，罪在朕躬”，“百姓有过，在予一人”，“万方”就是万邦，引申含义就是全国，强调社会没治理好，甚至出现了天灾人祸，官员不能怨老百姓素质不高，甚至是最高领导者也不能把责任推到人民身上，而是要从自己身上找原因，反思自己的过错。中国历史上有皇帝下“罪己诏”的例子，在天下出了事，比如在发生了天灾、地灾的时候，不怨老天爷，皇帝担起所有的责任，反省自己的所作所为。“反求诸己”启示我们，只有不怨天，不尤人，多苛责自己，才能不断提高自己的修养。领导干部只有不断反省自身，才能从内心奠定为民众服务的意愿，做一个有益于人民的人。

“成人”，不是从婴儿到成年人的生理成长过程，而是讲如何成为一个完善的人。“成人”之道涉及人的知识才能、德性力量、审美情趣等多方面素质，就如毛泽东在《纪念白求恩》一文中说的：“一个高尚的人，一个纯粹的人，一个有道德的人，一个脱离了低级趣味的人，一个有益于人民的人。”“成人”之道的启示说明做人要追求全面发展，就既要以德立身，又要具备多种素质。这不仅是个人发展的目标，也是社会培养人的理想目标。领导干部不仅要有良好的品德，还要努力提高自己的素质。

当前，我国社会正处在转型时期，社会道德现象复杂多变，道德问题已经成为广为关注的社会热点、焦点话题。官德，即领导干部的职业道德面临严峻的挑战。这些年来，一些所谓有能力、有魅力的“能官”、“儒官”涉嫌违纪违法而纷纷落马的事实，促使我们对领导干部的道德修养进行认真反思。笔者认为，在全社会培育和践行社会主义核心价值观的氛围中，领导干部更应该发挥模范带头作用，树立良好的形象，引领社会道德风尚。

一、做以德修身的表率

我们党的干部标准是德才兼备、以德为先。2009年6月20日，习近平同志在全国优秀共产党员代表座谈会上强调，领导干部要“以德修身、以德服众，始终保持共产党人的道德感召力”。2014年“五四”青年节，习近平总书记在北京大学师生座谈会上讲话，并对广大青年树立和培养社会主义核心价值观提出“要修德，加强道德修养，注重道德实践”。这不仅是对广大青年的要求，更是对党的各级领导干部的要求。笔者认为，习近平总书记的这些讲话，从一定意义上讲是对中华美德，尤其是对为官“政德”很好的揭示和继承。

传统文化认为，做官的人掌握公权，道德修养比一般人更重要。《论语》说：“为政以德，譬如北辰，居其所而众星共之。”以德修身，首先强调官员在各种管理活动中，必须始终把修养看作基础性、前提性的条件，“知所以修身，则知所以治人；知所以治人，则知所以治天下国家事”。修身治己，是领导干部治国理政的起点。这就是我们常说的“从我做起，从现在做起”。因为官员往往位高权重，别人不易监督，所以要想提高道德修养，自律很重要。古人的“以德养身”实质上就是精神自律、心性修养。自律的一个重要途径就是加强学习，在改造客观世界的同时改造主观世界。

我们党非常重视以马克思主义为指导来吸收和改造传统道德。毛泽东把“自觉地改造自己”和“改造世界”并提。他说：“无产阶级和革命人民改造世界的斗争，包括实现下述的任务：改造客观世界，也改造自己的主观世界——改造自己的认识能力，改造主观世界同客观世界的关系。”刘少奇在《论共产党员的修养》中，把道德修养上升到“改造主观世界”的实践高度，并形成了具有中国民族特色的党性修养理论，特别是他创造性地阐述了“慎独”的修养方式，强调共产党员“即使在他个人独立工作、无人监督、有做各种坏事的可能的时候，也能够慎独不做任何坏事”。

“以德修身”启示我们，心之自觉是道德的前提；通往人心的德育路程则是加强学习和自我修养。只有德始终润其心，文不断化其人，领导干部才能在实际行动中，做到清清白白为政、干干净净做事，从而起到以德修身的表率作用。

二、德与才的辩证法

对领导干部来说，在为社会、为人民服务的过程中，经常会遇到这样一个矛盾——才和德哪个更重要？到底应该如何处理德与才的关系？前面说到的一些“有才”的贪官落马的事件，更令人感觉到处理德与才关系的重要性。

历史上，对于有才为官者来说，能不能做到以德修身，以德养其才、润其才，决定了其流芳百世还是遗臭万年。明朝嘉靖年间有位叫严嵩的权贵大臣，此君可谓“才华横溢”、“少年得志”，19岁中举；嘉靖二十一年（1542年）25岁的他便以礼部尚书兼武英殿大学士的身份入阁，参与政务，两年后任首辅。这位稀有“天才”手握重权后，为非作歹，排斥、诬陷异己，大肆贪污受贿，聚敛财富，落荒时抄家得黄金3万余两、白银200余万两，还有价值数百万的奇珍异宝。人称严嵩是个“无才略，唯一意媚上，窃权罔利”的恶吏，“才华”成就了他的遗臭万年。

诚然，在中华民族几千年的发展历史中，仍然涌现出许许多多德才兼备的政治家、军事家，他们创造了中华文化丰富的道德遗产，他们以德养才、以德润才、德才双馨、流芳百世。三国时期蜀汉政治家、军事家诸葛亮便是一个典范。他对蜀国“鞠躬尽瘁，死而后已”的忠诚，“励精图治，务农植谷，推行屯田，发展生产以安天下”的敬业精神和“手握大权而不为图私”、“身后无余物”的道德操守，使他的聪明才智在效国为民中发挥到了极致，以弱小的蜀国挑战曹魏强敌而毫不畏惧。还有我们熟悉的宋代名臣包拯，刚正不阿，清正廉明，千古颂扬，在端州主政三年留下“不持一砚归”的美名。正是他高尚的道德情操，使他敢于坚持儒家忠君爱民与仁政治国和坚持法治的理念，并得以在执政中不畏权贵，不顾个人安危，铁面无私，维护法治。

陈云同志说：“有德无才办不成事，有才无德办坏事。”现在也有句顺口溜，叫作“有德有才是正品，有德无才是次品，无德无才是废品，有才无德是危险品”。我们希望各级领导干部都能成为德才兼备、有德有才的正品。

三、做官与做事的辩证法

传统文化讲“做事”，不是泛论“在其位，谋其政”，而是强调在义利矛盾面前，如何独善其身，如何舍生取义，如何为社会做大事。传统文化把“内圣”与“外王”统一起来，其“外王”包括做官、做事两个方面，这两个方面在现实中也不总是完全统一的。关于做官与做事的关系，有人总结出了四种情况：做官为了做事，为做事不做官，做事为了做官，做官只为谋私事。

“文化大革命”结束不久，邓小平在复出工作后说了一段话：“我出来工作，可以有两种态度，一个是做官，一个是做点工作。我想，谁叫你当共产党人呢，既然当了，就不能做官，不能够有私心杂念，不能够有别的选择。”一心想着做官，还是一心想着工作，是任何一位领导干部都必须面对的问题，都需要作出选择。不要小看这两种不同的选择，不同的选择可以反映不同的世界观、人生观、价值观和权力观。

在2009年中央党校春季开学典礼上，习近平同志强调，各级领导干部“要加强道德修养，不断提高道德认识，陶冶道德情操，锤炼道德意志，提升道德境界”。我们要以提升道德境界来指导和统一做人、做官、做事，做到身在名利场中，却又能超越其束缚。做到这一点，吸收传统文化便具有特别意义。按照传统文化的观点，当官做好事、做大事，必须以“内圣”的修为去做“外王”的事业，以“出世”的心境去做“入世”的事情。先后境界、忧乐境界、生死境界，是传统官德十分崇尚的居官三境界。正是在先与后、忧与乐、生与死的冲突中，才能显示出一种高尚的精神境界来。在面对个人利益与集体利益、国家利益的矛盾时，领导干部就要处理好先后的问题。

共产党的领导干部并不是完全不讲个人利益的，而是坚持公重私轻，做事应当自觉朝向“先公后私”、“先义后利”、“先人后已”，做到“利居众后，责在人先”、“天下兴亡，匹夫有责”、“先天下之忧而忧，后天下之乐而乐”，这些情怀表明先后境界实质上蕴含着一层主观上崇高的情感体悟。

做官、做事不只是面对一般性的“名”、“利”考验，关键时刻，做领导的还要面临生死考验。比如，面对有损国家、民族和人民的行为，做官的不仅要做到不同流合污，更要做到勇于斗争。领导干部在“立言”、“立功”中，只有弥漫着“德性”的光环，贯穿着道德的境界，才能更恒久、更长远。

中华民族道德的精神力量，是激励领导干部做人、做官、做事、建功立业的动力。做好人是做好官的前提，做好官又是做好事的基础。只有在做人上树立道德的人格，在做官上以更高的政德标准作为为官之道，在做事上提高道德修养的境界，才能更好地完成党和人民交付的历史任务，才能道义留青史、美誉书丹青、德名传千古。

（作者为肇庆市人大原主任、肇庆市炎黄文化研究会名誉会长）

明大德　守公德　严私德

谢达怀

党的十八大提出积极培育和践行社会主义核心价值观的战略任务，同时强调推进社会主义道德建设工程，全面提高公民道德素质，加强社会主义公德、职业道德、家庭美德、个人品德教育，弘扬中华民族传统美德，弘扬时代新风，扎实推进社会主义文化强国建设。

国无德不兴，人无德不立。近代思想家章太炎说：“道德衰亡，诚亡国亡种之根基。”道德建设不可小觑。

中华民族历史悠久，中华文化源远流长、博大精深，中华美德亘古流传，道德血液在中华儿女的血脉里流淌了几千年。当今中国社会天天都有最美故事发生。“最美妈妈”、“最美司机”、“最美教师”、“平民英雄”、“当代雷锋”等时代楷模，层出叠现。许许多多感动中国的人物和故事，诠释着时代的道德良知，推动着中国向文明社会前行。但是，在市场经济发展过程中，一方面经济发展高歌猛进，物质财富迅速增长；另一方面人们对道德价值的追问却更加急切，一桩桩道德事件的发生，“道德滑坡”、“道德危机”、“道德失衡”等种种说法的出现，都表现了国人对当今社会道德问题的焦虑和愤慨。值得注意的是，人们对社会道德的关注、对道德事件的热议，以及社会总体向善向上的道德主流，恰恰都体现了中华民族的道德觉醒、道德自信，标志着中国社会的进步，推动着适应新时期发展的社会主义核心价值观的培育和践行。

培育和践行社会主义核心价值观是社会主义道德建设的重要任务。培育和践行社会主义核心价值观，要引导人们讲道德、尊道德、守道德，追求高尚的道德理想；要汲取中华民族优秀传统文化的精华。克服和端正不良的道德行为，需要中华民族传统美德的丰厚营养。传统文化中蕴含的民族精神和有价值的道德观念，包括社会伦理、家庭伦理观念，至今仍然具有强大生命力。深入挖掘和利用传统文化的道德精髓，对加强道德修养、实践道德修养具有重要作用。

习近平总书记在2014年“五四”青年节与北京大学师生座谈时，对广大青年树立和培育社会主义核心价值观，提出要从勤学、修德、明辨、笃实四个方面下功夫。习近平强调一个人只有明大德、守公德、严私德，才能用得其所。以德润心、以德养才，是成就伟大事业的基本前提。

一、明大德——爱国如家，敬业乐业

爱国，是公民首要的、最基本的道德规范。热爱祖国，是每个公民必须修好的“大德”。

2006年中央宣传部、文明办倡导开展“八荣八耻”的宣传教育活动，把“以热爱祖国为荣，以危害祖国为耻”列为荣辱之首；党的十八大倡导培育和践行社会主义核心价值观，把“爱国”定为公民层面首要的价值准则，这都说明了“爱国”在公民道德建设中的地位和作用。“明大德”就是弘扬爱国主义传统，弘扬中华民族爱国的民族精神，提高公民爱国主义热情，推动公民道德建设。

中国人自古就讲究对国家和民族的“大义”，清代资产阶级改良派梁启超说：“盖普世界之最爱国者，莫中国人若矣。”他明确肯定，中国人是世界上最讲爱国主义的国民；中国人向来就有天下意识、国家情怀、家园情结；中国人一贯重视“天下为公”。早在先秦时期，先贤们就提出过“以公灭私”、“夙夜在公”等尚公的观点。在先贤们看来，“公”的最高表现，就是要胸怀天下、为天下多数人谋利益。在传统文化中，“炎黄子孙，不忘始祖”、“天下兴亡，匹夫有责”、“鞠躬尽瘁，死而后已”、“爱国至上，精忠报国”、“舍生取义，杀身成仁”、“叶落归根，报效桑梓”等耳熟能详的隽永名句，都蕴含着中国人的爱国爱乡要义。“爱国”一词和“爱国如家”的说法，集国家观、民族观、历史观、文化观于一体，是爱国主义道德观的思想源头。

从孟子的“乐以天下，忧以天下”、“老吾老以及人之老，幼吾幼以及人之幼”到北宋范仲淹的“先天下之忧而忧，后天下之乐而乐”、民族英雄文天祥的“人生自古谁无死，留取丹心照汗青”、爱国诗人陆游的“位卑未敢忘忧国”、林则徐的“苟利国家生死以，岂因祸福避趋之”、黄遵宪的“寸寸山河寸寸金”等，这些具有中华民族鲜明特色和品格的铿锵名言，不仅体现出中华儿女对国家、对民族深厚的感情和忠诚，而且激发一代又一代中国人的爱国热忱，是中华民族饱经沧桑而不亡、历经磨难而新生的精神动力。中国人的爱国心、中华民族的自信心，是一种不可抗拒的力量，是中华民族绵延数千年的精神支柱。今天，我们把“爱国”作为公民必修的“大德”，作为每个公民必须恪守的道德价值准则，作为国家公民责任意识中价值取向的最高风范，从根本上说是中国社会发展的需要，是拥护中国共产党领导的建设中国特色社会主义事业的需要，是实现中华民族伟大复兴的中国梦的需要。

前些时候，一篇题为“没有了祖国你将什么都不是”的帖文在互联网广为传播。帖文说，“只有祖国才是我们的依靠，只有祖国强大稳定才是我们老百姓幸福自由的前提”，“没有国家就没有家，有天大的意见，有天大的恩怨，无论如何国家不能乱”，“抬起头来，好好爱我们的国家吧！永远记住，国家好，民族好，大家才好”。帖文引起网民的强烈反响，得到广泛的支持和共鸣，《人民日报》摘要转发，并发“短评”和“热议”。坚定、鲜明的爱国立场，表达了亿万中国人的爱国情怀。

爱国不是一个空洞的词。爱国与敬业在核心价值观里有内在联系。一般地说，爱国如家的人是敬业的人，他们必然会把对祖国和民族深厚的感情转化为爱国主义的敬业行动，即乐意在自己的岗位上，承担更多对祖国、对人民的义务和责任。把“天下兴亡，匹夫有责”变为“国家兴衰，我有责任”，以兢兢业业、严肃认真、严格要求、一丝不苟的态度，做好每一件有利于祖国强盛和人民幸福的事情，创造无愧于祖国和人民的新业绩。在国家民族危难时要爱国，在国家强大、人民生活日益幸福的今天，同样要有爱国的责任意识。坚信中国共产党的领导，树立中国特色社会主义的道路自信、理论自信、制度自信，那么中华民族伟大复兴的中国梦就一定能够成为美好的现实。

二、守公德——文明知礼，诚实守信

讲文明，讲礼仪，以诚信待人，诚实守信，是社会公德的重要标志。礼仪之邦，文明古国，五千多年的中华文化，为中华民族生生不息、发展壮大提供丰厚滋养，为人类社会文明进步作出重要贡献。

早在战国时期，古人就提出“礼、义、廉、耻”为国之四维。对此，政治家、思想家管子有一段完整的论述。他说：“国有四维，一维绝则倾，二维绝则危，三维绝则覆，四维绝则灭。”何谓四维？“一曰礼，二曰义，三曰廉，四曰耻。”（《管子·牧民》）有了礼，人们就不会超越应该遵守的规范；有了义，人们就不会四处钻营以晋升；有了廉，人们就不会掩饰自己的过错；有了耻，人们就不会做坏事。后来，司马迁在《史记》中概括为“四维不张，国乃灭亡”。儒家认为，“礼”的意义，在于发挥“定国家，定社稷，序人民，利后嗣”的作用。中国社会发展到今天，传统遭遇时尚，再加上随着时代的更迭、岁月的变迁，一些人特别是青少年一代，疏离、排斥了源远流长的传统文明，做出了违背社会公德的事，损害了国家形象，伤害了民族感情。2013 年，某校学生在埃及卢克索神庙旅游时，在一件有 3 000 多年历史的浮雕上刻画“丁 ×× 到此一游”。这一污损人类文明瑰宝的事件，闹得沸沸扬扬，一些人感到“无地自容”，许多人反思国人文明素养，人民激烈的反应使得有关部门不得不制定相关境外旅游的文明法则。然而，在国内失礼、失德的现象更是令人难以忍受。

先说失礼和不文明现象。有些人在“我方便就行”的自私心理驱使下，置历史上已经形成的公共良仪而不顾，对明示的公约视而不见，“中国式过马路”人潮，地铁、公共汽车上争抢座位而引发争执甚至拳脚相加的现象时有所见。更不说随地吐痰、扔纸屑、在公共场所抽烟、践踏花草树木等不文明现象了。当然，粗言秽语、动辄出口伤人乃至喊打喊杀等也并不鲜见。从根本上说，这种种不文明现象，就是无视他人的存在和感受，不尊重他人的人格和尊严甚至生命的表现，与人类文明社会格格不入，与社会主义核心价值观和谐、友善的公民准则更是格格不入。礼的核心是敬，对人、对己、对家庭、对国家、对社会都要有一种恭敬之心，这是诚信之基。

再说诚信缺失问题。商业领域是当今中国社会诚信缺失的重灾区，最为突出的是食品安全事件。2012、2013 连续两年，中央宣传部都把食品安全列为“理论热点”。毒奶粉、地沟油、瘦肉精、注水肉、毒生姜、毒豆芽等令广大群众防不胜防。仅 2012 年侦破的食品安全犯罪案件就有 9 700 余起。对此，国家采取了一系列措施：2009 年颁布《食品安全法》；2010 年国务院成立食品安全委员会；2011 年建立国家食品安全风险评估中心；2012 年出台《国务院关于加强食品安全工作的决定》；2013 年成立国家食品药品监督管理总局。经过这几年的强力监督，食品安全状况虽然有了一定的改善，但是老百姓依然心有余悸、心存疑虑。人心变得冷漠了、多疑了。诚信缺失的最终后果是信任丧失。

“害人之心不可有”在任何社会、任何时代都是做人的底线。市场经济促进了经济的高速发展，可是以“资本”为主导的市场经济带来的负面影响也是明显的。特别是没有关在笼子里的“资本”，必然会作恶。利润挂帅，唯利是图，诱发道德良知出局和诚信崩溃，道德底线一而再再而三被突破。马克思曾经引用过一位思想家的名言：“一旦有适当利润，资本就会非常胆大起来，只要有 10%的利润，它就会到处被人使用；有 20%的利润，就会活跃起来；有 50%的利润，就会引起积极的冒险；有 100%的利润，资本就敢践踏一切人间法律；有 300%的利润，资本就敢犯任何罪行，甚至冒绞首的危险。”许多违法现象都是资本逐利而导致的结果。

在传统文化中，诚实守信被视为“立国之本”、“为政之本”、“做人之本”。“诚者，天之道也；诚之者，人之道也。”（《中庸》）在我国商界有“货真价实，童叟无欺”的古训，无论社会怎样变化，怎样发展，也无论从事什么行业、什么工作，讲信誉、重承诺，永远都是做人做事必须践行的道德标准。

由此说来，守公德不仅要遵守约定俗成的公共道德，要知礼仪、讲文明，营造一个大家共有的文明方便、和谐友善、优美的生活环境，更要下功夫营造一个诚实守信的生存和发展空间。挖掘传统文化中诚信的道德经典，联系发生在身边的关于诚信的嘉言懿行，传递正能量，荡涤失信、失德、互相猜疑、互相提防的丑陋现象。诚然，人们在进行道德的修养和实践的同时，还必须加强法治。要制定相关法令，对那些在市场经济中制售假冒伪劣商品、危害人民生命安全的事情，监管要给力，打击要及时，只有法治和德治相互结合方能奏效。

三、严私德——内省自律，躬行践履

踏踏实实修好公德、修好私德，是习近平总书记在2014年“五四”青年节与北京大学师生座谈时讲话的精神之一。他要求青年学生应学会做人，强调学会自省、自律。

道德高尚，是一个人的精神需求。“人总是要有一点精神的。”如果没有这种精神需求，就很难称得上是一个完整的人、健全的人。“做一个高尚的人，一个纯粹的人，一个有道德的人，一个脱离了低级趣味的人，一个有益于人民的人”，就必须踏踏实实地修好公德、修好私德。慎独、自省、自律是修德必经的途径。

慎独，儒家用语。“谓在独处无人注意时，自己的行为也要谨慎不苟。”“莫见于隐，莫显于微，故君子慎其独也。”（《礼记·中庸》）《礼记》中提出的“博学之，审问之，慎思之，明辨之，笃行之”的学习、研究方法，不仅促进了传统学术的发展，而且直至今天仍然对我们进行道德修养具有重要指导意义。人生最大的智慧就是决定取舍。要知道自己真正需要什么，知道自己能够得到什么，知道自己应该得到什么，不要有过多、过强的虚荣心，否则会使自己迷失方向。去除贪念，保持冷静，慎独自省，将使人永远受益无穷。

慎独自省，必须从“正心”开始。儒家认为，“诚意、正心、修身、齐家、治国、平天下”，“欲修其身者，先正其心。欲正其心者，先诚其意”（《礼记·大学》）。修身，指搞好个人的道德修养，是“齐家、治国、平天下”的根本；而修身就必须心地纯正，品质高尚；要使品质高尚，就必须意恳真诚、严格要求。真诚，体现一个人的道德良知、道德自觉。

人是名副其实的社会动物。人的本质是一切社会关系的总和，每一个人都不能脱离社会而存在和发展。从出生那一天起，人就置身于一定的社会历史条件下，人的一切需求包括精神追求、道德修养，只有通过社会才能得到实现。社会风气总体反映了每个人的道德水平，面对失信、失德的社会现象，我们有权批判，这是社会责任。所以，社会道德水平的提高、文明程度的提升、价值观的认同，离不开每一个社会成员自觉履行好自己的社会责任。向往和追求讲道德、遵道德、守道德的生活，凝心聚力地在全社会形成向上向善的力量，既是每个社会成员的权利，也是每个社会成员的义务和责任。只有有了这样的意识，一个人在道德修养上才能称得上“正心”、“严私德”，在道德实践上才能做到自觉。

道德修养是个漫长的过程。“德无细，怨无小”，要从做好小事、做好细活开始，把核心价值观内化于心、外化于行，“勿以善小而不为”，要严于律己，管好小节，“勿以恶小而为之”（《三国志·蜀书·先主传》）。对社会道德问题，不要停留在扼腕社会转型期“人心不古”、喟叹市场经济对良好修养的冲击阶段，而应从我做起，从现在做起，“千里之行，始于足下”，防微杜渐，防患于未然，这是修德、立身的金玉良言。

（作者为中共肇庆市委党校原校长、肇庆市炎黄文化研究会会长）

历史名人家训对领导干部道德修养的警示作用

曾冠群

2013 年 9 月 26 日，习近平总书记在会见第四届全国道德模范及提名奖获得者时指出：“精神的力量是无穷的，道德的力量也是无穷的。中华文明源远流长，培育了中国人民的崇高价值追求。自强不息、厚德载物的思想，支撑着中华民族生生不息、薪火相传，今天依然是我们推进改革开放和社会主义现代化建设的强大精神力量。”在学习、了解和发扬中华民族的优良传统，学习、借鉴中国历史上治国理政的丰富经验等方面，习近平总书记为我们作出了榜样。

中华民族被称为礼仪之邦，其中一个重要原因就是我们中国人历来重视道德修养，这种要求不仅反映在普通的社会规范中，即使在一家之内，道德修养也特别受到重视。这类事例，在中国历史上可以说不胜枚举。诸葛亮在其《诫子书》中说道：“夫君子之行，静以修身，俭以养德，非淡泊无以明志，非宁静无以致远。夫学须静也，才须学也，非学无以广才，非志无以成学。淫慢则不能励精，险躁则不能治性。年与时驰，意与日去，遂成枯落，多不接世，悲守穷庐，将复何及！”《诫子书》的目的是告诫儿子以后应该成为有高风亮节、真才实学和对社会有贡献的人。

家规、家训、家诫、家约、家法、家教等，是居家过日子的规矩法度。对一个管理有素的家庭、一个以身作则的家长来说，持家、治家时总是有一定之规。我国历朝历代的名人，无论是宋代的包拯，还是晚清名臣曾国藩以及当代的毛泽东、周恩来等，他们的家规家约，虽然内容各有偏重，但其原则是一致的，就是身为表率，笃功务实，法则从严，以求贯彻。曾国藩的前辈们，从农夫到士绅，可以说一生都碌碌无为，终老在白杨坪，但他们所倡明的家风家规，却实实在在哺育出一个能适应古老的农业社会、能左右中国封建政治大局的人物。纵观史书，为子孙后代定出家规的人屡见不鲜。

一、历史名人所定的家规

1.包拯的家规

包拯，后人称他为包公，字希仁，北宋庐州（今属安徽合肥）人，进士出身，被人们称为铁面无私的黑包公，是一位有口皆碑的清官，也是厚待双亲的孝子。他的从政生涯是从任天长县知县开始的，在康定元年(1040年）至庆历二年（1042年）主政端州，屡迁为江宁知州和开封知府，后又转为龙图阁大学士和枢密副使，俸禄一直较多。但是，他的生活仍然十分简朴，吃的是粗茶淡饭，穿的是布衣草鞋，家用器皿全和当官之前没有两样。他说："臣闻廉者，民之表也；贪者，民之贼也。"说的是做官只有清廉正直、身为表率、替广大百姓办事，才能受到百姓的尊敬。在封建社会里，贪官污吏比比皆是。为官的贪赃枉法、以权谋私，屡见不鲜。以刚正不阿著称的包拯因此立下家法告诫后世子孙。

对于自己的儿子包繶、儿媳崔氏以及侄子等家人，包拯经常教育他们要清白做人，勤俭持家。为了使包氏子孙后代不辱家门，包拯定下一条家规："后世子孙仕宦有犯赃滥者，不得放归本家；亡殁之后，不得葬于大茔之中。不从吾志，非吾子孙。"家规共三十七字。其下押字又云："仰珙刊石，竖于堂屋东壁，以诏后世。"珙者，即包拯之子。

就是说，凡是包氏子孙，做官时都不准贪污舞弊、枉法营私，谁违反这条家规，犯法判刑后不能回到本家族中来，死了以后也不准葬在包氏家族的坟地里。

纵观史书，除包拯外，历史上为子孙后代定出家规、家约的不在少数。比如《史记·货殖列传》中说的任公治家有方；《后汉书》卷三十二说的樊宏亦素有家风，继承家父遗令，总是设法帮助孤寡鳏独，帮他们脱离苦难。他在临死时，写了一份遗书，表示要改变当时厚葬的陋习，规定棺木不准埋藏金银珠宝。光武帝刘秀看了他的遗书以后，将此传示百官，感叹地说：“待我百年之后，也要以此作为鉴戒啊！”《宋书·王弘传》记载的王弘，是东晋丞相王导的曾孙，其所定出来的治家条例，被称为“王太保家法”。以上事例说明，从自己做起，从自家做起，然后才有资格纵论天下。

2.曾国藩的家规

曾国藩名号颇多，其乳名宽一，名子诚，又名国藩，字伯涵，号涤生，谥号文正。宽一是父母所取，国藩是唐鉴所赐，文正是皇上所封，涤生则是曾国藩自己所取，因而最能反映他的思想和旨趣。他是中国近代史上一个叱咤风云的人物，从一介书生到勉力从戎，执新兴的湘军与百万之众的太平军征战十几年，最后扼杀了太平天国，挽救了濒临衰亡的清王朝，成为晚清中兴的一代名臣；他一生置身官场，游刃有余，中间虽然遇到一些坎坷阻滞，却终能化险为夷；在家庭教育方面，他又继承了儒家的家政道德传统，创立了他独特的治家之道。道光十一年（1831年），他自己改号“涤生”，说明其能自律。十年之后，他又旧事重提，说明他严格自律。曾国藩之所以能有所作为，就在于他能日日反省、天天自新。他有一种强烈的、热切的洗心革面的愿望，并且还是自己卑琐灵魂的严厉审判者，是自己淫邪恶欲的无情拷问者，又是自己羸弱身躯的猛烈抨击者，这使他得以洁身、保身。

曾国藩咸丰十一年（1861年）三月在写给其弟的信中说到家族的治家之道：“唯星冈公之八字，三不信及余之八本、三致祥而已。”“‘早、扫、考、宝，书、蔬、鱼、猪’八字是吾家历代规模。”就是说这些是曾国藩家历代的家训。曾氏家规中所谓“早”，就是早起，日出而作，日落而息；“扫”就是扫除，包括洒洗、清洁；“考”就是修诚祭祀；“宝”就是善待亲族邻里；“书”就是读书；所谓“蔬”就是自己种菜；“鱼”即养鱼，鸢飞戾天，鱼跃于渊，活泼天机，正是一种兴旺气象；“猪”就是养猪。“八本堂”则是“读古书以训诂为本；作诗文以声调为本；事亲以得欢心为本；养生以少恼怒为本；立身以不妄语为本；居家以不晏起为本；居官以不要钱为本；行军以不扰民为本”。“八本堂”是曾国藩从经历学识各方面得来的妙谛，也是曾氏家庭教育的根本。后人戏称曾国藩的“八字家规”为治家的八宝饭，一个家庭有了这碗八宝饭，真是等于有了用不完的聚宝盆。它可以传给世世子孙，以至无穷。曾国藩的家庭教育，以“八本堂”的八句话为经，以八宝饭的八字为纬，经纬连贯，脉络相通，形成一套治家的理论体系。千百年来，中国谈家庭教育者，未能出其范畴，因而其被世人称赞为一个教子有方、付之艰辛于儿孙的长辈。他的家书家训，流行于民间，至为广泛，等于一部家庭教科书。咸丰六年（1856年），他写信给九岁的儿子曾纪鸿说：“凡人多望子孙为大官，余不愿为大官，但愿为读书明理之君子。勤俭自持，习劳习苦，可以处乐，可以处约，此君子也。”他这样的期许境界，较之一般的俭朴教育更高。

在他家的厅堂上有曾国藩亲自撰写的对联，其上联是“粗茶淡饭布衣衫，这点福老夫享了”，下联是“齐家治国平天下，那些事儿曹当之”。另一副对联则由曾国藩亲自手书：“有子孙，有田园，家风半读半耕，但以箕裘承祖泽；无官守，无言责，世事不闻不问，且将艰巨付儿曹。”这两联真正抒发了其志气和激励儿辈之情。

3.毛泽东等伟人的特殊家规

毛泽东不仅在思想上和作战上与众不同，就是在家教上也十分独特。据其儿媳邵华回忆，她在中直机关育英小学读书时，期中考试除体育为3分外，文化课成绩全部都是优秀。于是，她就得意扬扬地把成绩单拿去给毛泽东看，等着夸奖。不料，毛泽东看后却说：“在体育方面你要加强，要进行锻炼，增强体质。另外，一个人的精力是有限的，你不能把精力平均地用在每一门功课上，而要深入钻研一门你最喜欢并认为是最值得学习的科目，科科优秀也不一定就是好事。”

毛泽东的原保健医生王鹤滨也意外地领教了毛泽东教育孩子的独特方法。一次，王鹤滨和他儿子陪毛泽东吃饭。由于他儿子刚在托儿所吃过饭，坐下后并没有吃任何东西，只是眼睛一个劲儿地盯着桌子上的红辣椒看，显得好奇。毛泽东见此情形，就说：“啊，你也喜欢吃这个啊，这个可好吃了。”他夹了一口放在嘴里，完了就夹一块给王鹤滨的儿子，小家伙的小嘴就伸过去了。王鹤滨因担心儿子吃了辣椒会被辣得哭闹起来，搅乱饭局，连忙把儿子揽过来，并对毛泽东说：“不能吃，主席。”毛泽东把筷子放下并说：“哪有你这么当爸爸的？你叫孩子吃嘛，叫他上上当，让他知道知道大人也有坏的。”

宋氏家族的创始人宋耀如，是从海南文昌县走出来的普通农家的孩子，他首先把自己培养成当时世界一流的人才；然后把孩子培养成伟大的人才。其超人般的能力表现在家教上是，无论他如何忙碌，一回到家都要同孩子亲个没完没了，跟孩子们打成一片、一道游戏，在共享天伦之乐的同时，对孩子进行潜移默化的教育；但他又从不溺爱孩子，对孩子们实行近乎严苛的生存训练，要求孩子“纳于大麓，列风雷雨不迷”。其与夫人带着孩子顶风冒雨，忍饥挨饿，在野外徒步跋涉，以此锻炼孩子们对环境的适应能力。所生的六个子女长大之后，宋耀如均送他们去美国留学，并对他们说：“爸爸要你们到美国去，不是让你们去看西洋风景，而是要将你们造就为不平凡的人，这是一条艰苦的、荆棘丛生的路，要准备付出代价。”宋耀如在有生之年已经看到孩子们的部分成功，但更辉煌的还是在他死后。六个孩子其中有三个是经济学博士，宋庆龄是中华人民共和国副主席，宋子文是中华民国政府首脑（行政院院长），而宋美龄是民国时的“第一夫人”。

这些家族的家风家教，值得当代中国人重视，只要有梦，人的生命力量就可以无限大。

二、历史名人家训是中华优秀传统文化的组成部分

“吾少受先君之教，能言之年，便召以典文；年九岁，便诲以《诗》、《书》，然尚无乡人之称，无清异之名。今之职位，谬恩之加耳，非吾力所能致也。吾不如先君远矣！汝等复不如吾。咨度弘伟，恐汝兄弟未之能也；奇异独达，察汝等将无分也。恭为德首，慎为行基，愿汝等言则忠信，行则笃敬，无口许人以财，无传不经之谈，无听毁誉之语。闻人之过，耳可得受，口不得宣，思而后动。若言行无信，身受大谤，自入刑论，岂复惜汝？耻及祖考，思乃父言，纂乃父教，各讽诵之。”此乃羊祜在《诫子书》中教育儿子如何处世待人的短文。他先从自身说起，告诉儿子他从小就受到严格的家庭教育，但在乡里还无“清异”之名，启发儿子

说话要老实守信用，对人要宽厚恭敬，不传无根据的话，不要听信诽谤和赞誉的话，要谦逊谨慎，三思而后行，避免招来祸灾，辱没祖宗。再如，《女训》是东汉时期蔡邕教女子注意思想品德修养的书。他用爱美之心人皆有之的普遍心理现象反复强调做人的品德修养、心灵净化比美化容貌更重要，要求女子整发修面、美化自身时，莫忘修养心性、崇尚节操。此外还有《颜氏家训》，以及司马光的《家范》等，都强调道德修养内容，都是对后代的谆谆告诫。

儒家是中国传统文化的主体，其名言是“修身、齐家、治国、平天下”。崇尚俭朴的家风，是我们中华民族的优秀美德，所以历代的贤能之士都会把俭朴作为家训的重要内容。《训俭示康》是司马光为教育儿子司马康厉行节约而作的。行文围绕着“由俭入奢易，由奢入俭难”两句话，谈古论今，指出古以俭为美德，今竞相奢华，“风欲颓弊”，从而告诫儿子应“俭则寡欲”、“可以直道而行”、“侈则多欲，君子多欲则贪慕富贵，枉道速祸”。大量的史籍记载证明了大凡历史名人对俭朴家风都看得很重，因此也留下了他们生活俭朴的故事。历史名人家训无不把修身、政德和做事统一起来。吸收中国优秀传统文化精华，加强现代领导干部修养，其中的应有之意是：

1.领导干部应注重自我修养

慎独主敬，求仁习劳，“慎独则心安”。曾国藩在“日课四条”中说到《大学·诚意》这一章节时有两次提到“慎独”。就是说自我修养时没有比养心更难的。心里既然知道有善有恶，却不能真正尽力为善去恶，这是自己欺骗自己。心里是否自欺，别人是不知道的，只有自己知道。如果真能做到喜欢善如同喜好美色，讨厌恶事如同讨厌恶臭一样，尽力去掉人欲而存天理，那么《大学》中所说的自谦，《中庸》中所说的戒慎恐惧，都能够切实地做到。正如曾子所说的问心无愧，天下都去得，孟子所说的俯仰无愧于天地的境界，所谓“养心莫善于寡欲，皆不外乎是”。若能够慎独，则自我反省不会感到内疚，可以无愧于天地鬼神，肯定不会因行为不合于心意而导致不安。人若没有内心感到羞愧的事，心里就会泰然，就能常常感到愉快、平和，这是人生自强之道、寻乐的最好方法、守身的首要之务。曾国藩说到做到，身体力行。他重视对后代如何做人的教育。其子曾纪泽考取功名前后曾国藩就经常告诫他，"总以习劳为第一要义"，规定曾纪泽由新宅黄金堂到老宅白玉堂，"必宜常常走路，不可以坐轿骑马；又常常登山，亦可练习筋骸"。同时教育他半耕半读，"以守先人之旧，慎无存半点官气"。规定儿辈"不许坐轿，不许唤人取水添茶等事。其拾柴、收粪便等事，须一一为之；插田莳禾等事，亦时时学之"。在曾国藩的教育下，其子曾纪泽成为清末著名的外交家。1881 年其在与沙皇俄国的交涉中，成功收回了新疆特克斯流域的大片领土；另一个儿子曾纪鸿，淡于功名，却精于数学，著有《代数》等作品数种。家风所及，孙辈和曾孙辈也有颇多学者名士，且学有所成。他的家教，历来被世人重视，即使时过境迁，他的许多言论和方法仍大可借鉴，毛泽东就是其中一个。1915 年 6 月 25 日，毛泽东在给湘生的信中，就曾谈到曾国藩的治学方法，称之是"吾阅性理书时，又好做文章；做文章时，又参以他务，以致百不一成"。

2.养成读书的良好习惯

经书史籍认为修身、齐家、治国、平天下都离不开读书，不读书的人就是愚笨、贱鄙的人。无论是圣明的帝王还是凡夫俗子都知道勤奋读书的必要性，自古以来，这种事例俯拾皆是。《颜氏家训》对读书的论述是：凡是士大夫的弟子，长到几岁以后，没有不接受教育的，读书多的学习《礼记》和《春秋》三传，少的也读过《诗经》和《论语》。等到成人结婚时，身体的发育已近形成，此时更需要加倍地教育和引导。有志向的人，能自我刻苦磨炼，终生研读经书，功成名就。没有操行和志向的人，便从此自甘堕落，成为一个普通人。人生在世，应当有自己的专门职业：农民关心耕种收获，商人注重金玉布帛，工匠致力于器物的精巧，艺人专注于技艺的提高，武将惯于弯弓骑马，文人喜欢讲习经书。当今士大夫中，多数人耻于种田经商，也瞧不起工匠和艺人，因为让他们拉弓射箭，力不能穿透铠甲；提笔写字，仅能写出自己的姓名，终日满足于酒足饭饱，浑浑噩噩，日复一日，年复一年。有的人因祖先余荫，获得一官半职，便心满意足，完全忘记了修身学习之事。等到发生大事、需要权衡得失时，便糊里糊涂，如堕云雾之中。在饮宴集会场合，别人谈古论今、吟诗唱和，自己却口塞无语，只能默然低头，这都是疏懒和消沉的结果。众所周知，毛泽东好读书，稍有闲暇便手不释卷，在晚年病危期间也是在读书中度过的，称得上是活到老、学到老的典范。

3.治国治家须严厉

在中国传统文化中，“治国治家贵严”早已成了一条不容怀疑的准则。历史上许多著名人物之所以能够成名，往往得益于严格而健康的家教。“治家贵严”是曾国藩的切身体会和一生奉行的准则，他做到既严又威，以庄敬为根本，不苟言笑，反身而成。就是说，治家严为贵，严父应多对子女进行教育；不严厉，子女就会一天比一天骄奢懒惰，其流弊数不胜数。治理国家也是同样的道理，所以易曰“如吉”，就是“威如之吉”的意思。

清代著名学者纪昀在与妻子谈论时，谈到了怎样对子女进行教育的问题，他说：“父母同负教育子女责任，今我寄旅京华，义方之教，责在尔躬。而妇女心性，偏爱者多，殊不知爱之不以其道，反足以害之焉。其道维何？约言之有四戒四宜：一戒晏起；二戒懒惰；三戒奢华；四戒骄傲。既守四戒，又须规以四宜：一宜勤读；二宜敬师；三宜爱众；四宜慎食。以上八则，为教子之金科玉律，尔宜铭诸肺腑，时时以之教诲三子，虽仅十六字，浑括无穷，尔宜细细领会，后辈之成功立业，尽在其中焉。书不一一，容后续告。”

孟子名轲，是继孔子之后的儒家代表人物，是战国时期著名的思想家和文学家。先世是鲁国公族，他受业于子思的门人，并将孔子的“仁”发展成为“仁政”，宣传“仁者无敌”的思想，被后人称为“亚圣”。少年时期的孟子贪玩不爱学习，其母亲十分着急，遂将家迁往街市附近。繁华的街市和来往的商人，更分散了孟子的注意力，孟子把读书学习的事抛之脑后，其母甚觉不妥，遂搬往他处。此后孟子果然体会到母亲的良苦用心，开始进学堂读书，但仍然贪玩好耍。一天，孟母正在堂前织布，又见孟子早早就从学堂跑回家。孟母沉思片刻，拿起剪刀把织布机上刚织好的布一剪两断，而且不再说什么，只坐在一边流泪。孟子见状，心里非常紧张、害怕，小心走上前去，问母亲是什么原因使她将辛苦织的布剪断。这时，孟母语重心长地对他说：“你要好好读书、增长知识，但像你这样经常中途废学、不求上进，这不就等于用剪刀剪断纱线，跟我织不成布一样吗？”孟子听了母亲的教诲，感动得痛哭流涕，暗下决心要努力学习。从此，孟子懂得了学习必须持之以恒的道理，并且经过他长期坚持不懈的努力，终于在学业上取得了突出的成就。这则故事成为中国历史上家教的典型。

毛泽东的家风家教，一向整肃严谨。在有关毛泽东持守俭朴家风的记述中，也留下许多关于他生活俭朴的故事。身为国家领袖，毛泽东穿戴却十分俭朴，从不奢侈，所穿衣服是补丁加补丁。进北京后直到晚年，毛泽东仍然常常在“俭”上针砭自己。对家乡亲人到他那里求官求职的要求一概严词拒绝，也不给自己的子女封官，还放他们到工厂去劳动锻炼等。1950年6月朝鲜战争爆发，10月，抗美援朝战争开始，毛泽东遂将自己心爱的儿子送到朝鲜战场，最后儿子光荣牺牲，遗骸永远埋在朝鲜的国土上。

三、历史名人家规给我们的启示

党性是我们党区别于其他政党的鲜明标志，是共产党人立身、立业、立言、立德的基石。十八大以来，习近平总书记着眼于党正在进行的、具有许多具体的新的历史特点的伟大斗争，对新形势下加强党性修养作出一系列重要论述，丰富发展了马克思主义党建理论，从而为我们锤炼党性、纯正修养提供了根本准则和行为指南。据媒体披露，2014年上半年已有14名“老虎”被查，每月均有2名“老虎”落马，其中6月份的人数最多、级别最高、范围最广。现在，腐败是空前的，反腐的力度是空前的，腐败分子的反抗力度同样也是空前的。甚至连小学生都懂得竞选班干部的好处，小小年纪就知道贿选，买冰淇淋、小玩具送给同学。更小一点的幼儿园孩子，竟会和阿姨说“我爸在××公司工作，你需要什么和我讲”。这些现象非常危险，当特权意识渗透到孩子们心中时，能不出贪官吗？胡锦涛同志曾经指出，“从近年来查处的领导干部违纪违法案件看，腐败分子走上违法犯罪的道路，大多是从道德品质上出问题开始的”。因此，抓好领导干部的道德品质教育是刻不容缓的。

习近平总书记指出，党性不可能随着党龄增加而自然增强，也不可能随着职务升迁而自然增强，必须在严格的党内生活锻炼中不断增强。强调组织管理从严，严格日常教育和管理，疏通党员队伍出口，对丧失党员条件的及时进行组织处置，对道德败坏、蜕化变质的坚决清除出党。强调党内生活从严，坚决反对自由主义、好人主义，加大力度解决党内生活不正常、不认真、不严肃的问题。强调个人修炼从严，强化党的意识、组织意识、讲规矩意识，始终把党放在心中的最高位置，永远忠诚于党、与党同心同德。习近平总书记的讲话和历史名人的家规对当前反腐和肃贪的启示有以下几方面。

1.转变干部思想作风，扭转官员的负面形象

这些年来，在巨大的物质利益的诱惑发酵下，越来越多的官员的价值观在悄然变化，扭曲的人格衍生出令人瞠目结舌的双重面孔。一些官员“台上讲孔繁森，背地当王宝森”，在公众场合高谈阔论坚定理想信念，倡导人们读《忠诚与背叛》，私下却巨额贪腐、奢靡无度，人民群众对官员形象就打上一个大大的问号。通过前段时间的反腐行动，情况发生了可喜的变化。通过一桩桩贪腐案件的查办和一个个贪腐官员的惩办，由“治标”量的积累，逐步达到“治本”质的飞跃，人民群众拍手称快。随着诸多贪腐高官的先后落马，过去那些肆无忌惮弄权的官员开始有敬畏之心，意识到内敛自省的重要性和必要性。民众愿意相信我们这个党依然大有希望，铲除腐败和公平正义的美好愿景不再是海市蜃楼。重振党心、军心、民心的唯一路径，就是坚定不移推进反腐建设。这是个长期、艰苦的系统工程，只要把准、把稳这个得民心、顺民意的不二选项，毫不迟疑地向前走、不停滞，官员形象危机就能得到拯救，群众信任危机就能得到化解。

2.改变社会权力腐败带来的恶劣影响

腐败不仅是官员才有的事，社会其他权力也可能成为腐败活跃的源头。多年来社会滥用权力的情况屡见不鲜，有些是为单位谋不正当利益，除此之外还有些利益流向了个人。一般来说，权力越大，利益就越大，腐败一旦发生，它的危害就越严重。例如，最近发生的央视财经频道著名记者、主持人被检方带走的事件，还有足球场“权力”事件，一些名校招生

环节和中小学择校“中介”等都与腐败有关。相关人员被检方带走所产生的冲击力应该不亚于一位省部级高官的落马。它还充分说明，反腐败从严惩贪官开始，会逐步向社会的各个权力领域延伸，也会触及越来越多的灰色地带。它是一次社会治理改革，必将追究一批人，同样也会触动一些观念。这样一来，我们对权力的认识，对“关系”的认识，以及对人生幸福的认识，都有可能发生一些变化，这也是一个挡不住的态势。

3.党组织反腐败必须从“小”抓起

俗语说，小时偷针，大时偷金。官员腐败源于何处，源于何时，贪腐“大佬”何以“边腐边升”？“小恶”之所以成为“大恶”，衍生之链之所以延伸，全在于“小恶”之芽没有拦截并斩断。其困境是：①“小腐不查，大腐难查”是中国式腐败的特征。小腐败常常被忽视或容忍，“边升边腐”已成为一种现象。“零容忍没有成为制度性约束”，“苍蝇”早晚练成“大老虎”，待到“大老虎”被抓被查时，涉案复杂，贪腐巨大，政治影响恶劣，与“大老虎”相关的人员及行贿受贿关系盘根错节，政治成本和反腐败成本剧增。②“一把手”成为腐败多发的“重灾区”，根源在于其位高权重，失于监督。身边的人知情知底，但是处于低位，不敢监督，更有人还想结成“恩庇关系”，一路攀附升迁，更加不敢监督。有权监督的上位机构鞭长莫及，不知情，不知底，难以构成日常化的全程监督。腐败网络式的“窝案”、“大案”则由此坐大生成。等到一朝事发，“拔出萝卜带出泥”，“大老虎”庇护下的“小老虎”、“小苍蝇”成串成伙，导致反腐败难度加大，反腐败链条延伸。③没有全程监控式的反腐，法治化反腐水平难以提升。十八大后，公共舆论与广大民众越来越多地参与反腐，然而民主反腐的氛围还有待形成，反腐败的制度还需国家、舆论与民众的共同努力。

可以预见，习近平总书记所说的“保持惩治腐败高压态势”仍将继续。走出当前反腐败的困境，提升反腐败的法治化、民主化水平，这是保持反腐败高压态势的保证和根本。应让国家的反腐败机构权力更大，让舆论跟踪监督，让广大民众负起责来，从制度上保证反腐败从“小”抓起，反腐败从“腐芽”根除，形成国家、舆论与民众共同反腐败的强大合力。

4.采取有力措施，坚决破除官商关系网

这个关系网当中的每一个人都既害他人，又害自己。这些人升到高位后，其手中的巨大权力有一部分未用于为公共利益服务，而用于谋取私利。他们身边最近的一些人与其进行私利之间的互动、勾结，然后向外扩展圈子，结成越来越大的非法利益集团。最近揭露的落马领导人秘书无一例外地均落入这一贪腐网中，给公众留下十分深刻的印象。所谓“秘书们”都受到领导人的特殊关照和提拔，也都为其做了党纪国法所禁止的事情，这种交换让他们关系“很铁”。

在社会上，结识一个大官，成为他的心腹或者“哥们”，对于不少谋仕途或者求商运的人而言，是有挡不住的吸引力的。在与大官一起发达的路上，他们很清楚自己做的那些事“拿不到台面上”，是在违法违纪地表达“效忠”或是接受“回报”，但眼前巨大的利益诱惑吞噬了他们的警惕心。在党内，由于前些年权力受到的制约不够大，少数职位高的官员私欲逐渐膨胀，他们很愿意异化自己身边的一些工作关系，营造自己家族私利可以畅行无阻的圈子。这当中，既有制度疏漏的问题，也有信仰缺失、道德失守之害。一个人当官究竟应该为了什么，采用什么样的手段实现自己的愿望和利益？当官者必须以敬畏之心把守这些问题的底线，否则阻止贪官出现将十分困难。

党纪国法应在社会运行中渗透，在政商精英心中渗透。“君子之交淡如水”这句古训应重新强调，结识朋友和维护私交不能毫无边界，一个官员的“铁哥们”太多，自然不是什么好事。中国不要出现这样的关系网，也不要再有带着个人私欲使劲往上凑的官界和商界之辈。

5.监管好民企，解决民企产生的腐败问题

在民企内部，也存在各种各样的权力，包括支配各种资源的权力、掌控各种信息的权力等。一旦民企老板及各级管理者为了个人偏好和私利行使这些权力，腐败就会出现。民企腐败有两类，即“作为企业家的腐败”和“企业家内部的腐败”。前者是指高管在处理企业外部事务时出现的腐败，除经济犯罪行为外，其犯罪形式是“花钱买市场”，即行贿犯罪；后者和国企相似，包括各种利用职务便利侵占公司财产的行为。

但公众对民企腐败存在认识误区，一是认为民营企业家不可能成为腐败犯罪的主体。一般认为腐败就是滥用公权力，必须以担任公职为前提。当然，滥用公权力牟取私利是腐败，通过贿赂等手段腐蚀公权力牟取私利也是腐败。二是对民企腐败的危害性认识不足，认为民企反正是“自负盈亏”，花的都是他们自己的钱。民营企业家的腐败犯罪，尤其是贿赂犯罪会造成事实上的不公平，在市场上产生“劣币驱逐良币”的效果，降低社会的总效率，使每个人的利益都受到损害，有时甚至会直接威胁到我们的生命财产安全。比如，有些民营企业家通过贿赂或欺骗的手段承包工程，然后再层层转出去，形成“豆腐渣工程”。民企的腐败犯罪已引起了我们的重视。一方面要切实树立在刑法面前公私平等的法治理念，改变“重受贿轻行贿”的不正常状况，加强对行贿犯罪的打击；另一方面要通过修订法律法规和发布司法解释等途径，将现有法律法规中惩治国有企业腐败行为条款的适用范围，逐步扩展到民营企业，把民企反腐纳入整个国家反腐系统中。因此，从根本上说，只有加强对民企腐败的打击，才是对民企真正的爱护，才有利于民企的健康发展。

弘扬优秀传统文化　加强领导干部道德修养

谢凤云

道德是依靠社会舆论和人的内心信念来维持，从而调整人们相互关系的行为规范的总和。对领导干部来说，只有道德高尚、官德健康，才能上为党分忧，下为民解难。从近年来查处的领导干部违纪违法案件看，腐败分子走上违法犯罪的道路，大多是从道德品质上出问题开始的。因此，面对纷繁复杂的社会现实，领导干部务必把加强道德修养作为重要的人生必修课，克己奉公，养俭育德，自觉从中华优秀传统文化中汲取营养。

一、加强领导干部道德修养刻不容缓且意义重大

1.加强领导干部道德修养是提高领导干部执政能力的重要前提

中华民族历来就有崇德尚廉的优良传统。《左传》里就提出，“德，国家之基也”，把培育高尚的美德视作立国的根基。道德对个人来说，是做人做事的基础；对民族和国家来说，是发展稳定的重要基石；对中国共产党人来说，则是立党为公、执政为民的根基。对于一个领导干部来说，加强道德修养是提高执政能力的重要前提。领导干部之所以能够率领、引导广大人民群众朝着既定的目标前进，就在于其具有领导影响力。古人说，“才者，德之资也；德者，才之帅也”，“为政以德，譬如北辰，居其所而众星共之”。领导干部的影响力不能单纯取决于职位和权力因素，更主要的是靠领导干部自身的影响力。提高“非权力性影响力”，重在取信于人。正如列宁指出的：“保持领导不是靠权力，而是靠威信、毅力、丰富的经验、多方面的工作以及卓越的才能。”威信和毅力就是品德问题，就是道德修养的具体体现。如果没有道德作为基础，靠其他因素获得的威信是不

可能长久保持的。清正廉洁、品德高尚的领导干部，事事处处先考虑群众的利益，舍得为他们的利益作出牺牲，自然会得到大家的信任，从而树立威信。

2.加强领导干部道德修养是保持党的先进性和纯洁性的必然要求

党的最高理想和最终目标是实现共产主义，习近平总书记强调坚持中国特色社会主义，实现中国梦是我们的共同理想。领导干部作为人民的公仆，是实现中华民族伟大复兴的中国梦的中坚力量，必须具备坚定的理想信念、优秀的人品官德、崇高的气节操守和不断创新的进取精神。在思想道德上降低标准，就会被腐朽的思想文化所侵蚀，党的先进性也就无从谈起。作为党的领导干部务必时刻保持清醒的头脑，切实按照党员的标准严格要求自己，注重思想道德建设，树立无产阶级的世界观、人生观、价值观，始终坚持与时俱进、执政为民，要“长修为政之德，常思贪欲之害，常怀律己之心”，“以高尚美好的情操培养品德”，做到敬畏权力、敬畏法纪、敬畏道德，算好经济、法纪、良心这“三笔账”，做到自重、自省、自警、自励，做一个清正廉洁、勤政为民、敢于担当的好干部。

3.加强领导干部的道德修养是党的事业兴衰成败的关键

领导干部的道德修养不仅关系到自身的荣辱安危，关系到党在人民群众心目中的形象和地位，更关系到党的事业的兴衰成败。我们古人是非常重视“官德”的，在他们看来，官德的好坏关系到国家的安危、百姓的祸福，关系到执政者的地位。官德纯则民风正，官德毁则民风降。孔子说：“君子之德风，小人之德草，草上之风，必偃。”意思是说，执政者的道德作风好比是风，老百姓的道德作风好比是草，风往哪边吹，草就向哪边倒。纵观古今，凡腐败官吏，大多因思想防线失陷、道德沦丧而走向深渊。良好的干部道德修养能凝聚人心、焕发斗志，激发和汇聚各方面的智慧和力量，形成巨大发展合力。反之，则会挫伤人们改革发展的积极性，损害党和政府的形象，阻碍甚至窒息生产力的发展。当前，在现实社会中比较普遍地存在着道德沦丧、党风不正、官吏贪渎、物欲横流的腐败现象，其中危害最大的是执政者的吏治腐败。因此，每一位领导干部都要从党和国家的前途命运出发，自觉加强道德修养，要以道德赢得人心，要身体力行，牢固树立全心全意为人民服务的宗旨意识，真正用好手中的权力，竭诚尽力地为人民谋利益，为实现中华民族伟大复兴的中国梦作出应有的贡献。

二、弘扬传统道德文化，提升领导干部道德修养

领导干部良好的道德修养不仅有助于提升其公众形象，更重要的是能够帮助其作出合理的价值选择和树立正确的工作理念，形成较高的人生境界，从而使其更好地完成社会担当。道德修养可以借助对人类文化优秀成果的学习、实践等途径实现。习近平同志 2009 年在中央党校讲话时强调："传统文化中的许多优秀典籍，蕴含着做人做事和治国理政的道理。领导干部要通过研读优秀传统文化书籍，不断提高人文素养和精神境界。"

1.学习传统文化"修己以安人"、"修己以安百姓"，有利于领导干部修身养德

中国很早就有"半部《论语》治天下"的典故，凸显出以《论语》为代表的传统文化的重要性。今天我们提高领导干部修养也应该借鉴传统文化，从祖先留下的精华里汲取营养。如果领导干部都具有中华民族的传统美德，都能修炼成为孔子所说的"君子"，那么领导干部的修养一定会得到大幅度的提高。

修养有三个层次，即"修己以敬"、"修己以安人"、"修己以安百姓"。第一个层次是提高自己的修养，并保持谨慎，这是一般人对自己的要求，普通老百姓就应该以这个目标来要求自己；第二个层次是提高自己并帮助其他人提高；第三个层次是提高自己并使老百姓安居乐业，这是最高的目标，领导干部就应该以这个目标严格要求自己，提高自己的修养。修己以安人，就是用人伦道德提高自己的修养，同时也使他人获得安乐。做人首先要明辨是非、善恶和美丑，要有荣辱观。其次要严于律己、宽以待人，以自己的诚信取信于人，取信于社会。这是报效社会、做官的前提条件。最后还要追求全面发展，既要以德立身，还要才华出众、素质全面。

传统文化特别重视为政者在道德实践中的带头作用。孔子认为"为政

以德，譬如北辰，居其所而众星共之"，他提出"政者，正也。子帅以正，孰敢不正"、"其身正，不令而行；其身不正，虽令不从"、"苟正其身矣，于从政乎何有？不能正其身，如正人何"。孟子也讲"其身正而天下归之"、"我善养吾浩然之气"、"其为气也，配义与道；无是，馁也。是集义所生者，非义袭而取之也。行有不慊于心，则馁也"。这里孟子所谓的"气"，就是指气势、正气。古人的这些朴素思想都强调正人要先正己，身教重于言教，并把它作为从政的首要修养。

传统文化思想启示我们，做人讲人品，为官讲官德。官德就是领导干部的道德品行、思想作风和政治素质，是为官之魂、从政之本、用权之道。为官只是一时，做人才是一生。官做得再大，人做得不行，老百姓同样不买你的账。官品不端，迟早要翻船。领导干部只有注重修身养德，成为品德高尚的人，才能受到群众的爱戴，才能发挥示范和带头作用。

2.学习传统文化"内圣外王"、"为政之德"，有利于领导干部养成坚守信念、追求理想的品格

领导干部没有思想政治的清醒，就没有政治上的坚定，更没有行动上的自觉。中华民族自古以来就讲究"立志"，儒家之志乃"内圣外王"。"内圣"就是加强自我修养、树立理想境界、磨砺坚强意志；"外王"就是服务社会、管理国家、平治社会。中国传统文化有"修齐治平"的说法，即修身、齐家、治国、平天下。在儒家看来，生命的不朽在于立德、立功、立言，称之为"三不朽"。其中立德，就是要有好的德性，为人师表，做人楷模。官吏、行政人员直接掌握权力，其道德风貌为大众所关注，起着示范效应和导向功能，影响着民德民风。

理想信念是安身做人之本，也是以德从政之魂。理想信念是否坚定，直接关系到能否用科学的眼光认识社会、用健康的态度对待人生、用正确的准则规范行为。理想信念是一个人精神的支柱、奋斗的动力和前进的坐标。坚定共产主义和中国特色社会主义的理想信念，是领导干部的安身立命之本。一个人特别是领导干部，如果丧失了正确的理想，精神上就会"缺钙"，就会得"软骨病"，在关键时刻就会辨不清方向、站不稳立场，甚至会使自己的人生走向毁灭。透视一些领导干部违法违纪的案件，无非

有两条轨迹：一是在政治上被打开缺口，二是在经济和生活上被打开缺口。不少落马贪官的主要教训就是经不起改革开放的考验，在理想信念上被打开了缺口，不信马列信鬼神，不讲理想讲利益，政治上的蜕化变质导致经济上的贪得无厌和生活上的腐化堕落。因此，领导干部应树立共产主义远大理想，坚定中国特色社会主义理想信念，践行社会主义核心价值观，形成抵御腐败的最坚强的精神力量。

传统文化思想启示我们，领导干部应继承传统的“内圣外王”之道，把自身的道德理想和政治理想统一起来。一方面要有达至“内圣”的修养意识，积极地通过文化知识学习来“格物、致知”，通过思想政治学习以“诚意、正心”，不断提高自身的道德水准，使自己具备仁爱、博大的胸怀，在得失、利害面前能作出正确的取舍；另一方面要有“外王”的责任心，有“达则兼济天下”的抱负，有亲民为民的情怀。一旦接受人民的托付，就要敢于并且乐于向社会展示自己的才能，把远大理想和实际行动结合起来，顺民意、谋民利、排民忧、解民难，为官一任，造福一方，全心全意为人民服务，尽心尽力为社会奉献，做一个新时期的“内圣外王”型的官员。

3.学习传统文化“仁民爱物”、“勤政为民”，有利于领导干部树立宗旨意识，成就事业

优秀传统文化倡导的民本、尚公、仁爱、贵和、诚信等优秀品质，能够激励领导干部奋发有为、敬业奉献。孔子说：“君子道者三，我无能焉：仁者不忧，知者不惑，勇者不惧。”我们只要有笃定从容的勇敢，很多问题就会迎刃而解，这就是君子内心的勇敢力量。什么叫作仁？孔子回答：“仁者爱人。”好好地善待他人。那么究竟怎样做？孔子说：“己欲立而立人，己欲达而达人，能近取譬，可谓仁之方也矣。”

孟子指出，治理国家的政治理念应该是“亲亲而仁民，仁民而爱物”。为官者只有做到仁民爱物，才足以治理天下。如何才是“仁民爱物”？简单地说就是解决民生问题。孟子还提出了“行仁政”、“得民心”的治世理念，“民为贵，社稷次之，君为轻”。不是以君王国家的利益为重，而是“以民为贵”，如此才能得民心，才是真正的“仁民爱物”。孟子主张“以

民为贵"，今天则表现为"以人为本"。因此，作为领导干部，更应该深刻理解"以人为本"发展理念的实质。现代社会的"仁民爱物"，更多地体现为尊重生命的人文情怀，而不仅仅是满足物质需求，还在于提高其精神修养。作为领导干部，其正确的价值取向，一定会通过相应的工作理念表现出来。选择"仁者爱人"、"仁爱道德"为基本价值观念，也必然会在工作中形成以"仁民爱物"为职责的为政理念。为官之责就应全心全意为人民服务，这是党的根本宗旨，也是党员领导干部的基本官德。

传统文化思想启示我们，领导干部要想在自己的工作岗位上有所作为，就必须把"仁者爱人"、"勤政为民"作为修身为仁的起点和归宿，以人民群众的根本利益为最高标准，树立正确的权力观、地位观、利益观，增强党的宗旨意识、执政意识、大局意识、责任意识、服务意识，在其位，谋其事，履其职，尽其责，真正做到权为民所用、情为民所系、利为民所谋，必须坚持从群众中来，到群众中去，关心群众疾苦，倾听群众心声，始终做到全心全意为人民服务。

4.学习传统文化"自我内省"，有利于领导干部慎独拒腐

所谓"慎独"，是指人们在独自活动无人监督的情况下，凭着高度自觉意识，按照一定的道德规范行动，而不做任何有违道德信念、做人原则之事。《中庸》说："是故君子戒慎乎其所不睹，恐惧乎其所不闻。莫见乎隐，莫显乎微，故君子慎其独也。"意思是说，一个人在众人监督之下不做坏事是容易做到的，但是在一人独处时，也能坚持不做不道德的事，就需要有更高的修养。慎独是先贤倡导的一种自我约束方法，也是今天领导干部应具备的基本素质。中国传统文化重视个体的德性修养，强调"自我内省"的内在功夫，体现出人们在道德追求中的高度自律性和自觉性。儒家提出了"慎独"、"慎微"、"慎友"的自律途径，要求人们时刻加强自己的道德修养，检点自己的行为。曾子说"吾日三省吾身"，就是说要主动积极地自我检查，要做到慎独。领导干部只有慎独才能慎权，才能正确对待和行使手中的权力。传统文化在主张修身正己、克己奉公的问题上，把廉摆在重要的位置，认为为政之道关键在廉，"公则生明，廉则生威"、"人之不廉，而至于悖礼犯义，其原皆生于无耻也"。因此，古代思想家把

“礼”、“义”、“廉”、“耻”视作“国之四维”，认为“廉”、“耻”乃是执政者的“大节”，在“廉”、“耻”中，更是“以廉为贵”，把廉洁奉公作为执政者的美德。东汉杨震以“天知、神知、我知、子知”拒纳贿赂；元代许衡以“梨虽无主，我心有主”不食无主之梨；清代林则徐说“海纳百川，有容乃大；壁立千仞，无欲则刚”；曾国藩在遗嘱中告诫家人“慎独则心安”。这些廉政思想，一直是历代执政者和官吏的重要政治伦理思想，并成为治国之道中取信于民、谋求政治稳定的最有效的办法。

传统文化思想启示我们，慎独作为高尚的品德修养，有一个培养过程。慎独需要意志，而且是坚强的意志。这就需要在我们独自一人的时候锻炼，在思想产生矛盾的时候锻炼。而且常常是从小事做起，小事也要慎独，习惯在行为多次重复中养成，品质在点滴积累中培养。领导干部只有坚持做到慎独，才能有利于抵御诱惑、防止腐败。只有培养良好的道德修养，才能真正地为官一任，造福一方。

（作者为中共肇庆市委党校哲学教研室主任、副教授）

传承中华优良传统，加强诚信道德建设

黄小红

中共十八大指出，要倡导富强、民主、文明、和谐，自由、平等、公正、法治，爱国、敬业、诚信、友善，积极培育和践行社会主义核心价值观。其中，公民个人层面的价值准则是爱国、敬业、诚信、友善，它是国家与社会价值追求的基础和根本。而诚信既是个人道德的基石，又是社会正常运行不可或缺的条件，它与爱国、敬业、友善构成不可分割的整体。分析当今社会诚信氛围、研究探讨诚信建设，有利于加深对社会主义核心价值观的认识，进一步培育和践行社会主义核心价值观，从而构建社会主义和谐社会。

一、诚信缺失的危机

诚信指诚实无欺、恪守信用，履行承诺而取得他人信任。诚实守信是人类千百年传承下来的优良道德品质。孟子曾说过“诚者，天之道也；诚之者，人之道也”（《孟子·离娄上》）。西汉开国功臣韩信，是中国历史上伟大的军事家。韩信曾一度落魄，一个漂母给他饭吃，韩信离开她的时候，说以后一定会回来报答她。后来韩信做了楚王，他不忘旧恩，奉黄金千两予漂母。古往今来，类似“一诺千金”的事例数不胜数，它说明作为安身立命基础的诚信，既是我国传统文化的重要概念，也是中华民族的优良品质。

诚信缺失的人，既伤害了别人，也将失去他人的认可。“狼来了”的故事就是典型的一例。放羊牧童欺骗乡亲们“狼来了”，欺骗次数多了，大家就都知道他是骗人的。当真有狼群来的时候，再也没有乡亲来救援。可见失去诚信，最终还是要自己来承受恶果。

一个人失信，影响的是个人的信誉；一个企业失信，可以搞垮整个企业。服用三鹿奶粉的婴儿被发现患有肾结石，经检查，发现三鹿集团生产的奶粉中含有化工原料三聚氰胺。最终，三鹿集团股份有限公司宣告破产。三鹿是一个有国际影响力的品牌，为什么还会倒闭？原因在于企业利益的驱使、国家相关监管部门的失职。如今把信誉丢了，就再也没人相信它的产品了。可见诚信是一个企业的立身之本，诚信丢了，伤害了广大消费者的利益，破产是迟早的事。

遗憾的是，当今社会普遍存在着诚信缺失的现象。有的企业利用各种手段蓄意逃债，违背对银行的信用。商业欺诈，误导消费，以假乱真，假冒伪劣商品屡禁不绝。如生产、销售假药，生产、出售众多黑心食品诸如注水肉、瘦肉精、毒大米、染色馒头、地沟油、毒豆芽……由于许多食品安全质量没有保证，老百姓只能感叹“不知买什么吃才好”。除了吃的卖假，用的也在卖假，比如假光碟、假名牌服装……还有在纳税信用方面的拖欠税款、偷税逃税；商务方面的商标侵权、专利侵占、肆意违约、毁掉合同、虚假做账、瞒报欺骗、虚报注资、抽逃资金等。教书育人的学校也存在教育官员腐败、违规收费、考试作弊、择校过程中的金钱交易等现象。还有新闻媒体的失实报道，医院存在的医患关系紧张……

政务诚信缺失行为表现为有些地方政府和部门的诚信意识淡薄，有的政府官员弄虚作假，不实事求是，沽名钓誉，不顾地方客观条件，大搞“政绩工程”；有的地方政府制定的政策缺乏稳定性、连续性，老百姓权益无法得到保障，或者在招商引资时许下的政策性奖励承诺不能如约兑现，甚至根本不兑现。一些官员弄虚作假，玩数字游戏，演绎了“数字出官，官出数字”的怪相。司法诚信缺失，表现为有法不依、“潜规则”盛行以及公证不公等。

二、诚信缺失的根源

人无信不立。个人失信，会破坏人与人之间的正常关系，导致道德失范的社会危机；企业失信，会破坏正常的经济运行规则；政府失信，会影响民众的信任度与支持度。各种诚信缺失事件的发生，原因在于监督管理的滞后，大致有如下几方面：

第一，以权钱交易、权色交易等为主的“潜规则”，受根深蒂固的“官本位”思想和特权观念影响，多由官员操控，大行其道。有些地方官员诚信缺失，影响政府信誉度，造成公信力下降，不同程度地污染了社会诚信环境。

第二，市场规范尚未健全，监督机制尚未完全到位，导致诚信缺失现象不能得到及时和有效的遏制。缺乏刚性的问责制度，尤其是国企。例如，因为风险控制不到位，或者是责任心的缺位，一些投资项目产生了亏损。这些亏损几乎都是由国家埋单，企业领导人很少为此承担责任，往往不了了之。

第三，受利益驱使，见利忘义，罔顾国家法律和道德准则，从事制假售假。“有100%的利润，资本就敢践踏一切人间法律；有300%的利润，资本就敢犯任何罪行，甚至冒绞首的危险。”《资本论》中的这些话，是制假售假等罪恶行为的最好注脚。

第四，社会诚信氛围与信用体系的缺失，影响了良好人际关系的建立，甚至造成道德的缺失，扰乱人们判断是非的标准。有些本来遵纪守法的经商者经不起诱惑，觉得“老实人吃亏，不赚白不赚”，进而改变初衷，背叛了原来坚守的诚实守信原则，甚至与违法乱纪者同流合污。

第五，宣传教育的效果不显著，诚实守信精神尚未深入社会、深入人心。要树立风清气正的社会氛围，宣传教育的方式、方法有待进一步改进。

三、加强社会主义诚信道德建设

诚信是市场经济制度的根基之一，诚信缺失会严重影响国家的政治、经济和文化建设，阻碍社会文明的进步和发展。诚信问题已成为当前中国迫切需要解决的社会问题。营造良好的社会诚信氛围，应该以社会主义核心价值观为指引，注重诚信的价值，搞好诚信建设。

诚信建设是精神文明建设的重要内容，是道德建设的核心，是构建和谐社会的基础和基本特征。《中共中央关于深化文化体制改革推动社会主义文化大发展大繁荣若干重大问题的决定》强调：“把诚信建设摆在突出位置，大力推进政务诚信、商务诚信、社会诚信和司法公信建设，抓紧建立健全覆盖全社会的征信系统，加大对失信行为的惩戒力度，在全社会广泛形成守信光荣、失信可耻的氛围。”可见，诚信建设包括政务诚信建设、商务诚信建设、社会诚信建设和司法公信建设。

1.加强政务诚信建设

政务诚信是社会诚信之本，是整个社会诚信的风向标，也是诚信建设的基础工程和先导工程。它体现的是政府的信用和责任，在社会信用体系中处于核心地位，起着主导作用，直接关系到党和政府的形象。政府既是社会信用制度的制定者、执行者和维护者，又是公共信用的示范者。政府要率先垂范，取信于民，树立“诚信政府”形象。公职人员作为政府行为的决策者和体现者，其树立诚信意识不仅是对个人的道德要求，更是必须履行的义务，应在民众中起到示范作用。

开展政务诚信建设，首先要通过教化，加强从政伦理教育和职业道德教育，强化公职人员的诚信意识。

其次是建立健全问责制度。把政务诚信纳入目标考核系统中。建立和完善信用激励、约束机制，加强督促检查，严格责任追究。政府信息披露要真实，要对自己的行为负责。公职人员违背诚信原则，发生严重失信行为，对公民、法人和其他组织合法权益造成损害的，除依法承担赔偿责任外，还应追究相关人员的法律、行政责任。公职人员从政行为的诚信记录应纳入社会征信管理系统。

最后是完善诚信法规体系，充分发挥政府诚信管理职能。推进政务公开与财务公开，让权力在阳光下运行，保障公民的知情权与监督权。实行公开化，可避免暗箱操作，这既是对政府官员负责，也可消除老百姓对政府官员的怀疑与不信任。

“权为民所赋，权为民所用。”政府重诺守信，才能带动整个社会诚信风气的养成，才能使政令畅通，确保国民经济和社会发展战略的顺利实施，促进社会主义和谐社会的全面构建。

2.加强商务诚信建设

建设商务诚信，可以夯实构建和谐社会的市场基础，解决老百姓的切身利益问题。是否坚守诚信，关系到企业的兴衰荣败。有这样一个故事：一个自称是某运输公司的汽车司机的人走进一家汽车维修店。他要求店主在账单上多写点零件，并承诺回公司报销后，给店主一点好处，但店主拒绝了。顾客说："谁都会这么干的，有生意都不做，我看你是太傻了！"店主火了，要那个顾客马上离开："你还是到别处谈这种生意去吧。"这时顾客忽然脸露微笑，说："我就是那家运输公司的老板，我一直在寻找一个固定的、信得过的维修店，你还让我到哪里去谈这笔生意呢？"店主面对诱惑不心动，这种平淡而质朴的品格就是诚信。就企业而言，诚信是无形的宝贵资产。没有诚信尽管能偶尔在经济活动中获利，但最终还是会丢掉客户。

诚信是增值空间最大的资本，要想企业发展，就必须从长远出发，以诚信为本，依法经营，树立良好的企业形象。首先，应加强行政监管，整顿和规范市场经济秩序，建立和完善企业经济户口制度，健全市场准入和畅通出口机制，确保市场健康稳定发展。加强商业监管，严厉打击假冒伪劣、无照经营、商标侵权、虚假违法广告、合同欺诈、网络诈骗以及商场促销欺骗行为。组织个体工商户和企业签署"诚信公约"，建立"诚信联盟"。

其次是提高企业和产品质量诚信度。建立食品安全红、黑名单制度，形成守信者受益、失信者受损的奖惩机制，令失信者付出经济和声誉代价。开展知名品牌产品的评比认定工作，以及评比"诚信企业"、"百城万店无假货"、"诚信工商户"、"诚信门店"等活动。定期公布诚信、失信企业。通过媒体曝光假冒伪劣等失信行为，宣传褒扬诚信企业。

最后是重点建设商务信用体系，完善从生产到销售的管理和防范机制。三鹿奶粉事件不仅导致企业倒闭，还使整个国产奶粉市场受到重创。可见社会主义市场经济是信用经济，信用体系缺失，会破坏生产和生活秩序，影响社会稳定。要规范企业信贷行为，完善企业诚信评价制度。建设中小企业信用担保体系，督促企业提高贷款信用度。对恶意拖欠农民工工资、逃废金融债务的企业和个人进行制裁。健全税务信用等级评定制度，营造诚信纳税光荣、偷税漏税可耻的舆论氛围，促进企业依法纳税。培育和发展信用调查、信用认证、信用评估、信用担保等社会中介服务组织。

通过汇集工商、税务、银行等有关部门掌握的企业信用记录，形成完整的信用体系，逐步实现诚信信息资源共享，全面反映企业诚信经营情况，并通过各种渠道向社会提供诚信信息咨询服务。

3.加强社会诚信建设

首先要认真实施《公民道德建设实施纲要》，加强公民道德建设，强化社会公众诚信教育，不断提高公民个人的诚信素质，树立诚信观念和规则意识。要从大处着眼、小处入手，从娃娃抓起，从日常生活抓起。教育是培养亿万青少年的巨大的社会基础工程，教育在塑造诚信中具有奠基石的作用。因此，正人先正己。执教的要讲师德，行医的要讲医德。作为医生应该牢记："药，是用来治病的，而不是用来赚钱的！"从艺的要讲艺德，做官的要讲官德，经商的要讲商德，做到信守合同、文明交易、履行承诺、公平竞争。诚信作为一种最起码的道德要求，应当得到共识和尊重。当今网络信息具有传播快、覆盖面广的特点。有关部门可考虑建立诚信道德网站，发动网民围观，为诚信守法者点赞，给失信者一个弹窗，通过围观把失信行为围死。宣传公民和企业诚实守信的典型案例，通过典型示范作用唤起全社会的诚信意识，从而在全社会树立诚信光荣、失信可耻的风气和强有力的舆论氛围。

其次，强化诚信监管，整治危害社会诚信的各种行为。通过拒绝交易制度，形成全社会对失信者的联防惩戒机制。提高个人失信成本。对那些不讲诚信的人进行道德鞭挞、舆论谴责，严禁有失信记录者担任政府机关和企事业单位的领导、管理人员，对不守信用而造成严重后果者，不仅追究其经济责任，还应追究其法律责任。

最后，逐步建立健全个人诚信制度，建立和完善经营者和个体私营业主的诚信记录、评估、警示、惩戒制度。建立以信用信息系统为核心的社会诚信体系和统一的信用平台。由国家发改委和中国人民银行牵头编制的《社会信用体系建设规划纲要（2014—2020）的通知》实现了社会信用体系的全面覆盖，社会信用体系建设已经有了时间表。

4.加强司法公信建设

司法公信建设不仅要法律化、制度化，而且要形成良好的文化氛围。

除了以道德约束来提高人们的诚信度，政府相关主管部门还应加大对各种失信行为的监管力度。

首先是要使道德行为法治化，依法惩处各种不诚信行为，从法律上保障诚信者的利益不受损害，并使失信者承担必要的经济和刑事责任。对包括诚信在内的从政伦理道德作出全面规定，使诚信不仅仅是一种道德的规劝和倡议，而且具有法律上的约束力与强制力，真正实现有信者快、无信者痛。

其次是依法行政。将“诚实守信”作为依法行政的基本要求，要遵循《行政许可法》第八条规定的将诚信原则确定为行政行为的基本原则。司法人员更要强化诚信意识，依法公证、诚信公证。要将法律、法规、规章赋予的行政处罚裁量权予以细化，避免人情罚、议价罚等，做到同案同罚。

诚信，是善的体现。当今，从中央到地方都十分重视诚信建设，新时期的“广东精神”，已把“诚于信”列入其中。解决诚信缺失现象，必须践行社会主义核心价值观，倡导每个人从自己做起，无论何时何地，我们都要为自己的言行负责，成为一个受朋友、同事、社会尊重的人。

（作者为端州区地方志办原主任、历史学副研究员、
肇庆市炎黄文化研究会理事）

加强领导干部道德修养，弘扬社会主义核心价值观

丁永勤

“名节源于修养，境界升于内省，腐败止于正气。”领导干部因其岗位重要，往往成为人们关注的焦点。这就要求领导干部要更加注重修德养性，提高“免疫力”。

一、深刻认识新形势下领导干部开展道德建设的重要意义

道德修养是一个古老而崭新的课题，不同的时代赋予社会不同的道德标准和要求。历史和现实都表明，道德在人类社会的发展和进步中具有重要作用。中国共产党人历来重视加强党员干部道德修养。道德水平的高低、道德修养的好坏，是判断一名党的干部人格优劣的重要标准，是衡量干部有没有先进性的重要尺度，也是决定干部有没有光明的政治前途的重要基础。深刻认识道德修养的重要性，应当从国家治理、干部选任等几个方面去理解。

1.德治是国家治理的根本方略

如何从治国战略高度看待加强领导干部道德修养的必要性呢？德治是党的治国大策。在重视“依法治国”的基础上，把“以德治国”提到治国方略的高度。德治的作用在治本。法律重在惩治一些人的违法犯罪行为，是强制的、权威的，而道德重在提高人们的思想觉悟，使人们对违法犯罪产生羞耻之心，使人们在自己的内心筑起一道思想堤防。改革开放后，我国实行了30多年的法治，但仍然存在价值迷失、道德失范等很多单纯依

靠法治不好解决、很难解决甚至不能解决的问题。这就需要道德的力量，从根本上提高人们的道德水平才是国家长治久安的根本之计。因此，加强领导干部道德修养、弘扬社会主义核心价值观是我们当前的任务。

2.德性是选用干部的首要标准

自古以来，我国在选拔和任用领导干部时都坚持“德才兼备，以德为先”的原则，要求领导干部要“常修为政之德，常思贪欲之害，常怀律己之心”。社会主义核心价值观是在中华美德的基础上建立起来的，反映了广大群众的普遍需求和价值理想。它能够凝聚人气，在社会中发挥巨大的价值导向作用。因此，加强领导干部的道德修养，是弘扬社会主义核心价值观的重要基础。

二、准确把握领导干部道德建设的要求

面对新形势、新任务、新要求，对领导干部道德建设的要求须有一定程度的提高。

1.要养成坚守信念、追求理想的品格

拥有坚定的理想信念，是领导干部最宝贵的品格。具体表现在要胸怀理想、富有远见。

第一，要胸怀理想。理想信念的力量是无形而巨大的。理想信念坚定，就能够执着前行，成就事业。领导干部要有所作为和建树，必须对共产主义事业充满希望、对党和国家的前途充满希望，始终保持旺盛的革命斗志和干事创业的热情。

第二，要富有远见。领导干部坚守信念、追求理想，必须始终胸怀大局，富有远见。有远见才有方向，有远见才会有信心，有远见才会有大局。人无远见之明，必有近忧之事。

2.要养成谦虚谨慎、求真务实的品格

谦虚谨慎、求真务实是我们党的优良传统，是每个党员干部应有的优秀品质。谦虚才能闻真言，务实才能干成事。领导干部不管职位有多高、权力有多大，都要时刻保持谦虚的态度、务实的作风、诚恳的人格。

3.要养成诚实守信、表里如一的品格

做人诚信、待人诚恳是立身之本、立业之基。领导干部要崇尚大智慧，不要耍小聪明，小聪明误大事，大智慧成大事。无论一个人、一个组织，还是一个国家，当信用成为安身立命的尺度以后，其就都可以改变成败，创造历史。当前，我们有些领导干部喜欢听好话，有些下属就投其所好。干部不诚信、不老实，损害了党和政府的威信，也侵害了群众的利益，最终失信于民、失信于党、失信于国家。

4.要养成严于律己、坚持原则的品格

党性修养的一个基本点是敢于坚持原则。领导干部的坚持原则就是要看他在关键时刻、重大问题以及重大利益上，是否忠于党、忠于国家、忠于人民，是否树立正确的世界观、权力观、事业观，是否真抓实干、敢于负责、锐意进取，是否作风正派、清正廉洁、情趣健康。权力在手，意味着责任当身。我们要充分认识到，权力是一种责任，而不是组织对个人的“补偿”；权力是一种义务，而不是捞取个人好处的资本；权力是一副重担，而不是贪图安乐的温床。当然，我们的干部绝大多数是好的，坏了良心的毕竟是少数。

三、如何把自己修炼成德才兼备的优秀干部

道德修养不是一朝一夕就能修炼成的，领导干部的道德修养也是一个需要长期坚持不懈、刻苦修炼的过程，它贯穿到我们工作、学习和生活的各个方面。如何修德呢？笔者认为主要抓好以下几个方面：

1.坚持用通达的心态调整自己

修身养性重在养心。领导干部修炼自己首先要调理内心，减少名利得失的困扰、进退留转的影响，看得开、控得住、放得下，常葆内心的平和安宁。

(1) 要看得开。以平常心态对待周围一切，把提高自身素质看得重一些，把进退留转看得淡一些。常持这种心态，就不会对世事他人牢骚满腹，攀比妒忌。在现实生活中，使人高兴或者沮丧的，与其说是事实，还

不如说是攀比。决定自己心情的不在于环境，而在于心境。作为领导干部，应有一种拿得起、放得下、看得开、想得通的心境。

(2) 要控得住。让人失去理智的，是外界的诱惑；最终耗尽一个人精力的，往往是自己的欲望。控制欲望最有效的办法，不是坐怀不乱，而是避而远之。学会了控制，我们可以获得更多。在工作、生活中牢记“千里之堤，溃于蚁穴”的道理，“勿以善小而不为，勿以恶小而为之”；要理智把握人生，真正把精力用在学习上，把时间花在工作上，树立远大志向，不为名利所动，不为浮华所惑。有了这样的定力和境界，才能保持本色，抵御住金钱、美色等的诱惑。

(3) 要放得下。放弃是一种智慧。当一个人失去名利时，其实什么都没有失去；当失去自由时，一切都已失去。只有经常清理思想上的行装，放下那些身外之物，才能得到灵魂的自由和精神上的解脱。

2.坚持用博学的追求充实自己

学无止境，人活到老学到老，这才体现出人的价值。学习是人类进行道德修炼的基本方法，学习能改变人的气质与品质。当前，肇庆市领导干部队伍的文化程度普遍比较高，学习能力也比较强，但也有少数领导甘当“五不干部”：不思进取，碌碌无为，不愿学；热衷应酬，忙于事务，不勤学；装点门面，走走过场，不真学；心浮气躁，浅尝辄止，不深学；食而不化，学用脱节，不善学。由于不重视学习，一部分领导干部内心变得空虚，思想发生变化，于是信念开始动摇。空虚是道德修养的天敌，它让人四处寻找刺激。学习是治疗空虚最好的办法，它让人内心变得充盈。

3.坚持用反思的利刃警醒自己

保持警醒对领导干部尤为重要，领导干部要明是非、知荣辱、辨善恶、分美丑，一日三省，时常反思，思想上不打“擦边球”，行动上不碰“高压线”，把个人兴趣、爱好、欲望等，严格控制在时代的道德范围之内。

(1) 要懂得敬畏。反思的思想前提是敬畏。有所“畏”，正是我们进入角色和做好工作的心理起点和思想基础。对知识敬畏，就会发奋学习；对法律敬畏，就会遵纪守法；对工作敬畏，就会勤勉努力。自律在很大程度上要靠有所畏、有所怕。古人讲得好，“不自重者致辱，不自畏者招祸”，提醒人们要严于律己，谨慎从事，切不可胆大妄为。党员领导干部要自觉接受党内监督、群众监督和法律监督，做到畏“天理”，坚持按客观规律办事；畏国法，坚持依法行政；畏党纪，坚持自警自省；畏百姓，坚持利为民谋。

（2）要经常反思。反思自己的言行举止。现在，干部队伍中有一种很不好的现象，就是一些党员干部在公众场合讲话口无遮拦，不分场合、不分对象地说一些有悖于中央精神的话，对一些消极颓废、格调低下的“黄色段子”津津乐道，满口荤话、粗话、脏话。作为一位领导干部，言必适时，言必适情，言必适度。虽然，一个人有点爱好是正常的，领导干部也不例外，但是，领导干部对自己的兴趣、爱好、习惯，不能恣情放纵，应对有利于官德修养的则育之，不利于官德修养的则弃之，介于有利与不利之间的则节之。还有，权力是把“双刃剑”，作为领导干部，要有“情为民所系，权为民所用，利为民所谋”的执政理念，从而正确处理好权力与责任的关系。

加强领导干部道德修养，弘扬社会主义核心价值观是我们领导干部当前必不可少的任务。因此，领导干部要时刻保持高尚追求，以“心底无私天地宽”的心境锤炼政治品格，提高“免疫力”，努力把自己锤炼成德才兼备的优秀领导干部，为党和人民的事业作出更大贡献！

（作者为中共广宁县党校教师）

浅谈弘扬优秀传统文化、加强农村群众道德建设

莫水石

2001年10月颁布的《公民道德建设实施纲要》（以下简称《纲要》）指出“坚持继承传统文化与弘扬时代精神相结合，要继承和发扬中华民族几千年形成的传统美德，使公民道德建设既体现优良传统，又反映时代特点，始终充满生机与活力”。《纲要》对加强社会主义道德建设要立足中华优秀传统文化已有了明确的要求。随后，2006年党的十六届六中全会首次提出建设社会主义核心价值体系的战略任务，2012年11月党的十八大报告又明确提出“倡导富强、民主、文明、和谐，倡导自由、平等、公正、法治，倡导爱国、敬业、诚信、友善，积极培育和践行社会主义核心价值观”。十多年来，从中央到地方各级党委、政府，在深入推动公民道德建设中，对传承和发展历史上形成的优良道德、传统文化展开了积极的探索实践，并取得了一定的成效。弘扬优秀传统文化，加强公民道德建设，培育和践行社会主义核心价值观，是综合性相当强的伟大德政工程，涉及全国13亿人民。根据我国国情，加强对占总人口达7成的农村群众的道德建设，对提高国民道德水平，提升国民文化素养，起着举足轻重的作用。笔者试从弘扬优秀传统文化、加强农村群众道德建设方面谈点肤浅看法。

一、充分认识弘扬优秀传统文化、加强农村群众道德建设的重要性

1.农村群众的道德建设是全社会公民道德建设的重要组成部分

积极培育和践行社会主义核心价值观，是党的十八大从坚持和发展中

国特色社会主义、促进全党全国人民团结奋斗的共同思想基础的高度提出的一项伟大战略任务。公民道德建设则是这项战略任务的核心内容，事关民族凝聚力、向心力，事关国家发展、社会和谐，事关人民幸福、安居乐业。在中华民族这个大家庭中，农村人口占了大多数。亿万农村群众道德水准、文化素养的提高，直接决定着整个国民素质的提高，影响着实施培育和践行社会主义核心价值观重大战略的成效。因此，扎实推进全社会公民道德建设，要将工作重点放在农村，着力加强广大农村群众的道德建设。

2.中华民族大部分传统美德在农村源远流长，继承和发扬之对加强公民道德建设作用重大

中华民族历史悠久，中国是世界文明发源地之一，有着五千年的文明史，中国古代文明承载着中国传统文化，中国传统文化推动着中国文明一步一步向前发展。我们今天国家的强盛、民族的复兴、人民的幸福，都得益于我们一代一代传承下来的中华文明和传统文化。它支撑着民族伟大而坚强的集体灵魂。中国传统文化最有继承价值的部分就是传统道德。中华几千年的历史沉淀，形成了许多传统美德，如伦理思想贯穿始终，褒善贬恶，向往理想的道德人格和美好的情操；仁爱宽厚，以和为贵，强调“仁者爱人，推己及人”、“老吾老以及人之老，幼吾幼以及人之幼”；诚实守信，强调为人处世“仁义礼智信，温良恭俭让”、“一言为重百金轻”；知恩图报，和睦友善，强调“积善之家必有余庆，积恶之家必有余殃”等。由于中国一直是个农业占主导的国家，农耕社会历史久远，传统美德首先由农村孕育而成，深深地植根于农村，并世代相传，有着坚固的根基。“农村是我国传统文明的发源地，农村不能成为荒芜的农村、记忆中的故园。”（引自《习近平总书记系列重要讲话读本》，北京：学习出版社 2014 年版，第 70 页）这些丰富的文化宝藏，反映着国家、民族的文化积淀、思想结晶。继承和发扬这些传统美德与目前我们培育和践行社会主义核心价值观是一脉相承的。科学地利用这些历史文化传统，因势利导地加强农村广大群众的社会主义道德建设，发挥独特的人文资源优势，会起到事半功倍之效。

3.社会主义新农村建设需要弘扬和传承传统美德

2005年10月，中央提出要按照“生产发展，生活宽裕，乡风文明，村容整洁，管理民主”的要求，扎实推进社会主义新农村建设。2013年12月，习近平总书记在农村工作会议上强调：“一定要看到农业还是‘四化同步’的短腿，农村还是全面建成小康社会的短板。中国要强，农业必须强；中国要美，农村必须美；中国要富，农村必须富。”（引自《习近平总书记系列重要讲话读本》，北京：学习出版社2014年版，第68页）社会主义新农村不仅要有让村民过上幸福美满生活的物质基础，要有美丽的村容村貌，要使人居环境明显改善，也要使农民群众思想、文化、道德等素质不断提高，使之崇尚文明、崇尚科学，形成家庭和睦、民风淳朴、互助合作、稳定和谐的良好社会氛围。农村中长期传承下来的传统美德，如忠厚传世、勤俭持家、尊老爱幼、乡邻和睦等，有着无形的道德文化整合力量，属于乡风文明的优秀遗产，与社会主义新农村建设要求相吻合。如能择善而从，融入社会主义道德建设中，定能为新农村精神文明建设提供资源和养分。着力提升群众道德素养，培育农村社会良好风尚，从而形成积极向上、自强自尊的社会心态，这对于建设经济繁荣、设施完善、环境优美、文明和谐的社会主义新农村十分必要。

二、目前农村群众道德建设存在的问题及原因

《纲要》自印发以来，公民道德建设一直在巩固中发展、在改进中提高、在继承中创新，社会道德风尚发生了较大的变化，但也存在着不少问题，从笔者所在的县看，主要有：

1.道德失范，不讲公德

一些村民的生活水平提高了，但道德水准下滑了，住上了靓丽的楼房，打扮得衣冠楚楚或花枝招展，却把生活垃圾随意丢放于屋旁路边，臭气熏天却习以为常。村里开展“文明村建设”等公益性活动，有的人无动于衷或开口便要钱。一些公共设施，如广告宣传牌、公路标志物、镇街的沙井盖等，经常被人“顺手牵羊”当废品拿走卖掉。种种丑陋行为，令人

感叹“世风日下”。

2.诚信缺失，欺骗讹诈

一些村中的农资代销店里时有假农药、假化肥销售，左邻右舍也受到蒙骗。笔者所在的山区县的某个偏僻村庄，竟也出现过制造假烟的黑作坊。用虚假数据材料，骗取扶贫款、低保金；用白糖制品充当蜂蜜；用冬瓜水渗进土榨花生油中等失信欺诈行为，时有所闻。人与人之间的信用度下降，给淳朴的乡风带来不少冲击。

3.见利忘义，损人利己

一些村民为谋取私利而不择手段，如加工腐竹，为了外表色泽好、易销售，竟添加有毒的二水合次硫酸氢钠甲醛（俗称“吊白块”）；个别烧腊档，收购病猪、死猪加工成烧猪出售；有的果农、菜农，将刚洒过农药的柑橘、蔬菜推销出去；有的村民得知国家建设需征用本村的土地，便抢种抢建，以谋取青苗、房屋补偿费，丧失了“君子爱财，取之有道”的做人底线。

4.邻里不和，亲情疏远

有的人亲情淡薄，遗忘了互尊互爱，如兄弟或邻里之间为几尺宅基地而反目成仇；做子女的长期外出打工，有了钱在外吃喝玩乐，却乐不思蜀，不愿寄生活费回来赡养老人、抚养小孩。有悖于孝老爱亲等传统美德的现象并不鲜见。

探究当前农村社会道德有所滑坡的原因，笔者认为是：

1.某些滞后的传统道德文化的负面影响

农村道德文化的根基和基本价值方针是狭隘的注重血缘关系的差序伦理道德，道德选择多限于血缘的区域内。改革开放后，集体性行动、公益性活动相对少了，针对农村公德薄弱而开展的社会公德教育的力度不够，深度也有限，农民接受教育的机会不多，从而直接掣肘着农村社会风气的好转。

2.公共生活的迅速发展与人们观念滞后相矛盾

公德作为公共场所的行为规范，是社会群体自下而上发展的客观行为要求。但农村群众由于长期生活在小农经济社会里，人际交流少，活动范围窄，客观上缺乏形成社会公德的需要机制，而随着社会的发展和进步，人与人、人与社会、人与自然的交往日益复杂，加上目前正处于社会裂变的节点上，好坏、优劣、善恶共生，一些群众自身良心约束无力，在现实生活中违背社会公德的现象时有发生。

3.市场经济的负面影响

在计划经济时代，出于历史上种种原因，人们的个人利益常常被淹没，而目前我国所推行的市场经济体制，承认个人利益的合法化，鼓励个人利益的正当追求，有较强的趋利性。它把长期压抑的个人欲望唤醒，容易诱使一部分人为了个人欲望的满足和利益的实现而无视他人和社会的利益。其结果是，市场经济的发展易挑起人们对发财致富的强烈欲望，而有限的财富资源难以填满人们无限的欲壑，民众趋利的不择手段势必导致社会风气恶化、伦理道德沦丧，即使生活在边远偏僻农村的一向老实厚道的农民也难以避免。

4.道德教育自身缺陷

目前农村道德教育中存在着这样一种流弊：过于专注道德的理想性和先进性，偏重于用崇高和严格的规范要求普通民众，明显表达出对高层次道德的偏爱，忽视农村社会的现实性和广泛性，而对一些最基本的道德规范教育引导不够，注重道德理论的外在灌输；且富有实效的道德实践不足，道德教育偏重于用权威压服而不善于动之以情的说服与感化，造成道德理论与现实脱节，教育难以收到预期效果。

三、弘扬优秀传统文化、加强农村群众道德建设的建议

针对目前农村群众道德建设中存在的问题，我们应弘扬优秀传统文化，并将其融入培育和践行社会主义核心价值观的伟大工程中。对此，笔者的建议是：

1.基层党组织及政府要对农村群众道德建设高度重视

要从"国无德不兴，人无德不立"的高度充分认识道德建设的重大意

义，充分认识道德力量的强大性和持久性，以高度的责任感和使命感，按照党“以人为本，构建和谐社会”的执政方针以及中央培育和践行社会主义核心价值观的总体要求，结合本地实际，结合文明村、文明家庭创建活动，制定规划、措施，扎实推进道德建设实践，带领和引导农村的广大人民群众共同创造物质富裕、精神富足的美好生活。

2.要把弘扬优秀传统文化作为培育现代农民文明道德风尚的重要载体，提升农村社会的文明程度

我们虽然生活在现代社会，但也生活在传统文化的影子中。农村中代代相传的传统美德深入人心，是宝贵的精神遗产，与目前所进行的社会主义道德建设一脉相承。传承和弘扬其精华，要发挥主流媒体的作用，加以正面宣传引导，并对那些道德失范、诚信缺乏现象和见利忘义、丧失底线的行为予以批评和鞭挞，使农村正在积极开展的公民道德建设收到更好的效果。

3.要加大凡人善举的宣传力度，让平民百姓从身边的人、身边的事中直接感受到高尚道德的力量

笔者所在县2014 年开展的评选“最美封开人”并组织巡回报告的活动，在运用典型示范引导人们做到文明礼貌、见贤思齐、自重厚德、诚实守信上作了有益的尝试，社会反响强烈，收到了良好的教育效果。学习推广时，应注意更多地宣赞农村普通村民中那些心地善良、孝老爱亲、友善互助、明礼守信的道德模范者，既要宣传他们的美好品德，又要关爱他们的生活，以健全完善褒扬激励机制，树立好人有好报的鲜明导向。同时，对某些靠投机取巧致富、有财无德、厚钱薄亲的“土豪”宜少些渲染，发现有违反公德的应予以适当的批评告诫。通过宣传典型和引导，树立社会正气，凝聚正能量，弘扬真善美，针砭假恶丑。

4.道德教育方法上要与时俱进

即使是传统美德，也要用创新的形式宣传引导。要积极适应农村社会生活的新变化和群众接受习惯的新特点，更加注重大众化、普及性，探索更多的有效途径和办法。可运用微信、微博等现代新型传播方式，利用传统节日进行宣传教育，如端午节，宣扬屈原忠贞不屈的民族气节；中秋

节，宣传亲情的团圆和睦；全国公民道德宣传日（9月20日），大张旗鼓宣传社会主义道德知识。笔者所在县每逢春节，都会组织擅长撰写对联、工于书法的文化志愿者下乡为村民写对联，并题写各姓氏家谱中的家训内容。这既让老百姓喜欢，也有益于推进道德建设。据笔者对本县农村的调查，许多家族都有家训，且内容多为励志、劝勉、勉学、诲诫、明德，如曾出过两广首名状元的莫氏家族，其“宁可以德胜人，切勿以财傲众。奢华乃败家之端；酒色乃戕身之斧。不读诗书，纵家有万金，定遭愚人之诮；能通经史，虽户穷四壁，堪称儒雅之门”的家训内容，感召力不因世易时移而弱化。

5.要突出重点，着力抓好党员干部和青少年的思想道德建设

党员干部是群众的“领头羊”，影响力大。各镇、村要结合党的群众路线教育实践活动，结合基层组织建设，在加强农村党员干部的政治思想、法律教育的同时，以设立道德讲堂等形式，深入开展文明道德教育，引导广大党员干部既要牢记党的宗旨，提高党性修养，也要继承弘扬优秀的传统文化，增强品德修养，常修为政之德，常怀爱民之心，诚实守信，办事公道，大公无私，奉献社会，以身言教，做社会主义道德的示范者和引领者。青少年代表着未来和希望，加强对青少年的文明礼仪教育，教会他们做人，是弘扬中华民族优良传统、推进素质教育的重要手段。目前肇庆在全市中小学采取“两进”（进校园、进课堂）、“四有”（有教材、有教师、有教案、有课时）办法，给学生讲授《三字经》、《弟子规》等传统文化精华内容，开展传统美德教育，对青少年从小培养自尊、自重、自立、自强意识，树立正确的道德观念和良好的行为准则，养成良好的思想道德素质，很有创意，也有现实意义和深远影响。在推行中要注意发挥好教师、家长、社会的作用，学校的教师要精通知识，言传身教，提高传授能力，增强教育效果；作为家长，要以自己的模范行动潜移默化地影响和教育子女；社会要形成齐抓共管的合力，创造有利于开展教育的环境和氛围。学校、家长和社会要同心协力抓好青少年的思想道德教育，使农村传统美德代代相传、文明风尚长盛不衰。

（作者为封开县人大原副主任、肇庆市炎黄文化研究会副会长）

弘扬优秀传统文化　塑造高尚人格

罗天兴

在日常生活中，人们自然而然会对一些社会现象喻之以人格，且有高尚和低下之分。"人格"一词，汉语字典有多种释义，有道德上的人格，泛指一个人的品德和操守；有法律意义上的人格，指享有法律地位的人；有文学意义上的人格，指人物心理的独特性和典型性。在心理学上，由于心理学家各自的研究取向不同，对人格的看法也有很大差异。一般认为，人格是构成一个人的思想、情感及行为的特有统合模式，这个独特模式包含了一个人区别于他人的稳定而统一的心理品质。笔者仅以一个人的道德品质和人格操守为议题，谈谈在践行社会主义核心价值观中，弘扬中华优秀传统文化、塑造优美高尚人格的一些浅见。

党的十八大提出"倡导富强、民主、文明、和谐，倡导自由、平等、公正、法治，倡导爱国、敬业、诚信、友善"。这"三个倡导"揭示了国家层面的价值目标、社会层面的价值取向、公民个人层面的价值准则，构成了社会主义核心价值观的基本内容，为培育和践行社会主义核心价值观提供了基本准绳。面对世界范围思想文化交流、交融、交锋形势下价值观较量的新态势，在改革开放全面进入"深水区"和发展社会主义市场经济条件下，结合思想意识形态的多元、多样、多变的新特点，积极培育和践行社会主义核心价值观，对于巩固马克思主义在意识形态领域的指导地位，巩固全党、全国人民团结奋斗的共同思想基础，对于坚定党员干部的理想信念、增强公民的道德素质、推动社会的文明进步、全面建成小康社会、实现中华民族伟大复兴的中国梦、凝聚强大的正能量，具有重大的现实意义和深远的历史意义。

"富强、民主、文明、和谐，自由、平等、公正、法治，爱国、敬业、诚信、友善"二十四个字，既是社会主义核心价值观的基本内容，又是对中华优秀传统文化的继承与发展，体现着"国家兴亡，匹夫有责"的爱国精神；体现着“与时俱进，自强不息”的进取精神；体现着“先天下之忧而忧，后天下之乐而乐”的奉献精神；体现着“和为贵，信为先，仁者爱人”、“毫不利己，专门利人”的高洁品行和高尚人格。中国近代思想家梁启超在其《新民说》一文中说到“忠孝二德，人格最要之件也”。国学经典《弟子规》曰：“行高者，名自高。人所重，非貌高。”就是说德行高尚的人，他自然就有很高的威望。人们所敬重的是他高尚的品行，而不是他的外表容貌是否出众，一个人在被别人敬重的同时，也显示出自己的人格魅力。令人反思的是，一个时期以来，急功近利、物欲横流、金钱至上、道德沦丧、污染严重、腐败盛行、制假售假、崇洋媚外等现象有所蔓延，虽是个别少数，但败坏了社会风气，国人斥之为“丧失了人格”。因此，践行社会主义核心价值观，就要吸吮国学经典的精华，发挥优秀传统文化陶冶人、启迪人、教化人、激励人的潜在能量，高扬中华民族传统美德，在全社会形成“人人为我，我为人人”的良好氛围，通过自觉、自强、自省、自律塑造优美高尚人格，共建幸福美丽家园。

一、塑造优美高尚人格，源于勤奋读书明智

习近平总书记一再强调“读史可以明智，知古方能鉴今”。他要求“领导干部要多读优秀传统文化书籍，经常接受优秀传统文化的熏陶，提高人文素养，增强对人与人、人与社会、人与自然关系的认识和把握能力，正确处理义与利、己与他、权与民、物质享乐与精神享受等重要关系。通过研读伦理经典，知廉耻、明是非、懂荣辱、辨善恶，培养健全的道德品格”。正如国学经典《三字经》所言“玉不琢，不成器。人不学，不知义”，所以说，读书是每个人认识世界、明辨是非、安身立命、学会做人做事的基础。要围绕立德树人这个根本，把培育和践行社会主义核心价值观作为推进中国特色社会主义伟大事业、实现中华民族伟大复兴的中国梦的战略任务并落到实处、收到实效。领导干部要率先垂范，减少应酬，摆脱“文山会海”的困扰，静下心来多读点书，先学一步、先行一步，以渊博的学识、超群的才能提升自己的人格魅力；国家机关工作人员要内强素质、外树形象，抛弃“骄、懒、散、奢”之陋习，把读书明智放在首位，

以高雅的语言表达艺术、高效的工作业绩提升自己的人格魅力；先富起来的企业家要知书识礼，远离“灯红酒绿，赌博休闲”之不良习气，养成“以文会友，读书求知”的良好习惯，以高尚的品行、诚实守法的信用提升自己的人格魅力。公共图书馆和新华书店等文化单位，要发挥“窗口”作用，积极开展国学典籍讲座，开展好书推介和读书竞赛等活动，为读者提供方便的求知平台。要发挥学校教书育人、文化艺术寓教于人、农家书屋书香惠民、新闻媒体传播正能量的功能，在全社会营造读书明智、勤奋成才的浓郁氛围，以健康向上、催人奋进的良好风气，提升全民族的人格魅力。

二、塑造优美高尚人格，贵在严于修身律己

《论语·述而》中“子曰：‘德之不修，学之不讲，闻义不能徙，不善不能改，是吾忧也。’”“曾子曰：‘吾日三省吾身。’”都说明古人把博学、修德、自省作为做人做事的座右铭，传统美德名扬千古。中国共产党十分重视对“修身律己”传统美德的传承与弘扬，毛泽东把“自觉改造自己”和“改造世界”相提并论。刘少奇在《论共产党员的修养》中，把道德修养上升到“改造主观世界”的实践高度，形成了具有中国民族特色的党性修养理论。直到进入改革开放、发展社会主义市场经济新的历史时期，党中央几代领导集体把“以德修身，严于律己”作为保持党的先进性的重中之重，经常告诫全党，特别是身居领导岗位的同志要“正人先正己，常怀律己之心”。以党员干部的优秀品质和高尚人格感召群众，引领风尚，推动社会文明的进步，带领全国各族人民为实现中华民族伟大复兴的中国梦而奋斗。

孔子曰：“见贤思齐焉，见不贤而内自省也。”就是说看到贤德的人要向他看齐，看到不贤德的人要在内心反省自己，看自己有没有与他相同的毛病。人，作为“万物之灵”，既是自然的人，又是社会的人，无论在什么样的社会形态里，都离不开社会，离不开人与人之间的交往。而人格是个人独特的性格，是气质、品质、特征、习惯、态度、能力等的有机结合。在培育和践行社会主义核心价值观的实践活动中，要“严于律己，宽以待人”，以宽阔的胸怀、宽容的姿态待人，能容人处且容人。俗语说

"人敬我一尺，我敬人一丈"，有容人之量的人在被他人尊敬的同时，更显示出自己的人格魅力。

三、塑造优美高尚人格，重在立足自觉修行

中共中央办公厅印发的《关于培育和践行社会主义核心价值观的意见》要求，"要重视社会主义核心价值观的培育和践行，使之融入基层党组织建设、基层政权建设中，融入城乡居民自治中，融入人们生产生活和工作学习中，努力实现全覆盖，推动社会主义核心价值观不断转化为社会群体意识和人们的自觉行动"。为此，各级党组织要高度重视，举办不同层次、不同类型的讲座会、报告会，让广大干部群众明白社会主义核心价值观的基本内容、精神实质、重大意义，并通过舆论宣传，形成社会共识，凝心聚力，自觉修行。要总结典型、树立典范，把评选"身边好人"和"道德模范"活动不断引向深入，形成"好人好事人人夸，坏人坏事人人抓"的良好社会氛围，使符合社会主义核心价值观的行为得到鼓励和赞扬，让违背社会主义核心价值观的恶习受到制约和谴责。

习近平总书记强调指出："生活在我们伟大祖国和伟大时代的中国人民，共同享有人生出彩的机会，共同享有梦想成真的机会，共同享有同祖国和时代一起成长与进步的机会。"社会主义核心价值观是每一个中国人共同的价值取向，需要每一个中国人共同遵循、自觉修行。《论语·里仁》中的"子曰：'德不孤，必有邻。'"就是指有德行的人不会孤单，一定会有志同道合的人来和他为伴。历史证明，"一盘散沙成就不了伟业，各行其是实现不了愿景"。我们要从自己做起，从点滴做起，把"你、我、他"整合为"大家"，形成向上的力量和向善的力量，以全民族的优美高尚人格展示中国精神、集聚中国力量、坚定中国道路。党的十八大提出的"到中国共产党成立100年时全面建成小康社会，到新中国成立100年时建成富强、民主、文明、和谐的社会主义现代化国家"的宏伟蓝图一定会展现在世人面前，国家富强、民族振兴、人民幸福的中华民族伟大复兴的中国梦一定能够早日实现。

（作者为中共怀集县委宣传部原副部长、肇庆市炎黄文化研究会理事）

第四编 优秀传统文化与青少年教育

中国传统文化中的优秀部分对于建构中华民族的价值观、伦理道德观起着不可替代的作用，教育应当继承和弘扬中华民族优秀的历史文化传统。在经济社会转型的新背景下，只有让中小学生不断汲取优秀中国传统文化中的精华和养料，提高思想、人文、道德素质，才会使思想政治教育达到事半功倍的效果。

以“仁义礼智信”为导向 加强青少年思想道德教育

李魁耀

我国当代青少年，生在新社会，长在红旗下，热爱党、热爱社会主义，拥护改革开放，意气风发，积极向上，接受新生事物，是大有希望的一代。但是由于封建残余思想的存在和市场经济的负面影响，以及西方腐朽思想和生活方式的侵蚀，青少年的思想也出现了这样或那样的严重问题。有些人出现信仰危机，不讲理想，只讲实惠，不想读书，不思进取；有些人崇尚拜金主义，贪图享乐，害怕艰苦，坐享父辈劳动成果，游手好闲，甘当不劳而获的“官二代”、“富二代”；有些人精神空虚，信奉鬼神，迷恋黄色书刊、影视、录像，留恋网吧，无心学习、工作；有些人不知法，不守法，行为失控，甚至走上违法犯罪歧途，参与黄、赌、毒，偷摸拐骗，打砸抢杀等。这些问题若不引起重视，不仅建设中国特色的社会主义事业后继乏人，而且无产阶级的红色江山也将不稳。这就给我们提出如何加强青少年思想道德教育的重大课题。

中华传统优秀文化，历史源远流长，内容博大精深，是中华民族精神之根和文化之魂，蕴含着丰富的思想资源和强大的精神力量。中华传统优秀文化宝库中，有“儒、道、佛”三家和历代文人墨客的许多经典，这些都值得我们学习、吸收和运用。笔者认为儒家提出的“仁、义、礼、智、信”观念，虽受历史条件限制，有为历代皇朝统治者服务的负面影响，但在对人民群众进行精神文化熏陶方面，仍不失为经典之作，体现了中华传统文化价值观的核心内容，对当今青少年思想道德教育具有高度概括性、深度启迪性。凭借古为今用、推陈出新精神，在社会主义核心价值观的统领和指导下，笔者拟把“仁、义、礼、智、信”分三个层次，联系实际谈谈如何以此来加强青少年的思想道德教育。

一、以“礼”为导向，加强青少年理想信念教育

儒家认为“礼”起着“强国家，定社稷，序民人，利后嗣”的作用，是立国的根本，克己复礼，天下长治久安。马克思主义是我们党的根本指导思想，是我们的共同信仰。中国特色社会主义代表广大人民的根本利益，是我们的共同理想，也是立国的根本、实现中国梦的根本。这两者的含义与礼的含义一脉相通。因此，我们应以“礼”为导向，对青少年进行理想信念教育，使他们坚信符合中国国情的中国式马列主义，也就是毛泽东思想、邓小平理论、“三个代表”重要思想以及科学发展观。中国特色社会主义理论使我国发生翻天覆地的变化，中国取得了民主革命、社会主义革命和社会主义建设以及改革开放的伟大胜利，并将乘胜前进夺取更辉煌的成就，坚定信仰，坚定对中国特色社会主义事业的信念，排除杂念，意志昂扬，奋勇前进。使青少年认识到中国特色社会主义道路是历史的选择、国情的赋予、时代的呼声、人民的期盼、科学的总结，从而增强建设中国特色社会主义的责任感和民族自豪感，满怀信心，为实现中华民族伟大复兴而自觉地把个人理想融入建设中国特色社会主义的伟大实践中，认真学习，努力工作，勇于探索创新，共同致力于国家富强、民族振兴、人民幸福的伟大事业。

二、以“智”为导向，加强青少年高尚情操教育

儒家认为“智”为个人认识世界、改造世界、安身立命的基础，孟子认为“是非之心，智之端也”，就是说，认识世界只有站得高、看得远，有高尚情操与精神，才能立于不败之地。这个高尚情操与精神，同我们现在所说的民族精神和时代精神相吻合，起到支撑民族发展的作用。因此应以“智”为导向，对青少年进行民族精神和时代精神的教育。

民族精神以爱国主义为核心，是衡量一个国家综合国力的重要尺度，是国家软实力的重要标志。在五千多年的发展史中，伟大的民族精神是中华民族赖以生存发展的情感纽带和精神支柱，是抵抗外族入侵、维护国家

统一、鼓舞人民奋发进取的精神旗帜。面对当今世界范围内各种思想文化的相互激荡和碰撞、西方腐朽思想和生活方式的侵蚀，我们必须把弘扬具有中国传统优秀文化的民族精神作为青少年思想教育的重要内容，从而不断增强青少年对中华民族的认同感、归宿感，增强其民族自尊心、自信心和自豪感，增强爱国意识、团结意识和发展意识，使其始终保持昂扬向上的精神状态，投身于学习和工作之中，以实际行动报效祖国。

以改革创新为核心的时代精神，是马克思主义与时俱进的理论品格同中华民族富于进取的思想品格相结合的产物，在改革开放和现代化建设中将产生新的成果、新的效益、新的动力。所有这些都将成为各族人民不断开创中国特色社会主义事业新局面的强大精神力量。我们要教育青少年认识到改革创新是我们时代明显的特征，一个国家、一个民族要实现繁荣昌盛，就必须始终坚持改革创新精神。我们国家发展的希望在创新，创新的希望在青少年。青少年要发挥朝气蓬勃、思维敏捷、最富有活力和开拓精神的优势，与时俱进，激发热情，奋发进取，勇为人先，提高勇气和创新能力，为实现中国梦作出应有的贡献。

三、以"信、仁、义"为导向，加强青少年道德教育

儒家认为"信"的含义是讲信用，诚实不欺，"主忠信"，"与朋友交，言而有信"，这是伦理规范。"仁"的本义是德性标准，"己所不欲，勿施于人"。"义"的本义是合情、合理、合法，"不义而富且贵，于我如浮云"，这是道德所为。这些伦理规范、道德标准和道德行为，对于当前加强青少年道德教育有着十分重要的引导作用。我们要从这一点出发，对青少年进行多领域、多渠道的道德教育，可从五个方面入手：一是学校教育。要教育学生遵守校规，尊重老师，团结同学，奋发学习，德才兼修。引导老师增强育人的荣誉感和责任感，学为人师，行为世范，做学生健康成长的指导者和引路人。二是社会教育。教育青少年文明礼貌，助人为乐，救死扶伤，爱护公物，保护环境，遵纪守法。三是职业道德教育。教育就业青年爱岗敬业，清正廉洁，艰苦奋斗，诚实守信，办事公道，服务群众，奉献社会。四是家庭美德教育。教育青少年尊老爱幼，男女平等，

夫妻和睦，勤俭持家，邻里团结。五是荣辱观教育。教育青少年讲正气，明是非，辨善恶，知荣辱，树新风，履行“八荣八耻”——以热爱祖国为荣，以危害祖国为耻；以服务人民为荣，以背离人民为耻；以崇尚科学为荣，以愚昧无知为耻；以辛勤劳动为荣，以好逸恶劳为耻；以团结互助为荣，以损人利己为耻；以诚实守信为荣，以见利忘义为耻；以遵纪守法为荣，以违法乱纪为耻；以艰苦奋斗为荣，以骄奢淫逸为耻。

（作者为肇庆市人大原副主任、肇庆市炎黄文化研究会名誉会长）

学典立德 修身育人

——肇庆市中华优秀传统文化教育课程建设

唐文明

2013年春季，肇庆市政府工作报告和全市教育工作会议根据党的十八大精神，明确提出了“全面推进优秀传统文化教育”的要求。肇庆市教育局大力推进中华优秀传统文化教育工作，制订了《肇庆市中小学开展中华优秀传统文化教育工作方案》（以下简称《方案》），全市各学校（含中职学校和幼儿园）开设中华优秀传统文化教育课程，以“学典立德，修身育人”为教学目标，确保有教材、有教师、有课时、有经费，在全市中小学实现了中华优秀传统文化“进校园，进课堂”，课程实施逐步进入提质阶段。

一、课程建设的背景

随着改革开放的深入和经济的快速增长，物质生活水平不断提高，东西方思想观念快速融合，生活方式发生了巨大改变。与此同时，历史原因导致的信仰严重缺失、利益分配严重失衡现状，使得全社会拜金主义风气和奢靡享乐主义盛行、诚信缺失、社会道德滑坡、社会浮躁、个人理性不足。因此，只有建立一套有中国特色的社会主义核心价值体系，拨乱反正，正本清源，才有可能引领中国走向物质富裕、精神丰饶的光明未来，实现美好的中国梦。

2012年11月8日，党的十八大报告提出了“三个倡导”，首次以富强、民主、文明、和谐，自由、平等、公正、法治，爱国、敬业、诚信、友善二十四个字，概括了社会主义核心价值观的主要内涵。“社会主义核心价值观的凝练和提出，既是我国社会主义建设、改革历史与现实发展的必然要求，又是应对我国正处于全面深化改革关键时期所面临的复杂形势与时代的需要。”肇庆市的《方案》就是在十八大的背景下应运而生的。

两年后，十八届三中全会指出，要“加强社会主义核心价值体系教育，完善中华优秀传统文化教育”；习近平总书记多次在讲话中强调社会主义核心价值观与中华优秀传统文化教育的重要价值和意义。《2014年教育部工作要点》明确：“切实加强和改进德育工作。深化中国特色社会主义和中国梦宣传教育。深入开展社会主义核心价值体系教育，积极培育和践行社会主义核心价值观，制定并实施中华优秀传统文化教育指导纲要。”2014年4月2日，教育部发布《完善中华优秀传统文化教育指导纲要》(以下简称《纲要》)，明确了中华优秀传统文化教育“立德树人”的根本任务。很显然，中华优秀传统文化教育与积极培育和践行社会主义核心价值观、实现中国梦有着密不可分的关系。

二、课程性质的把握

“中华优秀传统文化”进课堂，要按照教育现代化的要求，通过形成常态化的课程教学，达到长期目标，即“让中小学生在传统文化的滋养中养成良好的道德行为规范、健全的人格，使他们提高文明素质，形成正确的价值观、人生观；用国学经典传统文化之光，照耀和指引孩子们健康成长，使其终身受益，并让他们勇于担当复兴中华民族的伟大使命”。这有别于一般的学校德育。要讲授《中华传统文化经典汇编》中的12部传统文化经典，这又有别于一般的古典文学教学。教什么、怎么教，对于广大中小学教师来说，是一个全新的挑战。首要的问题，就是要准确把握传统文化教育课和语文课、思想品德（思想政治）课的区别与联系。

中华优秀传统文化教育是对传统文化的科学、现代的传承，育人为本，立德树人，培养学生良好的思想道德素质，促进学生全面发展，这与《纲要》提出的“培育和践行社会主义核心价值观”相一致。这就意味着我们的课首先要“学传统”，也就是“读经典”。学生通过诵读等有效方式，了解、熟悉、理解、评价经典，对经典去糟粕取精华，从而达到继承的目的。而不是像有些老师所做的那样，只是借助经典中的有关章句，甚至是完全断章取义地任意联想和拓展，上成思想品德教育课。

我们的统一教材是12部经典（文言文），且大部分是先秦时期的古文。所以，在教学过程中，疏通文意是必须要做的。有不少经典章句，因为现代人经常作为成语警句引用，所以对于师生来说，并不是艰涩难懂的。灵活运用不同的诵读方式，让学生熟悉课文就好了，书读百遍，其义自见。在此基础上，适当结合一些历史故事和现实案例，引导学生认识经典对于现代生活、自身生活的启发和意义，用经典来提高自身的道德修养，从而达到“学典立德”的教育目标。有些老师自己钻进了教材，一不小心就把自己研读文本的过程重现在课堂上，让学生跟着自己辨音、析词、解读句子，上成了语文课。

自2013年9月以来，肇庆市各县区陆续开展中小学优质课评比和研讨，涌现了一批优质课例。这些课例都能呈现这样一个教学流程：诵读经典—理解经典—拓展延伸（领悟和实践经典）—背诵经典，较好地把握了中华优秀传统文化教育“传承经典，立德树人”、“培育和践行社会主义核心价值观”的课程性质。

三、课程教学目标的设定

习近平总书记在2013年8月全国宣传思想工作会议上提出了宣传阐释中国特色的“四个讲清楚”的要求，详尽阐释了中国特色的丰富内涵。《纲要》指出，“中华优秀传统文化是中华民族语言习惯、文化传统、思想观念、情感认同的集中体现”。中华优秀传统文化教育，就要遵照“四个讲清楚”的精神，从上述各个方面来设定教学目标，多维度全面落实教学。

作为课程内容，中华优秀传统文化教育课的教学目标必须依据教育部《基础教育课程改革纲要（试行）》提出的“知识与技能”、“过程与方法”、“情感态度与价值观”三个维度来完成。根据课程教学内容和课程教学目标准确把握这三个维度，上课就不会随便偏移到思想品德课或者语文课上去。

其中，“知识与技能”、“过程与方法”这两个维度，都与其他课程大同小异。当然，还是要体现课程的性质特点：前者侧重于了解经典，掌握一到两种诵读的方法，背诵一定量的章节或句子，掌握经典中若干个现在常用的词语，了解相关历史人物或历史故事，用理性的态度、科学的方法学习并领悟传统文化等。由于经典的学习强调“要以诵读为主”，所以在教学中教会学生了解传统唱、吟、诵、念的读书方法，让其掌握至少一种诵读的方法很有必要。后者侧重于如何营造氛围、运用媒体、实施教法、组织课堂、理解教材等。

重点设定目标是“情感态度与价值观”这一维度：培养学生对中华优秀传统文化的兴趣和情感，强化其民族文化认同和民族情感归属，体现中华传统文化健康向上的道德价值取向；培养学生树立良好的思想品德及行为习惯，达到明理导行的学习效果；引导学生明确优秀传统文化与现在的社会主义先进文化的密切关系，认识中华优秀传统文化理念是沟通过去与未来中国梦的重要理念。

四、课程内容的选择

要“坚持针对性与系统性相结合”，分学段有序地推进中华优秀传统文化教育。依据教育部相关课题研究的概念界定，将“中华优秀传统文化”界定为“国学经典”、“民族艺术”、“民俗文化”三大部分，这也是中华优秀传统文化教育进课堂的重要内容。下面比较一下目前最常见的三种教材，以说明肇庆市选用自编教材的原因。

第一种是由中国国学文化艺术中心编写的人教版《中国传统文化教育全国中小学生实验教材》。此教材将上述三大部分作为总的编辑方向，收入《弟子规》、《三字经》、《千字文》、《声律启蒙》、《中国古典诗词欣赏》(诗卷与词卷）以及《论语》、《孟子》、《孙子兵法》、《大学》、《中庸》、《老子》、《古文观止》等经典读物，部分经典采用全文，部分经典采用节选方式。在每册书中还加入了“民俗文化与艺术”教学模块。此教材内容丰富，有较高的质量和较好的规范性。

第二种是由中华书局引进、出版的在台湾地区高中必选课教材基础上修订的《中华文化基础教材》。中华书局在内容体例上进行了特色编排，内容以儒家经典“四书”为主，面向高中学生进行分类讲解，内容翔实，架构完整，深入浅出地讲解《论语》、《孟子》、《大学》、《中庸》的思想精髓。颇有新意的是结合“今人今事”与“历届大考试题”，帮助学生了解“四书”经典。

第三种就是肇庆市目前使用的《中华传统文化经典汇编》（肇庆市教育局德育科编辑出版）。此书具备上述两套教材的特点，既较好地体现了道德行为习惯的养成和启蒙教育，又能结合培育和践行社会主义核心价值体系，以“四书”为重点，进一步体现“儒、佛、道”的基本思想体系。课程安排顺序是由幼儿园和小学低年级的蒙学经典——《弟子规》、《三字经》、《千字文》、《孝经》，到小学高年级和初中七、八年级的“四书”——《大学》、《中庸》、《论语》、《孟子》，到九年级至高二的“儒、佛、道”经典选读——《老子》、《寿康宝鉴》、《礼记》，最后是高三的“中华文化之源”——《易经》，由浅入深，循序渐进，符合学生的认知规律，有一定的系统性和完整性，不宜随便割裂“混搭”。

根据教材内容，教学中要注意三个问题：

首先，一定要有整体的规划，保证每一节课的教学容量。不能蜻蜓点水、断章取义，就算学习了一部经典。课堂的时间有限，讲解要把握重点，其他内容，让学生多读。课堂上读不到的，就安排学生用早读、晚读、课前时间自己读。一些学校利用上学、放学及课间的零碎时间，播放教材录音，营造经典诵读的氛围，让学生在耳濡目染中接受经典，这不失为一种积极有效的教育途径。

其次，要结合不同经典的内容和语言特点来组织教学。比如对儒家“仁、义、礼、智、信”的表达，《论语》侧重于讲君子的修养，与《孟子》中的士大夫精神是有区别的，这跟作者的思想性格有关，也跟特定的时代有关。这些不一定都要跟学生讲，但是老师应该心中有数。《论语》的循循善诱、诲人不倦，《孟子》的正气浩然、雄辩滔滔，个性和语言特点也很鲜明。而“儒、佛、道”三家的经典，也很能体现中国人民族精神的不同层面。让学生体会到这些特点和不同，有助于提高学生的学习兴趣，有助于传承和发扬中华优秀传统文化，建立和践行社会主义核心价值观。

最后，根据《方案》的要求，要结合学校的实际情况，拓宽教育渠道。组织、举行经典诵读大赛、传统文化知识竞赛、书画比赛、名人名家故事演讲比赛、传统文化专题晚会等形式多样的主题活动；利用寒暑假、传统节日、重大纪念日等有利契机组织学生开展传统文化教育实践活动，寓传统文化于丰富多彩的活动之中。结合市教育局下发的《中小学生中华传统美德行为指引》，引导学生在实际生活中深入了解传统文化的丰富内涵，按照要求，循序渐进，不断规范学生的行为。

五、课程教学方法的灵活多样

中华优秀传统文化教育，要有现代意识、新课程意识、素质教育意识。教学设计要大胆创新，方法要灵活多样，细节选准用好。为了帮助教师更好地开展教学，我们进行了全市的课程规划和教案设计协作交流，呈现了丰富灵活的教学模式。由于各地、各学校的情况以及师生的个性差异，教学方法依然需要结合实际，因材施教。此外，学习经典，“诵读”始终是最主要和最有效的途径。我们在《方案》中明确指出“要以诵读为主”，目的就是要继承中华传统的启蒙教育方针——直面经典，不求甚解，但求背熟，终身受益。根据心理学家的研究成果，人的记忆只在13岁前发展，而记忆是一切学习的基础，儿童阶段是读经典著作的最佳年龄段，因为学习语言是愈早愈好，文化的熏陶也是愈早愈有潜移默化之功效。台湾研究机构对读经的学生作了追踪调查，结果发现读经的显著效果有三点：一是识字量大幅度增加，增强记忆力，58.8%的学生表示识字变多了，54.9%的学生表示在背诵课文时速度明显加快。二是可以增强理解力，57%的学生在做各科试卷时对题目及文章的理解力明显增强。三是读经的孩子德育表现更佳，行为更规范，更乖巧懂事、易沟通。儿童心性纯净，该记忆的时候让他记忆，不该理解的时候不强求理解。根据我们的访校记录，课程实施不到一年，无论是城区还是乡村的学生，都已经能熟读或背诵相关经典选段，学生通过学习经典，尊师行孝等行为有明显的改善，日常行为更趋规范，学风校风更因此见好转。

所以，要及时地把含义无穷、具有教学价值的文化经典灌注在孩子的心灵深处，中华优秀传统文化和体现这种文化的社会主义核心价值体系，就会根植在这些孩子的心中。一个人的文化储备愈雄厚，其发展潜力就愈大，将来在事业上成功的可能性就愈大。这正是我们开展中华优秀传统文化教育的最终目标。

综上所述，我们要更好地推行中华优秀传统文化教育课程，要提高对课程的认识，深入理解习近平总书记有关讲话的精神，学习了解《纲要》的内容。要自觉提高传统文化素养，结合现代先进的教育理念，用灵活多样的教学方法和手段，让中华优秀传统文化教育符合新课程标准，并服务于素质教育。要让中华优秀传统文化教育植根于历史与现实中，着眼于师生和学校的发展，着眼于民族精神的传承和国家未来的前途，为实现中华民族的伟大复兴发挥作用。

（作者为肇庆中学高级教师、炎黄文化研究会理事）

试论以优秀传统文化教育为抓手，培养中学生的良好品格

温金容

过去在校学生接受优秀传统文化的教育是相当有限的，他们只能从语文教材里接触一点古典诗词。《全日制义务教育语文课程标准》要求学生背诵古今优秀诗文，仅推荐古诗文135篇（段），所以学生对于“四书五经”文史典故中的儒家道德精髓知之甚少。随着市场经济的迅速发展，多元文化思想对中国文化产生了一定的冲击，青少年的道德教育中也比较缺乏优秀的传统文化内容，这致使部分青少年道德缺失、精神贫乏。2013年上半年肇庆市为进一步传承和弘扬中华优秀传统文化，培养青少年良好的思想品德，在全市中小学（含中职学校和幼儿园）开设中华优秀传统文化教育课程。

经过一年的实践，教师们注意到中国传统文化博大精深，它是中国几千年来一代又一代人的劳动成果和智慧结晶，它是中国孩子们最好的德育教材来源，其教育意义是无可比拟的。学校是进行道德教育的重要阵地，初中阶段是一个人人生观、世界观、价值观走向成熟的最重要阶段。因此，重新审视优秀传统文化教育对中学生养成良好的品格是很有必要的。

一、运用中华优秀传统文化培养中学生的良好品格

中华优秀传统文化进校园之初，我们对学校学生的品格作了一番调查。问卷调查显示，当前部分中学生不懂得尊重他人，甚至不尊敬师长，动不动就和父母大发脾气，不把父母放在眼里；做人做事不讲信用，缺乏诚信的现象时有发生；也有些学生心理素质较差，自大与自卑并存，缺乏

自尊、自强意识；还有些学生存有崇洋媚外的心理，认为外国的任何东西都比中国的好等。这些问题如果不能得到关注并加以引导和解决的话，会给他们的成长带来很大的负面影响，甚至会葬送一些青少年的美好未来。针对调查结果我们须注意引导学生培养以下几种良好品格。

1.传统文化进课堂，让学生立孝道之德

教育孩子需要遵循教育的规律。正如《大学》所说的“知所先后，则进道矣”。做任何事情都有一个先后的顺序，教育也不例外，这个次序是不能颠倒的。教育正确的顺序是《弟子规》中讲的“首孝悌，次谨信，泛爱众，而亲仁，有余力，则学文”，也就是说要先让孩子了解正确的为人处事的原则，然后才让他学习知识技能。为什么要坚持这样的顺序呢？因为如果一个人对父母长辈谦恭的态度还没有树立起来，即使学习了很多的知识技能，那么他是学得越多越骄傲，学得越多越不把老师和父母放在眼里。这样的孩子已经无形地给自己设置了很多障碍。

在中国的传统文化中，尽管“儒、佛、道”三种并行的文化不尽相同，但对“孝”的理解和认同是一致的。例如，传统的儒家文化是以孝为核心的主流文化，认为“孝悌也者，其为仁之本欤”（《论语·学而》）。仁是儒家思想的核心，而孝是仁之根本。道家是与儒家直接对立的，它反对孔子的“有为”思想，提倡“无为”哲学，但在孝的认识上基本是统一的。老子提出，“大道废，有仁义；智慧出，有大伪；六亲不和，有孝慈；国家昏乱，有忠臣”（《老子·第十八章》）。在老子看来，孝慈是人之根本，有了孝和慈，亲属之间才不会有纷争，人才会老有所养。在佛教方面，更是提倡大慈大悲，对父母尽孝是以慈悲为怀的重要体现。可见，“儒、佛、道”三种文化都强调尽孝是人之根本，是天经地义的事。一个能遵循孝礼的人，绝对不会妄自尊大，凡事都能做到“不忘其本”，更懂得珍惜所拥有的一切；一个不孝的人则易忘本，通常表现为唯我独尊、唯利是图。因此，对中学生进行孝道教育是很有必要的。

2.传统文化进课堂，让学生立诚信之德

自古以来，就有“人无信而不立”的说法，它是衡量个人品行优劣的道德标准之一。以传统文化中的诚信观点，对青少年进行诚信教育，对即将步入社会生活的他们来说尤为重要。肇庆市“中华优秀传统文化读本”里初中学生必读的《老子》中有关诚信的名言警句就有“夫轻诺必寡信，多易必多难”（《老子·第六十三章》）、“信言不美，美言不信”（《老子·第八十一章》）等十多处。孟子也把诚信看作做人的根本。他从分析每个人所面对的复杂的社会关系入手，由外层推及内层，由他人推及自身，由外表推及内心，层层递进，环环紧扣，指出了诚信的重要性。“居下位而不获于上，民不可得而治也。获于上有道，不信于友，弗获于上矣。信于友有道，事亲弗悦，弗信于友矣。悦亲有道，反身不诚，不悦于亲矣。诚身有道，不明乎善，不诚其身矣。是故诚者，天之道也；思诚者，人之道也。”（《孟子·离娄上》）由获得上级的信任到获得朋友的信任，由获得朋友的信任到获得亲人的欢心，由获得亲人的欢心到反思自己的诚意，由反思自己的诚意到懂得什么是善。一个人要想在社会上安身立命，获得上上下下的信任，必须“思诚”。以诚待人接物，以诚处事，才能“获于上”、“信于友”、“悦亲”、“诚身”，这是做人的正道。

3.传统文化进课堂，让学生立自尊自强之德

中国传统文化中蕴含的中华民族精神，是培养、激发青少年的民族自尊心、自信心，树立民族自豪感的重要因素。民族文化是民族精神的客体，民族精神是民族文化之主体。传统文化与民族精神这一辩证统一关系，决定了我们在对青少年进行民族精神教育时，离不开传统文化教育，诸如刚毅奋进、积极进取的人生态度，“天下为公”、“世界大同”的理想精神。《周易》中的“天行健，君子以自强不息；地势坤，君子以厚德载物”，意思是说作为君子，应该有坚强的意志、永不止息的奋斗精神。努力加强自身修养，完成并发展自己的学业或事业，这样做才能体现天的意志，不辜负宇宙赋予君子的职责和才能。“自强不息”就应当效法自然界生生不息、日新月异的精神，就应当自力更生、发奋图强、不断前进、勇于拼搏。“自强不息”是一种积极的人生态度，对生活充满信心，生命不息，战斗不止。青年学生更需要这种精神。

4.传统文化进课堂，让学生立爱国之德

《礼记·礼运》所描述的“天下为公”的“大同”社会，就是对儒家的思想家们的社会理想的描绘。这种社会理想，正表现出他们关心国家民族的志向。中国优秀传统文化，在孕育、抒发历代民族精英的爱国之情、报国之志方面，其载体作用和枢纽效应功不可没。那种气贯长虹、一脉相承的鸿论远识更是余音绕梁，不胜枚举：屈原的“鸟飞反故乡兮，狐死必首丘”；司马迁的“常思奋不顾身，以殉国家之急”；曹植的“捐躯赴国难，视死忽如归”；李白的“国耻未雪，何由成名”；岳飞的“精忠报国”；文天祥的“人生自古谁无死，留取丹心照汗青”；顾炎武的“天下兴亡，匹夫有责”。这些诗篇箴言无不表现出作者们对祖国前途、民族命运的担忧以及保家卫国的神圣责任感。中国人爱国，对自已的国家有着非笔墨可形容的深厚感情。爱国诗人陆游在遗作《示儿》中写道：“死去元知万事空，但悲不见九州同。王师北定中原日，家祭无忘告乃翁。”他对死亡泰然处之，临终时还念挂着国家民族的安危，是多么可敬可佩啊！北宋著名文学家及政治家范仲淹，忧国忧民，其“先天下之忧而忧，后天下之乐而乐”的精神，充分反映出他“以天下为己任”、“国家兴亡，匹夫有责”的高尚情操。翻开中国历史，这样为国家、社稷鞠躬尽瘁、死而后已的人物比比皆是，林则徐、孙中山、周恩来等，真是数之不尽，这些都是我们培养学生爱国情怀的优秀教材。

二、如何运用中华优秀传统文化培养中学生的良好品格

1.端正态度，目标明确

应态度端正地开展中华优秀传统文化教育，不能因它不是中考科目而忽视。我们要注意两个问题：一是科学有序地落实肇庆市的《肇庆市中小学开展中华优秀传统文化教育工作方案》和端州区教育局的“十个加强”。按照肇庆市的统筹安排，初中生必读《孟子》和《老子》。对于这两本必读书我们从学校层面作了整体的规划，安排好每一节课的教学容量，不蜻蜓点水，不断章取义。课堂的时间有限，讲解时把握好重点，其他内容让

学生多读。由语文教师和班主任负责利用每周一节中华优秀传统文化课和语文课前三分钟以及放学前的五分钟等时间组织学生诵读。老师把这两本书的内容分类、整理出来，确定每节课的上课内容，讲解作者的观点或经典名句。二是目标明确。教师在制定教学目标的时候就应非常明确学典立德、以德树人的理念，并形成“诵读—理解—拓展（导行）”的教学模式。

2.营造氛围，耳濡目染

为了更好地把中华优秀传统文化教育工作推进校园，进一步将国学经典的思想和精神润泽到学生心灵的深处，让学生潜移默化地感受到传统文化的厚重、温润和美好，肇庆市第五中学打造了179.86平方米的以“中华厚蕴”为主题的国学墙，利用课室黑板报挖掘传统节日的内涵、利用风雨场的移动板报展示师生们的优秀作品，使全校师生在日常生活中都能感受到一种浓浓的传统文化氛围，让博大精深的优秀传统文化入眼。另外，学校广播站每周安排两天播放关于中华优秀传统文化的内容，让源远流长的优秀传统之音入耳。

3.丰富内容，创新形式

因为现在的在校学生并没有系统地接受传统文化教育，我们根据需要补充了《弟子规》、《论语》、《孝经》等传统文化书目，并带领学生诵读，特别是一些经典名句，让学生在读整本书的基础上揣摩相关句子的含义，丰富了教学内容。根据不同主题，创新活动形式，使活动常办常新，不落窠臼。一是以传统节日为结合点，注重民族文化的熏陶。学校在春节、端午、中秋、重阳等传统节日举办不同主题的系列活动，挖掘节日内涵，领会民族精神。二是举办一系列的诵读比赛。如2014年第2学期举行了主题为“诵读华夏经典　传承中华文明”的国学经典诵读比赛：七年级学生诵读《弟子规》，八年级学生诵读《大学》，九年级学生诵读《老子》，学生通过诵读积累了知识，规范了自己的行为。三是开展每年一次的大型传统文化综合展演。2013年12月31日，学校举行了“传承经典　放飞梦想”元旦文艺会演，师生们用朗读、吟诵、歌唱、舞蹈、书法等多种形式演绎传统文化，还开展手抄报、书法、武术等活动。这些活动加深了学生的传统文化底蕴，丰富了学生的课余生活。

学校的传统文化教育，让中学生在了解中华优秀传统文化知识的同时，还领悟了传统文化精华，弘扬了传统美德，激发了传统民族精神，学会了做人的道理，培养了良好的品格，从而树立了正确的人生观、价值观和世界观。

（作者为肇庆第五中学高级教师）

浅谈国学教育对中学生思想道德和行为习惯的积极影响

庞俏冰

国学经典不仅是泱泱中华蓄聚五千年文化实力的明证，更是每一个炎黄子孙不可或缺的行动总纲和精神源泉。近年来，社会道德逐年滑坡成为不争的事实，部分中学生骄纵、叛逆，既无长幼之尊卑，更无法纪之威严。中学生的道德问题正成为现实和未来社会和谐构建的道德障碍，这促使我们不得不去反思教育，回归传统，重读国学经典。时下，重读国学经典在中小学教育中蔚然成风，甚至引领着新的德育潮流。作为一名中学班主任兼语文老师，笔者认为中学生品读国学经典，既能修身养德、静心怡情、见贤思齐、常思己过、汲取历经岁月沉淀的人生哲理，又能进入“腹有诗书气自华”之境界。

笔者秉承孔圣人“因材施教”的教育古训，首先摸清了本班学生的思想状况，结合七年级学生的心理特点和认知水平，有的放矢地设计国学经典诵读计划，具体安排如下：新生教育期间，品读《三字经》、《弟子规》；学期中品读《孟子》、《礼记》；学期末品读《论语》、《诗经》；寒假品读《孝经》、《颜氏家训》。

笔者分四个阶段引导学生循序渐进地品读国学经典，采取齐读、小组读、男女读、竞赛读、老师示范读、学生模范读等多样化的形式，希望学生能在朗读中感受国学经典的魅力，汲取国学经典的精神营养，从而提升思想道德素养，培养良好的行为习惯，做一个有理想、有道德、有文化、有纪律的有为青年。

这个品读计划，实施了一个学期，笔者认为本班学生在道德素养和行为习惯上都发生了积极的转变，解决了学生 “我不能做什么”和“我应该做什么”两大困惑问题，发挥了育人功能。

一、我不能做什么

"我不能做什么"，即学生把外在的纪律约束转化为内在的自我要求，将老师管束转化为纪律自觉，树立严明的纪律观念和培养良好的学习态度。

只有一个班级的纪律有保证，才能培养学生良好的学习态度。纪律教育是德育工作的重要内容，纪律管理是班主任工作的首要任务。一支军队没有纪律就没有战斗力，一个班级没有纪律就没有管束力、向心力、凝聚力。

1.纪律不能自由散漫——"不以规矩，不能成方圆"

一直以来，我们都苦口婆心地教育学生要遵守纪律。但在学生看来，我们的教育只是一种要求、一种命令，我们的用心良苦是生硬死板的束缚。因为我们的教育没有从根本上让学生明白为什么要遵守、让学生从内心深处认识到纪律的重要性。我们的教育只是外在的粗暴强加，而忽略了学生的内化认同。学生的纪律约束不是出于内在的自我要求，自然就很难外化为一种自觉的约束行为。

上学期，笔者所带班的学生课堂纪律观念较差，很多学生自我约束能力比较弱，意志不坚定，尤其是自习课，一旦缺少教师的管束，就无法自觉遵守纪律，静心投入学习中去。为此，笔者批评了学生很多次，也不见效果。于是，笔者从国学经典中寻找教育的突破口。每天语文课前五分钟，笔者给他们读一条国学经典中关于做学生要有纪律观念的句子，然后给他们讲解，再让他们每天背诵。例如，教育学生不能违反集队纪律时，笔者就给他们朗读《弟子规》中的"步从容，立端正，揖深圆，拜恭敬，勿践阈，勿跛倚，勿箕踞，勿摇髀，缓揭帘，勿有声，宽转弯，勿触棱"，并且给他们讲解，让他们知道集队的时候该怎样做；再如教育学生不能聚众闹事、惹是非的时候，就会和学生一起学习《弟子规》中的"勿模糊，彼说长，此说短，不关己，莫闲管"、"斗闹场，绝勿近，邪僻事，绝勿问"，让他们明白其中的要害。经过一个学期的以国学经典为内容的教育，学生在集队时都能快、静、齐地集中；课堂上说话的现象减少了；自习课不说话、不离开座位、不讨论问题的纪律约束也逐步形成。学生能够自觉遵守纪律，树立了严明的纪律观念。

2.学习不能马虎懒惰——“业精于勤，荒于嬉”

“自古明王圣帝，犹须勤学，况凡庶乎！”（《颜氏家训·勉学》）古训告诫我们学习不能马虎懒惰，最根本的是端正学习态度。学习态度是学生价值取向的一种直观映射，它直接影响着学习的质量和效率。许多研究表明，具有良好学习态度的学生，都能够在学习和记忆上保持更高的专注度和持久性。也就是说，良好的学习态度是提高成绩、保持优秀的重要保证。因为，他们能沉得住气，人定心静，善于钻研，勤能生巧，讲究方法。而从班级管理的角度分析，个别学生懒散的学习态度极容易像病毒一样扩散到全班，这势必会对班风、学风造成不容忽视的负面影响。在教育实践中，笔者深刻感受到学生处于“不想学”却被父母、师长强迫“要我学”的困境，如何激发学生学习的动力，让学生从“要我学”转化为“我要学”，成了笔者近年来一直在深思与探索的课题。下面是笔者借助国学经典所做的一些粗浅尝试，确实对学生在学习态度方面的转变起到积极的作用。

每周的班会课，笔者都会专门找国学经典中一些关于学习态度方面的内容来作为班会主题。例如，《论语》中的关于学习态度的“不耻下问”、“知之为知之，不知为不知，是知也”、“三人行，必有我师焉；择其善者而从之，其不善者而改之”；《礼记》中的“博学之，审问之，慎思之，明辨之，笃行之”……以上这些都是蕴藏于国学经典中关于学习态度的主题班会教育资源。为了激发学生的兴趣和达到教育目的，笔者提前布置他们以四人为一个小组，搜集相关资料，然后以选择题或填空题的形式，让他们在主题班会上进行抢答或者对答。

另外，笔者每个月都会整理学生搜集的资料，把优秀的内容粘贴在“学习园地”，供全班同学学习。召开家长会的时候，笔者还会把这些内容复印并派发给每位家长欣赏。这就大大激发了学生学习国学经典的兴趣，而学生也越来越喜欢以国学经典为内容的主题班会教育，他们也在国学经典的快乐学习中培养了良好的学习态度。

二、我应该做什么

“我应该做什么”，即让道德显于“有所不为”，彰于“有所为”，育人即美德倡导，引导学生见贤思齐，让学生学会抑恶扬善、崇德向善。

对一个人进行道德评判，不仅要看他约束自己不做什么，更要看他驱使自己做什么。正所谓“君子有所为，有所不为也”，亦如诸葛亮云“勿以善小而不为，勿以恶小而为之”。师者，传道授业解惑者也。作为一名人民教师，肩负着教书育人的神圣使命。育人，即美德倡导，教导学生抑恶扬善、崇德向善，让传统美德的种子扎根于学生的心灵深处，让真善美的花朵绽放于班级、学校乃至整个社会间，让善念、恻隐、悲悯成为一种内发情感，使学生能够诚实守信、勤俭节约、入孝出悌……总而言之，当善成为一种需求时，当美德成为一种习惯时，我们的教育才真正完成了育人的使命。

然而，道德品行是最难教的，它需要从小至大的言传与身教，尤以身教为重。国学经典的意义不在于背诵圣贤名言，而在于让学生通过口诵心记，久熏成习，久习成性，于耳濡目染、潜移默化之中渐臻顿悟之境，随年岁、阅历增长，其悟亦愈深。

1.诚实守信——“人而无信，不知其可也”

诚信，是人生的命脉，是一切价值的根基。在教育实践中，笔者认为最重要的是诚信教育。因为笔者始终认为，诚实守信是人之为人最基本的底线。

有一天，班里一位女同学哭着跑来我的办公室，呜咽着说有同学骂她是小偷，她觉得委屈。经过一番安抚，等她停止了哭泣，我才弄明白情况，原来是同桌之间的“小误会”。原来，这个女同学没有征得同桌的同意就拿了她的笔去用，同桌回来发现了就指着她并骂她是“小偷”。我听完她的诉说，轻轻地笑了笑，并没有直接评说谁是谁非。我这样对那个女孩说：“咱们班曾经背诵的《弟子规》，你还会背吗？”她点点头。“我们一人一句对背，好吗？”她答应了。当我们背到“用人物，须明求，倘不问，即为偷”时，她擦干了眼泪，有点不好意思地停了下来，并说：“老师，我知道自己错了。”“人无信，则不立”，一个人，诚信都丧失了，何来尊严？

2.勤俭节约——“侈而惰者贫，而力而俭者富”

《朱子治家格言》云：“一粥一饭，当思来处不易；半丝半缕，恒念物力维艰。”这是中华民族矗立于世界民族之林的精神脊梁，是即使在物质文明高度发达的今天也依然不能摈弃的巨大的精神财富。诸葛亮在《诫子书》中曰：“静以修身，俭以养德。”但是，当下的学生大部分是彻底脱离了农业生产而只经历了消费环节的非农新生代。绝大多数的学生根本不知道每天所吃的米饭、面包、牛奶、猪肉等是怎么来的，更不用说知道每一粒米、每一寸布背后所付出的艰辛劳动。因此，笔者在教育实践中，常常从国学经典里摘章引句，教导学生勤俭节约。

有位家长说，有一次带孩子去名牌店买衣服，孩子看见她挑了那么华贵又不实用的衣服，竟然冒出一句“衣贵洁，不贵华，上循分，下称家”来提醒爱穿名牌的她不用买太华贵的衣服，只要大方得体就可以了，这让她很是吃惊。由此可见国学经典潜移默化的影响远胜于枯燥的说教。

3.孝顺父母——“不顺乎亲，不可以为子”

百善孝为先。孝顺父母，是中华民族的传统美德。然而，在物欲膨胀、享乐主义抬头的当今社会，生活在极度优越的物质条件下的新生一代往往娇生惯养、自私自利，不懂体贴父母，不思知恩图报。对学生的感恩教育应首先从孝顺父母开始，这样的感恩教育遵循了学生情感发展的规律，使我们的教育不会“凌节而施”。因此，在本学期，笔者逐步引导学生诵读国学经典《弟子规》、《孝经》，希望学生通过学习国学经典，懂得孝顺父母。

“父母呼，应勿缓，父母命，行勿懒，父母教，须敬听，父母责，须顺承。”（《弟子规》）这句话的意思是父母亲的呼唤，应该立即应答，不应迟缓；父母亲叫你做的事情，应该执行而不该懒惰对待，要赶快去做；父母亲的教诲，需严谨听从，恭敬地倾听；父母亲的责备，不能顶嘴，应该顺从他们。“身体发肤，受之父母，不敢毁伤，孝之始也。立身行道，扬名于后世，以显父母，孝之终也。夫孝，始于事亲，中于事君，终于立身。”（《孝经》）这虽有封建迷信、阶级观念等局限性，但去其糟粕、取其精华，可引导学生领悟字里行间关于“孝”的亘古价值，亦能达到育人尽孝的价值功用。

我班区××同学是独生子，是家里的“小太阳”，对父母不“知恩”，不“感恩”，认为父母养育自己是理所当然的。据家长反映，区××在家从来不干家务，父母多问两句，他稍有不顺，便大发雷霆。笔者并没有直接找区××进行批评教育，而是从他比较喜欢看书这一习惯切入，以闲聊的方式先了解他对家庭、对父母的看法，掌握其思想动态。经过几次聊天和一段时间的观察，我发现他很在乎老师对他的看法。我多次在班上表扬他，也号召全班同学向他学习，多看课外书。抓住这个契机，我引导他背诵《弟子规·入则孝》短文，并且和他交流心得体会。期中考试后的一次家长会，他母亲来参加家长会，说儿子懂事了，晚上回家都会自觉地做家务，还越来越喜欢看国学经典类的书籍了。

国学经典走进了中学生的日常生活，走进了他们的家庭，规范着他们的日常行为，成为中学生成长路上的指南针。笔者认为应该大力提倡国学经典教育，通过多种学习方式，充分调动学生学习国学经典的积极性，让学生积极主动地去领悟国学经典的魅力，接受传统文化的熏陶，从而使学生提高审美鉴赏能力，养成良好的行为习惯。

（作者为肇庆市第五中学教师）

运用中华传统文化加强青少年思想品德教育

李国金

中国传统文化是中华民族五千年文化的积淀，是世界优秀文化的重要组成部分。中国传统文化中的优秀部分对于建构中华民族的价值观、伦理道德观起着不可替代的作用，教育应当继承和弘扬中华民族优秀的历史文化传统。在经济社会转型的新背景下，只有让中小学生不断汲取优秀中国传统文化中的精华和养料，提高思想、人文、道德素质，才能使思想政治教育达到事半功倍的效果。有的孩子因为在家里是独生子女，心理素质和承受能力比较差，所以看重自我、以自我为中心、自私自利，这些现象比较明显。青少年正是人生观、价值观形成的关键时期，面对竞争激烈、日新月异的社会，我国的现代化建设需要的是有才有识、德才兼备的人。当前青少年思想道德建设仍然在一定范围内和一定程度上面临着新挑战，而中国传统文化是一座文化精神财富的殿堂，学习传统文化有利于提高中小学生的思想道德素质，铸造青少年顽强的意志力和自强精神，培养其爱国主义情感，实现综合素质的全面发展。那么，如何更好地运用中华传统文化教育提高青少年的思想道德素质呢？

一、继承传统诚信观，诚信立人

我们在运用传统诚信观进行人格教育时，第一，要教育学生言行一致，无信不立。“人言为信”，这是人之为人的一个重要标志，是用来坚定世俗之人奉行和践履“信”的决心的。在现代社会，言行一致和学会负责教育是诚信教育的本质要求和重要内容。第二，要教育学生信寻道之切、守道之笃、大道唯诚，要持有对真理热诚和执着的态度。一个人具有的“信”的品质，往往被认为是其成熟的标志。孔子认为要是一个人在道德信仰上不忠诚、不守信用，那么探讨自我的存在与否就失去了意义。在现代社会，诚信立人教育是诚信教育的核心目标和内容，包括确立诚信立人的意识，把诚信作为做人的准则。通过诚信立人教育，唤起当代中小学生自我教育和自我完善的意识，按照社会的道德要求进行自我锻炼和自我改造，尤其是加强性格修养，培养真诚美好的品质。第三，要教育学生遵守交友之“道”。在日常生活中，“信”更多表现为一种交友之“道”，使“朋友信之”。一个人若能得到他人的理解和信任，特别是自己做错了事也能得到别人的谅解，那是一种极大的人生快乐。因为从他人信任的态度中亦能反映出其自身人格的崇高和道德品质的健全。

二、弘扬传统审美观，以美养德

充分挖掘传统美德的审美价值，以美养德，健全人格。这方面，孔子、荀子诸先哲所倡导的寓教于乐、以美养德、情理交融的教育模式对我们今天艺术化地实施人格教育不无启示意义。因此，如果我们能够充分挖掘中华传统道德的审美价值，逐渐引导青少年在审美的愉悦中从自发到自觉地将美德树立为自身追求的崇高目标，将美德作为获得自我肯定、自我完善、自我发展的对象，那么这种以在传统文化中挖掘审美价值为形式的教育模式必将使中小学生的人格教育步入一种以美德塑造完美新我的至高境界。在审美教育的过程中，我们应着重把握好下列诸点：第一，直观形象性。对中小学生的审美教育活动可分为几个阶段，即通过中小学生对审美客体的感受、联想、体验、判断来进行人格重塑。也就是说，教师作为审美教育的实施者，必须借助富有美的感染力的艺术形式或具体生动的事例来使传统美德的内容渗透到青少年的精神世界中去，从而使理性的传统道德内涵以美的感情形式，使其心灵受到深度的感知和感动。第二，情感体验性。“仁言不如仁声之入人深也”，传统的审美教育以情感因素为本质，融情于理、以情感人，那些优秀历史人物、故事和艺术作品所内蕴的道德价值和道德观念，是在学生特有的审美体验中自然内化进去的，也就是通过情感的陶冶，实现传统文化在中小学生人格健全过程中的积极作用。第三，潜移默化性。利用传统文化对中小学生进行健全人格教育，要把握好审美教育对其进行陶冶的渐进性，发挥其对新时代有意义的现实价值，使它成为积极向上的因素，从而保证中小学生的人格朝更合理、更完善的方向发展，服务社会。

三、延伸传统孝文化，大孝大爱

儒家对孝极为重视，把它作为整个道德体系的核心。它是一切道德的出发点和基础。孝敬父母是人类最基本的德行，子女对待父母的人伦规范就是孝，百行孝为先。曾子把孝分为三等："大孝尊亲，其次不辱，其下奉养。"所以，传统孝文化对于中小学生来讲是一种基础性教育，在我们的教学实践中，也应注意层次和方法，使其对中小学生形成吸引力和凝聚力，产生效力。第一，爱自己、爱生命。爱护自己的身体，这是孝的开始。《孝经·开宗明义》说："身体发肤，受之父母，不敢毁伤，孝之始也。"《礼记·祭义》中也说："身也者，父母之遗体也，行父母之遗体，敢不敬乎。"爱护自己的身体，也包括爱护自己的名誉、信誉及德行，因为如果不对自己的名誉、信誉及德行加以爱护，很有可能导致人际关系的紧张，容易与别人发生冲突，这样又会使自己的父母担忧，也是不孝。更有甚者，面对挫折，采取自杀等极端方式，从传统孝道来看，这是最大的不孝。所以我们要把爱自己作为教育和培养现代中小学生健全人格的开始。第二，爱父母、爱家人。孔子曰："今之孝者，是谓能养。至于犬马，皆能有养。不敬，何以别乎？"孟子说："孝子之至，莫大乎尊亲。"所以爱父母就要赡养父母、孝敬父母、尊敬父母，不能让父母为自己担心。今天有不少中小学生缺乏远大理想和目标，其中的原因固然很多，可是缺乏儒家所倡导的尊亲事亲思想也是其中之一。我们不妨从孝敬父母开始，教育学生树立远大的学习目标，并以此为动力，成就一番事业，同时也为国家作出贡献。第三，爱他人、爱国家。孔子最早对仁的解释就是"爱人"，《墨子·兼爱上》中有："若使天下兼相爱，爱人若爱其身。"而实施仁爱的方法就是推己及人，要克己复礼。因此，在对中小学生进行人格教育时，应加强中小学生文明修身教育，不断提高学生自身修养，使其学会关心、爱护别人，能设身处地为别人着想，使自身处于一种比较和谐的人际关系之中。引导学生能够从大局出发，不要只顾个人利益、眼前利益。在个人利益和集体利益发生冲突时，能从集体利益出发，努力做大公无私之人、明智之人。在关键时刻，公而忘私，为国为民。

四、弘扬传统爱国主义，忠诚爱国

爱国主义隐含了一层道德规范：就其本身而言，它暗示“祖国”（无论是何种定义）是道德的标准或价值，爱国就是对祖国的忠诚和热爱。

历朝历代，许多仁人志士都具有强烈的忧国忧民思想，以国事为己任，前仆后继，临难不屈，保卫祖国，关怀民生。这种可贵的精神使中华民族历经劫难而不衰。爱国的内容十分广泛，热爱祖国的山河，热爱民族的历史，关心祖国的命运，在危难之时英勇战斗，为祖国捐躯，这些都是爱国主义的表现。在中华民族五千年的发展历程中，中华民族形成了以爱国主义为核心的伟大的民族精神。中国传统文化与现代的爱国主义教育相结合，更有益于国家的进步。我国已经步入新的历史时期，加入世贸组织使我国与世界各国的联系更加密切，机遇与挑战并存，我们面临越来越多的新情况、新问题。推进我国改革开放的伟大事业，加快社会主义现代化建设的进程，更需要我们不断弘扬爱国主义的优良传统。少年兴则国兴，少年强则国强，所以我们必须加强对青少年的爱国主义教育。

加强学校传统文化教育，以点带面，切实将传统文化教育落到实处，形成学校的德育特色。在课堂教学中，如语文课、政治课、历史课和早读等，教师有目的、有步骤、有方法地讲解传统文化中的鲜活内容，可使学生深入了解传统文化，领悟民族精神；另外，充分利用校园广播、校园网、墙壁、橱窗、板报等良好载体，大力宣传中华优秀文化，积极营造弘扬和培育民族精神的书香校园氛围。还可以充分发挥共青团、少先队的重要作用，抓住有特殊意义的日子积极开展主题诵读活动，如在孔子诞辰纪念日开展《论语》诵读活动；在清明节举行入队、入团主题教育活动等，培养学生吃苦耐劳的品质，提高学生承受挫折的能力和人际交往能力，帮助学生树立正确的人生观、世界观和价值观，使其成为有理想、有道德、有文化、有纪律的新型人才。

将传统文化与教学相结合，增强学生学习的趣味性，激发学生学习的主动性，既能让学生欣赏中华文化之美，又能培养学生良好的品质。

学校还可以开展丰富的、学生既喜闻乐见又能广泛参与的校园文化教育活动，如开展经典诵读、琴棋书画、乐音怡情等活动，使学生体会到中华传统文化的浓郁气息，升华他们的品质。

（作者为广宁县广宁中学教师）

挖掘和利用传统节庆文化内涵，加强青少年思想品德教育

朱秀云

当今的传统文化教育存在着不少值得我们高度重视并须想方设法解决的问题。挖掘和利用传统节庆文化内涵，阐明与发扬传统文化思想内涵，并将其与培育和弘扬社会主义核心价值观相结合，对加强青少年的优秀传统文化教育、提高青少年的文化素养和思想道德素质具有重大意义。

中国传统节庆活动就是围绕中国传统节日所进行的纪念活动或庆祝活动。传统的节庆活动可分为建构性节庆活动和自然性节庆活动两种。建构性节庆活动是指由政府或社会组织有意识开展的节日纪念或庆祝活动，如妇女节、植树节、劳动节、青年节、儿童节、建军节、教师节、国庆节等庆祝活动。自然性节庆活动，即传统节庆活动。从传统节日的物质生活、精神生活、社会生活三大层面和信仰、人伦、传说、饮食、娱乐五大要素出发，共有春节、元宵节、清明节、端午节、七夕节、中秋节和重阳节七大中国传统节日。

2004 年 2 月 26 日，中共中央、国务院印发《中共中央国务院关于进一步加强和改进未成年人思想道德建设的若干意见》指出，“各种法定节日，传统节日，革命领袖、民族英雄、杰出名人等历史人物的诞辰和逝世纪念日，建党、红军长征、辛亥革命等重大历史事件纪念日，‘九一八事变’、‘南京大屠杀’ 等国耻纪念日，以及未成年人的入学、入队、入团、成人宣誓等有特殊意义的重要日子，都蕴藏着宝贵的思想道德教育资源。要抓住时机，整合资源，集中开展思想道德主题宣传教育活动”，以“引导未成年人弘扬民族精神，增进爱国情感，提高道德素养”。

党的十八大报告创新性地提出了培育和弘扬社会主义核心价值观的重大任务，并科学界定了其层次结构和丰富内涵。中国传统文化为社会主义

核心价值体系的构建提供了思想文化传统。中国传统文化在几千年的发展中，逐渐形成了自己的文化传统，它贯穿于中国人的价值观、思维方式、风俗习惯、道德礼仪等各个方面。社会主义核心价值体系是社会主义主导价值观的理论体系，其中的各个方面都贯穿着中国的文化传统。如中国文化传统中的“刚健有为、自强不息”、“厚德载物、包容会通”、“见利思义、诚信为本”、“勤俭廉政、精忠爱国”、“仁爱孝悌、谦和好礼”、“克己奉公、修身慎独”等，都要通过改造，融入中华民族精神和时代精神之中。

然而，由于过去政府对传统节庆活动的不当干预、传统节庆教育在学校教育中的缺位、传统节庆活动的形式和内容未能与时俱进、商家和媒体对传统节庆活动的不当利用等，越来越多的中国传统节日，如春节、中秋节、端午节等，已经成为吃、喝、玩、乐的代名词，成为商家“赚了个盆满钵满”的大好时机，大大小小的饭店人满为患，传统节日文化渐行渐远！

我们曾经做过如下问卷调查：①你知道哪几个革命传统节日？请写出节日名称。②当有人提到共青团时你想到什么？③你最崇拜的人是谁？为什么？

结果是不尽如人意，甚至有学生连孙中山有何事迹也不知道。纵观时下学校，我们发现，传统文化的缺失已将儿童带入了一个片面和异己的地带。孩子们过的是圣诞节、愚人节，吃的是肯德基，喝的是可口可乐，看的是米老鼠、奥特曼，崇拜的人是乔布斯……我们的传统节日、传统饮食、传统服装，我们的民族英雄、历史记忆距离教育越来越远。在他们身上和心理上，存在着不少值得引起我们高度重视并须想方设法解决的问题：一是自私，缺乏团结互助的精神和尊敬长辈的意识；二是娇气，心理脆弱，缺乏承受挫折、失败的能力；三是贪图享乐，缺乏艰苦朴素的精神和勤俭节约的意识；四是贪玩，缺乏学习的自觉性；五是懒惰，缺乏勤劳的观念。

一、各传统节庆文化的来历与内涵

想要挖掘和利用传统节庆文化内涵，阐发和弘扬革命传统文化的思想价值尤为重要。以下对各传统节日的主题作简要分析：

1.除夕—春节：一年一度的文化心结

来历：春节原名为元日，相关的庆祝活动在夏代已经开始。作为岁首大节，它确立在汉朝。汉太初元年（前104年），汉武帝颁行《太初历》，确定以夏历的正月初一为岁首。每年的最后一天，就是除夕。

内涵：春节作为中华民族第一大节，是节日体系中的核心大节，持续时间最长，内容最丰富。春节蕴含的辞旧迎新、合家团圆的意义，成为凝聚民族情感的重要纽带，也使它成为中华民族自我认同的一个文化符号。除夕，全家团聚在一起吃年夜饭、熬夜守岁，是中国人一年一度的文化心结，在外的游子不远万里也要赶回家来。

2.清明节：祭祀踏青两相宜

来历：清明节是传统节日中少有的依阳历确定的节日，固定在公历每年的4月5日前后。清明节的扫墓、踏青等习俗主要来源于古代的寒食节和上巳节。

内涵：这两年，每到清明节，黄帝陵、轩辕庙、炎帝陵都要举行大型公祭，海内外华人从祭祀的仪式中体会到血浓于水的同胞亲情。祭祀先人一直是中华民族民俗生活中的一件大事，清明时节，上坟祭祀先人显示了“慎终追远”的传统，大批旅居海外的华人、港澳台同胞也纷纷赶回故土，祭奠祖灵。从祭奠亲人的扫墓活动、祭祀祖先和民族始祖的活动，发展扩及缅怀英杰的活动，包括民族英雄、杰出历史人物、革命先烈。清明时节春光最好，适合人们到郊外亲近自然、拥抱春天。我国的许多地方在清明还有植树的习惯。

3.端午节：粽叶飘香习俗多

来历：端午节，又称端阳节、重午节、盂兰盆节等。关于端午节最早的文字记载见于东汉，五月初五，人们用彩色的丝带系在手臂上，用来防避兵役和鬼魅，防病、防瘟疫。吃粽子、划龙舟则是后来才形成的风俗。

内涵：围绕端午节及其习俗的来源，民间形成了一些影响很大的传说，并不断为端午节增添了新的习俗和文化内涵。如吃粽子、划龙舟等习俗，较通行的解释是纪念伟大的爱国诗人屈原，增加了爱国主义的精神内核，而在此基础上衍生出的赛龙舟等多种体育竞技活动，也有助于培养合作精神。端午吃粽子是其节日的象征物，而龙舟竞渡则是其最具活力的体现，展示的是全民族奋发向上的精神，具有源远流长的历史记忆。

4.中秋节：花好月圆人团圆

来历：在中国的民俗节日体系中，中秋节形成较晚。汉魏时期，中秋节日尚无踪迹；唐宋时期，以赏月为节俗的中秋节日出现；明清时期，中秋上升为民俗大节。

内涵：中秋是中国秋季的传统大节，它的地位仅次于春节，中秋为花好月圆之时，人们由天上的月圆联想到人事的团圆，因此中秋在古代被视为“团圆节”。人月两团圆的意境对于中国人来说是生活中的理想，“但愿人长久，千里共婵娟”寄托了人生的美好愿望。传统中秋节俗十分重视亲情的培育与表达，这对于促进社会和谐有着不可替代的作用。中秋团圆、家国和谐是中秋节俗的中心意义，是中华民族特有的价值理念和永恒追求。

5.七夕节和重阳节等传统节日

七夕节——象征着美好爱情的节日。我们都熟悉牛郎织女鹊桥相见的故事，这一传诵千年的佳话，将中华民族的爱情理念进行了最完美的诠释。“在天愿作比翼鸟，在地愿为连理枝。”这种不受时空限制的人类情感，神圣、高尚并充满魅力。而当西方的情人节传入中国以后，我们就不难理解为什么那么多的年轻人在那一天拿着玫瑰花，这说明人类的共同情感需要一个表达的机会。

重阳节——实现美好愿望的节日。那天要登高敬老，所以又叫敬老节。这表明敬老是我们中华民族的优良传统美德，体现在我们节庆活动当中达千百年而绵绵不绝。

二、传统节庆文化对青少年的洗礼和教育

中华节庆文化源远流长、博大精深、灿烂辉煌。中国传统文化为建设

社会主义核心价值体系提供了丰厚的精神资源，是中国优秀文化传统和中华民族精神的坚实基础。所以，我们对传统节日的研究，是对民族精神的追求，是对人生态度的探索，是对民族文化的传承。传统节日的价值就在于彰显民族情感、昭示人生意义、滋养民族精神，它是中华优秀传统道德教育的有效载体。节庆作为传统文化的一种有效载体和重要形式，有着丰富多彩的道德资源。在传统节庆中，青少年作为未来社会的主人和文化的继承者，自然成为传承文化的合适人选，因此也就成为节庆活动的受教育对象，要受到传统文化的洗礼和教育。

1.发挥传统节庆文化的资源优势，加强对青少年的爱国主义品质教育

弘扬革命传统文化、进行爱国主义教育是学校教育的主旋律，教师培养学生爱国主义的情感责无旁贷。爱国主义是我们民族的优秀传统。千百年来，无数爱国志士的嘉行懿德广为传颂。“南屈原、北介子”就是其中的典型事例。清明节，人们纪念介子推。介子推，居功不受，是贤臣典范、百姓的称颂对象。他的精神与今天的反腐倡廉更是相辅相成。端午节，人们纪念屈原，体现了传统价值观里对于爱国忧民、清高自守、卓尔不群的理想人格的追求。孙中山第一个提出“振兴中华”的口号，并以炽热的爱国激情“亟拯斯民于水火，切扶大厦之将倾”。邓小平年七十四，壮心不已，掀动亘古未有的改革大潮，二十年间能打造出一个富强的中国，正是因为他所说的“我是中国人民的儿子，我深情地爱着我的祖国和人民”。只有这样的爱国精神代代相传，中华民族根深叶茂，才能够抵御狂风暴雨。从中可见，建构性节庆活动中的“五四”、“七一”、“八一”、“十一”等革命节日是开展红色主题教育最好的活动载体。

2. 发挥传统节庆文化的资源优势，加强对青少年的尊老爱幼优良道德传统教育

尊老爱幼是中华民族的优良道德传统，也是传统年节的首要道德资源。在传统节庆中，这种道德观念随处可见。在尊老方面，如给年长者、老师拜年，各种祭祀活动中对祖先的礼敬，团圆饭上对长者座次的优先考虑等。在爱幼方面，如幼儿在春节可得“压岁钱”等。

3. 发挥传统节庆文化的资源优势，加强对青少年的勤俭节约品质教育

中国人过春节有一个重要的习俗，就是过年大人会给小孩“压岁钱”。其寄托着大人对小孩的良好祝愿和真诚期望——平安长大，读书进步。

如今，人们生活宽裕，孩子过年都可以得到很多的“压岁钱”。但也有乱花“压岁钱”的现象发生。因此，我们要指导学生学会合理、科学地用好每一分“压岁钱”，引导他们把钱用在缴交杂费，购买书籍、学习用具等有益的事情上，不要大手大脚地乱花钱，从而养成勤俭节约、艰苦奋斗的品质。

4. 发挥传统节庆文化的资源优势，加强对青少年的精神文明教育

传统节庆是大喜大庆的日子，需要通过多种途径，要求每个人都来营造喜庆、吉祥的气氛。因此，发挥传统节庆文化的资源优势，可以加强对学生的精神文明教育。“新年好”、“新年身体健康、万事胜意”、“马到成功”……这些嘉言懿语，配以节日特殊的喜庆气氛，有利于培养青少年语言美的能力。大年初一早，不得乱倒垃圾、污水，不得吵架、骂人等要求，无疑都能规范青少年的文明行为，使青少年行为美。

5.发挥传统节庆文化的资源优势，加强对青少年的和谐精神教育

除夕夜吃团圆饭，这充分体现了传统饮食文化的“和合”精神；元宵节、冬至节吃汤圆，除了内在可口、外形象征团圆外，其还有和睦、幸福的深刻寓意。传统节庆浸透着浓郁的和谐精神。

此外，还要加强与各类博物馆、纪念馆、展览馆、文化馆、少年宫、烈士陵园以及有代表性的非物质文化遗产有关单位的合作，进一步弘扬和传承中华优秀革命传统文化。

《论语》曰：“慎终，追远，民德归厚矣。”作家冯骥才指出：“中华民族五千年文明之所以生生不息，在于我们民族心理最深层的一种东西，即民族的亲和力和凝聚力。这种亲和力在很大程度上是靠节日等民俗维持下来的，它虽是潜在、无形的，却是一种自发的情感，一种真正的文化力量。”

尽管各个传统节日的内涵不同，各自纪念与庆祝的形式不同，但是社会主义核心价值体系作为中国当前最基本、最普遍的道德范畴，与中华文化一脉相承，是青少年树立以及保持正确的世界观、人生观和价值观的根本指南。将传统节日文化与培养青少年的社会主义核心价值观结合起来，既是思想政治教育的新路径，也是把提高年青一代的素质作为出发点和落脚点，更是加强与其他文明和文化形态互补的需要。通过传统节日的亲和力攻克社会主义思想政治教育的薄弱环节，通过社会主义核心价值体系高屋建瓴的统率作用，使传统节日成为中国特色社会主义现代化建设的助跑器。两者的统一，将对青少年健康成长产生广泛而深远的影响。

（作者为广宁县南街镇中心小学教师）

如何在小学语文教学中渗透中华优秀传统文化

莫金玲

我国是一个历史悠久、文化资源丰富的国家，有着几千年的历史，积淀了丰厚的传统文化。语文是民族文化的载体，语文课程是最具社会文化、民族文化和历史文化的课程，它能涵盖伦理道德、艺术审美等元素，字里行间无不流淌着浓浓的鲜活的民族文化的血液。《语文新课程标准》指出："语文是最重要的交际工具，是人类文化的重要组成部分。工具性和人文性的统一，是语文课程的基本特点。"语文课程应致力于学生语文素养的形成与发展，培育学生热爱祖国和语文的思想感情。在语文教学过程中，在培养和提高语言能力的同时，着力培养学生的爱国主义情感和社会主义道德品质，使其逐步养成正确的价值观念和积极的人生态度，从而提高其文化品位和审美情趣。

那么，如何在小学语文教学中渗透中华优秀传统文化呢？应该从以下几个方面做起：

一、让学生感受汉字的有趣和神奇

1.汉字是中华文明古国的重要标志，是世界上唯一的方块文字

领略汉字之美，可以说是国学基础。作为语文教师，特别是小学启蒙教师，更有责任和义务引领学生走近中国汉字，让他们体会汉字的神奇与美丽。一个汉字就是一部微型的文化史。汉字，有形可识，有音可读，有义可寻。在识字教学中，可通过多媒体演绎汉字的演变过程，从甲骨文、金文、象形文字，到大篆、小篆、隶书，再到草书、楷书、行书。如"门"字的甲骨文很像两扇门的样子，指的是建筑物的出入口，又指安装在出入口能开关的装置。这样无论在形体的变化上还是在对文字意义的认

识上，都能给学生一个具体生动的意象，寓教于乐。教师可以在教学中让学生搜集或编写字谜，开展猜字谜活动，体会汉字的有趣。首先要让学生明白猜字谜主要有三种方法：组合法、象形法和意会法。组合法是根据谜面的暗示，把字的笔画或部件作加减，凑成一个字。比如“一口咬掉牛尾巴”，“口”把“牛”的尾巴咬掉了，就成了“告”。象形法是把汉字的笔画比拟成事物，猜这种字谜需要观察力和想象力。比如“河边一蜻蜓”，猜一个字。蜻蜓是细细长长的，两个翅膀一个头，像个“干”字，加上河边上的三点水，就是“汗”。意会法要求猜谜的人根据谜面的意思去联想。比如“客满”猜一字。客满就是人太多，谜底就是“侈”。通过让学生认识猜字谜的方法，激发他们去了解汉字的兴趣。其次，可以让学生在课外搜集一些字谜或自编一些字谜，在班上开展猜字谜比赛活动。这种方法既能使学生对字谜产生浓厚的兴趣，又能展现汉字的趣味性。

2.在教学中让学生通过汉字的谐音体会汉字的神奇和有趣

汉字谐音的表现形式很多，有古诗、歇后语、对联等，歇后语是比较常见的，在教学中可以让学生通过工具书、网络等去搜集。教师要让学生明白搜集的有些是谐音歇后语，如“孔夫子搬家——净是输（书）”；而有些则是喻义性歇后语，如“王婆卖瓜——自卖自夸”。这类歇后语一般不要求搜集。让同学猜搜集到的歇后语，可以出示前一部分，猜后一部分；还可以用墙报、黑板报等形式展示，让全班同学共享资源，并通过诵读让学生加深理解，充分感受到汉字的无穷乐趣。

3.通过了解汉字的起源和发展变化，感受汉字的有趣

一个个汉字就像一个个活泼可爱的孩子在纸上玩笑嬉戏，像一朵朵美丽多姿的鲜花愉悦你的眼睛。汉字不光神奇、有趣，还有着悠久的历史，蕴含着丰富的文化，因此让学生了解汉字的起源以及发展变化是十分有必要的。教师可以让学生阅读《甲骨文的发现》，从而使其了解汉字起源于甲骨文，然后在识字教学中让学生了解汉字的演变过程。如教一年级《语文》上册《识字 2》时，教师让学生自由看图，说说像什么，再通过多媒体演示，重点指导“羊、鸟、兔”这几个字演变的大致过程。其实上面这些字叫象形字，这是汉字的最初发展阶段，之后逐步从象形走向符号化，

从笔画较多走向笔画简单，使书写更加快速便捷。通过这些让学生对汉字有了进一步的认识，也加深了对汉字的感情。

汉字是人类文字史上历史悠久、既形象美丽又蕴含智慧的文字，是中华民族几千年文化的瑰宝。因此，在汉字教学中，我们要适时地把这些思想渗透给学生，让学生体会中华文化的博大精深，引导其树立热爱祖国文字、立志树立学好汉语的决心。

二、读读背背中积累传统文化

“读读背背”是人教版小学语文教材“语文园地”中的一个重要部分，旨在“丰富学生的语言积累”，同时让学生了解、吸收中华优秀文化，促进语文素养发展，教师不应忽略。

1.调动兴趣，化被动为主动

兴趣可以使学生变“要我读”为“我要读”，变“要我背”为“我要背”，可以联系生活，可以讲述故事，也可以发挥想象续编，进行创作。

2.丰富形式，化枯燥为生动

机械记忆是一件枯燥乏味的事情，但如果我们能丰富背诵的形式，会使学生的记忆积累活动焕发生机和活力。

3.学用结合，化静止为运动

有些“读读背背”中的词句，是描写课文中的人物性格、品质或文章中的某种情境，我们可以让学生将两者联系起来，加深感知和理解。生活是最生动的教科书，带学生游玩时，可以引导学生触景生情，切身感受“不知细叶谁裁出，二月春风似剪刀”的美，还可以让学生验证“朝霞不出门，晚霞行千里”的准确性。

三、让学生感受诗歌的美

1.反复诵读，感受诗歌的韵律美

要想让学生感知诗中的形象、理解诗的内容、领悟诗中的情感，就要通过有节奏、带感情的诵读。因此，在教学中，教师需要传授给学生能读出诗歌美感的方法。首先教会学生利用已有知识划分诗歌节奏，理清韵律。四言诗句一般读成“二二拍”，如《观沧海》中的“以观 / 沧海”；五言诗每句“二一二”或“二二一”拍，如曹植《七步诗》中的“煮豆 / 持 / 作羹”；七言诗一般“二二一二”或“二二二一”拍，如杜甫《江畔独步寻花》中的“千朵 / 万朵 / 压 / 枝低”，然后教师示范朗读指导。在朗读时，教师要求学生读准每一个字的字音，每个节奏后要有轻短的拖音，有极短暂的停顿，还要注意语气的轻重、语调的高低等，让学生反复诵读，有时还可以配上音乐，使他们初步从整体上感受到诗中的语言美、音乐美、节奏美，激发学生学习古诗的兴趣。

2.感受诗歌反映的节日文化之美

中国的传统节日有春节、元宵节、端午节、中秋节、重阳节等，不同的节日有不同的传统文化氛围。小学语文教材中大量的诗词反映了我国传统节日的文化。如王安石的《元日》，这首诗描写的是农历正月初一时人们喜迎新春佳节的情景。教学这首诗时可让学生领会我国春节的传统习俗：放鞭炮、喝屠苏酒和把旧桃符换成新桃符。如王维的《九月九日忆山东兄弟》，这首诗能让学生领会我国重阳节的传统习俗：登高、插茱萸。还有很多反映我国传统节日习俗的古诗，教师在教学时应让学生了解我国传统节日文化，让学生对古诗中的传统文化产生浓厚的兴趣。

四、经典诵读，文化积淀的阶梯

文化经典是一个民族文化传统中最具权威的著作，在传统文化的历史传承中起到奠基和引领的作用。在小学中开展诵读活动是加强传统文化教育的有效方法。“传统诵读”旨在“丰富学生的语言积累”，同时让学生了解、吸收中华优秀传统文化，促进语文素养的提高。学校有专门的“经典诵读”课本，幼儿园背诵《三字经》，小学一年级的学生背诵《弟子规》，二年级的学生背诵《千字文》，三年级背诵《孝经》，四、五、六年级大致了解《大学》、《孟子》、《中庸》、《老子》、《庄子》等著作。这些课程的开设对小学教育的影响很大。如学完《弟子规》中的“父母呼，应勿缓；父母命，行勿懒”，教师简单地解释几句后，学生便明白了其中的含义。有的学生晚上回家，妈妈叫他，他会很快来到妈妈面前，不再懒得回应，甚至在“母亲节”那天还给妈妈端上了一盆洗脚水，妈妈高兴得合不拢嘴。还有一次，临上课前，因有教师来听课有些紧张，我在教室里来回踱步。这时，教室后排的一个学生对我说：“老师，静而后能安，安而后能虑，虑而后能行。”从《弟子规》的“首孝悌，次谨信。泛爱众，而亲仁”中，让学生懂得仁孝，明白做人的道理；在平时教学中，我们可以采用多种方式，通过自由诵读、朗诵会、演讲等，让学生咀嚼体悟，自然就能润养身心、化育灵魂、铸造人格的支柱，传统文化中的思想精髓在无形中也能得以传承。此外，我们还应该加强课外阅读，开阔学生视野，增加其对传统文化的积累，达到“润物细无声”的效果。

五、写字教学中弘扬传统文化

用毛笔写字是最具有中国特色的传统之一。在教学生写字时积极倡导“写好字，走好路，做好人”的教学理念，不论是上书法欣赏课还是临摹课、练习课，我都要重复一句歌词：“最爱写的字是先生教的方块字，横平竖直堂堂正正做人也像它。最爱做的事是报答咱妈妈，走遍天涯心不改，永远爱中华。”让这一丰厚的文化底蕴和情感感染学生，使他们对书法艺术产生浓厚的兴趣与向往之情，再让学生从一笔一画做起，从欣赏到临摹，从“字”法到“章”法。学生从中收获的不只是正确的书写姿势，也不只是端端正正、潇潇洒洒的一幅幅书法作品，更重要的是在引导学生欣赏、临摹书法作品时注意挖掘出其中的“文化”因素。例如，在字的结构方面，很多字由于结构的要求，产生了需要变化的偏旁部首，有的字需要注意各部分的“大小”和“避让”，形成巧妙的顾盼与呼应之美，这正如做人需要宽大的胸怀和尊重他人的品格一样。这些都能使学生认识到学写字、写好字就是弘扬祖国文化传统，从而对祖国的文化更加热爱。

我国灿烂的五千年历史文化，有着无比深厚的底蕴，语文教师应提高自己的文化修养，善于学习，善于创新，努力营造语文课堂的传统文化气氛，传承文化。总之，只要我们的语文教师能坚定不移地继承和弘扬中华民族优秀传统文化，就能使语文教学取得良好的教学效果，让孩子们在传统文化的熏陶下健康成长。

（作者为广宁县南街镇五一小学教师）

传统文化与语文相融　滋养孩子稚嫩的心灵

伍连珠

中国作为历史悠久的文明古国，自古被称为“礼仪之邦”。中国传统文化博大精深，汇集着中华民族数千年的智慧和思想，它是中华民族的根，是人文精神的底蕴，对我们当今的时代有着深远的意义。而语文教学作为文化载体，对民族文化的传承、发展和创新发挥着重要的作用。《语文新课程标准》就明确指出：“在语文学习过程中，培养爱国主义情感、社会主义道德品质，逐步形成积极的人生态度和正确的价值观，提高文化品位和审美情趣。”“认识中华文化的丰厚博大，吸收民族文化智慧。关心当代文化生活，尊重多样文化，吸取人类优秀文化的营养。”可见，注重利用传统文化培育孩子人文素质是当今语文教学不可缺少的重要内容。在教学中让传统文化与语文相融，浸润孩子的心灵并形成良好的人文素质，是教育工作者义不容辞的职责和义务。“善歌者使人继其声，善教者使人继其志。”下面结合笔者的实际教学，谈谈粗浅的认识。

一、走出传统文化认识误区，让传承传统文化成为“时尚”

随着社会的发展、物质生活环境的不断改善，西方文化的大量涌入，传统文化在现代人的意识中被逐渐淡化。传统文化教育的缺失，使越来越多的现代人是非观念淡薄，民族意识、集体意识、国家意识淡薄。一说到传统，当下的年轻人就把它跟“守旧”、“顽固”、“OUT”、“食古不化”等词语联系在一起。就拿汉字的传承来说，伴随着信息技术的迅猛发展、电脑的普及，在键盘上敲敲打打成了人们“写字”的方式，许多人认为，字写得漂不漂亮没关系，反正电脑可以代劳。键盘输入替代书写，网络用语渐成风尚，我们逐渐失去很多与汉字“亲密接触”的机会。很多人变成了“键盘手”，患上了“失写症”，国人汉字手写能力普遍下降成为严峻的现实，“汉字危机”成为一个令人忧心的文化现象。而汉字是中华文化的瑰宝，是中华民族的文化根基，是中华民族须臾不能离开的信息载体。汉字信息化与汉字文化传承两者其实并不相悖，我们应该敬惜汉字、珍爱汉字，并不断地完善它，熟练地掌握它，科学地运用它。针对当前的社会现象，河南卫视推出了一档文化综艺节目——《汉字英雄》，中央电视台也推出了《中国汉字听写大会》，宣传口号是“书写的文明传递，民族的未雨绸缪”。这些节目的热播在全社会掀起一场“汉字风暴”，让人们得以重新检视自己对汉字的掌握程度，欣赏汉字之美，体味汉字之韵。传承汉字文化的传统，一时成为“时尚”。

由此可见，传承和弘扬中华优秀传统文化也可以是一种“时尚”。教育者和孩子都要转变观念，让优秀传统融入我们的思想中，融入我们的生活中。感动时一句“谁言寸草心，报得三春晖”胜过千言万语；临别时一句“海内存知己，天涯若比邻”便可一切尽在不言中；“三人行，必有我师焉”可以让乐于虚心请教蔚然成风；“择其善者而从之，其不善者而改之”，孩子在“善”与“不善”之间学会了明辨是非。一场毛笔字书法比赛，可以让练习和欣赏毛笔书法成为风潮；一场“经典诵读之星”的角逐，可以让经典诵读成为焦点。所有的这些传统文化的传承与发扬，都需要教育引领的有心人，而我们教师首先要成为这样的有心人。我们要转变意识，提高认识，把传统文化渗透进课堂内，浸润孩子的心灵，用传统文化点燃语文教学这盏“明灯”。

二、挖掘传统文化内涵，提升孩子的人文素养

语文教学是渗透传统文化的最好载体，小学语文教材所选编的都是一些文辞兼美的文章，有的文章直接承载着丰富的古代文化知识，也积淀着深厚的中华民族的优秀传统文化。如古代诗词、古代寓言、神话传说……有的则在内容中蕴藏着丰富的传统文化内涵，如民风民俗的介绍、身边艺术的介绍等。这就要求教师更新教学观念，在传授语言文字知识、进行人

文教育的同时，认真分析、挖掘教材中的传统文化内涵，并通过恰当的方式传递给学生，让学生真正认识和理解传统文化的合理内核与真正价值，从而自觉地接受优秀的传统文化。

例如，人教版六年级《语文》下册第二组课文的主题是“民风民俗”，其中教学《藏戏》时，可以适当地进行挖掘延伸，让孩子感受诸如戏曲、武术、国画等国学精粹的博大精深。老舍先生写的《北京的春节》，字里行间便凝聚着北京过春节的热闹气氛。在教学时，除了传授语言文字知识外，还可深入挖掘文本中的传统文化内涵，引导孩子了解从北京的春节到各地春节的饮食、活动等风情习俗；认识从文中的“贴对联”、“贴年画”到春联、书法等中华传统文化的历史。还可引导学生从“放鞭炮”中了解有关“年”的由来；从北京“熬腊八粥”、“泡腊八蒜”、“包饺子”等习俗中入手了解广宁本地的白糍、油糍、竹笋、赤蕨干、芋合干等极具地方特色的饮食文化；从北京“守岁”的习俗中了解各地春节舞龙舞狮的寓意；同时从春节拓展、延伸到了解中秋节、清明节、端午节、重阳节等各种中华传统节日的来源及风情习俗等，让孩子在学习与拓展中懂得更多的知识，从而丰富孩子的文化内涵，提高孩子的综合素养。

我们教师本身的传统文化素养对孩子也有着重要的影响。因此，作为语文教师，我们除了要善于挖掘这些蕴含在语文课本中的传统底蕴外，还要充分利用课余时间，潜心阅读传统文化的经典书籍，丰富自己的国学素养，为实施传统文化教育夯筑丰厚的学识根基。只有当教师深入领悟传统文化的精髓、深情投入课堂时，孩子才能真正受到传统文化的熏陶和感染。点点滴滴如春雨入地，潜移默化的渗透会使孩子精神得到集中、思想随之净化、行为获得矫正、文化得以熏陶、人文素养得以提高。

三、开展语文实践活动，激发孩子亲近传统的兴趣

教育部颁发的《中华优秀传统文化教育指导纲要》指出，传统文化教育要“坚持课堂教育与实践教育相结合。既要充分发挥课堂教学的主渠道作用，又要注重发挥课外活动和社会实践的重要作用”。践行语文教学和传统文化教育都是必不可少的。所谓“知之者不如好之者，好之者不如乐

之者”，把传统文化教育融入丰富多彩的语文活动中，更能使孩子乐在其中，更能激起孩子亲近传统的兴趣，使教学效果事半功倍。

如人教版六年级《语文》上册第五单元的内容是以“轻叩诗歌的大门”为主题的综合性学习活动。中国是一个诗歌的国度，古诗词这一传统文化是我们中华民族存在、发展的灵魂，是不可忽略的传统文化财富。但古代诗词难读难解，怎样才能使孩子成为“乐之者”呢？在教学过程中，可精心设计丰富多彩的实践活动，如收集、整理、赏析古诗，举行诗歌朗诵会、诗歌知识竞赛等，以活动之“趣”引领孩子走近诗歌，感受诗歌的魅力。同时还可鼓励孩子们动手写一写属于自己的小诗，感受一回当“小诗人”的感觉。活动中孩子参与的热情高涨，成果的展示也异彩纷呈。让人惊喜的是，孩子写出的一些诗歌字里行间都洋溢着童趣，令大家赞叹不已。在活动最后一个阶段，还可组织孩子谈感受，孩子们谈得兴味盎然呢。例如，“我深深地感受到祖国诗歌文化的博大精深，体会古诗中所蕴含的美丽与感情，真是受益匪浅”；“我觉得徜徉在诗歌海洋里的感觉，真是太奇妙了！我还要继续在诗的海洋里遨游，尽情地享受诗歌无穷的魅力”……活动结束了，但孩子的热情没有减退，在日常生活中以应用古诗为乐，常常“出口成章”，还涌现了一批乐此不疲的“小诗人”。

只要做个有心人，非活动类的课文也可以“动”起来，让孩子受到传统文化的熏陶。例如，人教版六年级《语文》下册的第三单元是以“缅怀革命先辈，继承光荣传统”为主题的课文，是对孩子进行革命传统教育的好教材，但由于故事背景的复杂和年代的久远，孩子对革命时代了解不多，很难引起情感上的共鸣。为此，可以设计三大活动来“激趣”。一是课前让孩子通过查资料，了解故事发生的时代背景，并在课堂上汇报。二是讨论交流活动。通过对课文的学习，让孩子认识坚贞不屈的李大钊、“死得比泰山还重”的张思德、为理想英勇献身的郝副营长……讨论交流的主题是：“是什么让这些革命烈士甘愿抛头颅洒热血？像这样的革命烈士还有哪些？”三是组织一个“讲革命故事，继光荣传统”的故事会。三个活动环环相扣，孩子的语文综合能力在调查采访、收集整理、讨论交流、讲故事中得到了锻炼，而一个个革命英雄的形象也在大家的眼前逐渐高大起来，热爱祖国、热爱人民、为理想而奋斗等优秀的革命传统渗入孩子的心灵深处。

以活动激趣的方式还有很多，如课前五分钟的口语训练活动，内容可以是背诵古典诗文、讲解一句古代名言警句、讲读一个中华传统名人的故事，还可以开展成语故事大赛、成语接龙等各项活动。多彩的活动激活了孩子亲近、喜爱、诵读传统文化经典的情趣，使孩子感受到传统文化的独特魅力，汲取传统文化的丰厚营养。

四、形成“三维”教育合力，潜移默化塑造孩子品质

学校设置了传统文化学科，分年级段分别安排了《三字经》、《中庸》、《论语》等不同的内容。古人云：“文以载道。”传统文化精粹篇章，其凝聚着中华民族的人文情感，饱含着丰富的人文精神和道德因素，蕴藏着浓厚的文化积淀，闪耀着理性思索的光芒。把传统文化学科的内容直接引入语文课堂，实现学科的整合，可以达到教育的双赢。如在教学人教版二年级《语文》下册的《三个儿子》这篇蕴含孝道的文章时，可以把《三字经》内有关内容融合在一起学习：“为人子，方少时，亲师友，习礼仪，香九龄，能温席，孝于亲，所当执……”在教学人教版六年级《语文》下册《两小儿辩日》时，可以引导孩子学习孔子“知之为知之，不知为不知，是知也”等名言，感受孔子的“多知”和“实事求是”；就学习方法问题，可以组织孩子围绕“学而不思则罔，思而不学则殆”等展开讨论……

学科的整合加大了整体教育的力量，学校、家庭、社会三位一体的教育合力更是语文教学和传统文化教育都不可或缺的。《中华优秀传统文化教育指导纲要》指出：“坚持学校教育、家庭教育、社会教育相结合。既要发挥学校主阵地作用，又要加强家庭、社会与学校之间的配合，形成教育合力。”为此，学校在落实传统文化的课堂教学的同时，还要注重营造浓郁的传统文化教育氛围：将国学作品介绍、励志故事、古代先贤画像、名言警句呈现在校园的走廊、横梁、橱窗上，操场边的护栏上“《三字经》小故事”构建了一条故事长廊，闪烁着儒家文化智慧的光芒，讲述着一个个“真、善、美”的故事。沉浸在浓郁的传统文化氛围里，正如“无声胜

有声”，于细致无声中，让孩子们受到祖国优秀传统文化的熏陶。传统文化教育已融入学校中，文明儒雅的校风已逐步形成。同时，学校还开展传统剪纸比赛、传统经典诵读等开放性的活动，并鼓励家长与孩子共同参与，三位一体的教育模式正在大家的努力下逐渐形成。

总之，将传统文化与语文融合起来，不但可以帮助孩子真正从传统文化中汲取精神营养，还有助于其形成积极的人生态度，全面提升其人文素养。因此，笔者希望今后为师者都能全面而深刻地把握好传统文化之根，通过取其精华、去其糟粕的方法，让传统文化滋养孩子稚嫩的心灵。

（作者为广宁县南街镇中心小学教师）

重拾国学经典，加大德育力度

钟银容

1989年，邓小平在总结改革开放时说：“十年来我们最大的失误是在教育方面。”（《邓小平选集》第三卷，第287页）这里的教育不仅仅是指文化教育，还应包括社会主义道德教育。如今经济水平提升了，我们的道德水平却在下降——见义勇为的少了，看热闹的多了。失信现象比比皆是，人与人之间人为地树起了一道心灵阻隔的“安全屏障”。在中学从教多年，笔者发现德育问题非常突出，现在的学生不知道感恩，最基本的礼貌、诚信、道德意识单薄。我行我素，回到家不知为父母分忧解难，回到学校与老师同学分庭抗礼。20世纪的雷锋精神在他们身上荡然无存，取而代之的是自私自利的思想。因此把中学生的人格培养作为中学德育的重心工作刻不容缓。

为了扭转这种道德即将沦陷的局面，国家已高度重视，于这几年掀起了“复兴国学”之风。到底什么是我们的国学呢？在中学应该开展哪些国学经典教育和采取什么形式进行呢？面对这些问题，我们必须有一个正确的清醒的认识。笔者思考了很久，认为可以采取这样的一些形式来进行。

1.国家教育部要精编国学教材

当今的国学教育内容针对性较差，内容粗放。例如，七年级的学生要学的是《孟子》，全部是古文，学生学习的难度很大，教师要解读也非常困难。这样的课本设计超出了教师和学生的原有水平，对学生的教育只会徒劳无功。当务之急是国家教育部要认真整理国学典故，编写有关国学的教材，以便学生诵习、体验。中学阶段重在打基础。读经典，当以“四书”（节选）为先，先《大学》，明儒家纲领；次《论语》（节选）、《孟子》（节选），重在人格修养和人伦道德，正人心，养性情。“五经”中，以

《诗经》为主，可选读“国风”、“小雅”，其文字优美，情感婉转含蓄、缠绵悱恻，当歌之咏之以涵养性情。《左传》（节选）的文章优美，记事简约而婉转，且有嘉言善行，读之定会受益匪浅。《荀子》，可选《性恶》、《修身》、《劝学》等篇精读之。墨子是“平民化的孔子”，可选《尚贤》、《兼爱》、《非攻》、《节用》等篇读之。《老子》、《庄子》论“道”，可选读一些篇目来读，并以孔孟之道驳正其失。《史记》、《资治通鉴》，读之可明人情、事理、情势及为人处世之道。《史记》之“列传”，大可砺志。《楚辞》、《唐诗三百首》、《宋词三百首》是国学瑰宝，体会其中之道，定能舒缓心志、美化人生、陶冶情操，成就审美雅致的人生。

2.中学教师要创新国学的教育形式

经过观察和了解，从20世纪90年代开始到现在，我国一些地方在一些幼儿园、小学、初中陆陆续续地开展了中华传统文化经典诵读活动。据报道，在开展国学教育的地方，有的重新开展了体现古典精髓的《三字经》、《百家姓》、《千字文》、《弟子规》、《论语》等启蒙教育；有的人竟然重新穿起了“长袍马褂”，也开始把“打躬作揖”当作了问候的礼节；有的干脆办起了“风水讲习班”，开始将古老的“风水师”这一行业唤醒。国学不是“之乎者也”，不是“长袍马褂”，不是“打躬作揖”，不是“摆摊算卦”，也不只是先生带着学生“摇头晃脑”地装腔作势吟唱。国学的感染过程必须是涓涓细流、点滴渗透，而不是狂风暴雨、哗众取宠。我们要对“经、史、子、集”进行研究，因为它毕竟是先人经验的总结；但不必提倡穿起“长袍马褂”并“打躬作揖”，更不必“新瓶装旧药”，给古老的“风水”赋予现代的含义。因此，我们传授的国学应该是经过历史锤炼的经典，包括几千年的文化积淀和爱国主义、集体主义等，是我们的历史、我们的文化、我们的民俗、我们的灵魂，是中华民族的精神支柱，是取其精华、去其糟粕的中华民族优秀的传统文化。

3.把《弟子规》作为新生入学教育的教材，抓好道德教育，为学校德育奠基

在当前应试教育的大环境下，如何加强与改进未成年人的思想道德建设，培养德才兼备的学生，成为每所学校不可回避的课题。我们发现《弟

子规》当中的道德规范与学校《中学生日常行为规范》的要求有很多方面都不谋而合，而且三字一句，易于记忆，贴近生活，对德育工作起到了指导作用。因此，新学年开始之际，学校可赠送每一位学生一本《弟子规》，作为新学年的入学礼物。学校的入学教育可以选择《弟子规》中的精华部分向新生宣讲，将孝心感恩教育、长幼有序礼仪教育等与学生日常行为规范教育结合起来。同时，学校还可辅之以开展“弟子规学习心得”的征文活动，让学生在诵读的同时谈理解、谈体会。《弟子规》的每一句无不与和生活息息相关的习惯养成有关。因此，学习的最终目的是能够亲身实践。只有这样，学生才能将良好的道德习惯及品格修养运用到生活中，并将人伦道德规范内化为自觉行动。

4.有选择性地在课余开设国学讲座，为提升学生国学修养和为人处世能力提供历练平台

现代初中生，很多没有接受过系统的国学经典的教育，不懂得为人处世之道。甚至有些初中生百无禁忌，“权利意识”增强。我们说，没有“权利意识”是条虫，有了“权利意识”是条龙。但是“龙”无限升腾，就会像《易经》所说“亢龙有悔”。当今的孩子几乎个个要求凸显自我，却不善于认同他人的权益（比如父母的含辛茹苦），恨不得一步跨进尽善尽美的理想境界而不善于反躬自省。那该怎么解决？“孔子思想是一剂‘解药’。孔子的思维模式是‘推己及人’而又‘反观于己’（例如，‘己欲立而立人，己欲达而达人’、‘己所不欲，勿施于人’），他反对自我唯一、自我至上，主张人我共存，别人是‘我’存在的前提，‘我’又是彼此‘和为贵’链条的一环，‘我’与他人‘互立互利’，共同创造其乐融融的环境，而又讲求‘和而不同’。”这就是对《论语》相当经典的论述之一。像这类经典论述就是国学讲座的基本内容。

5.充分发挥学生组织的主体作用，开展形式多样、喜闻乐见的活动，助推国学研习之风，形成国学教育的人文环境

一般来说，较大规模的初中学校都有一定数量的学生组织，而学生组织是学生自治性的团体，在全体学生的自我教育中起着示范和带动的作用。在辅导教师的指导下，学校可成立国学社、书法社、美术社等社团，

通过开展自主性的研读活动，并发挥学校广播站、电视台的舆论宣传作用，使它们成为助推国学研习之风形成和发展的经常性阵地。社团还可以配合学校重大的活动，举办以国学内容为主题的文艺节目会演、演讲赛、辩论赛、朗读比赛等。这既能活跃校园气氛，又能促进国学教育活动的开展。

总之，国学教育要通过具体的活动形式来进行，不要奢想毕其功于一役，而是要渗透到学校教育的方方面面。只有这样，才能深入人心，学生良好的道德品格才能逐渐养成；也只有这样，才能让学生在深刻地体会中国传统文化的魅力中扎下中华传统文化之根，进而引导学生自觉地、终身地学习，实现自我完善、自我发展。

（作者为广宁县广宁中学教师）

第五编 优秀传统文化与现实辉映

从中国传统文化发展的历史深度出发，就是要继承和弘扬中国传统廉洁文化的优良传统；从现代文明发展的时代高度出发，就是要坚持与时俱进，去其『人治』，取其『德治』，加入『法治』，实现『以德治国』和『以法治国』相结合。

学习《易经》的几点体会

黄　荣

周总理说过：“活到老，学到老，改造到老。”我们该学什么？现在全国有一股“国学热”。笔者倡议大家多读《易经》、《论语》。

《易经》有六十四卦，养生、经济、文学都涵盖了，什么经典都能衍生出来。《易经》成书于3 000余年前。它神秘、博大、精深，言辞简短，文字古奥，宛如“天书”，人们往往识其字而不明其义，若无人指点，难得其解。《易经》的内容阐述了人与自然、人与社会的关系，以及个人身心修养的不少原理和原则。人不能脱离自然而孤立存在，《易经》主张人们的行为必须顺应自然规律，即“天人合一”。《易经》提出：“天行健，君子以自强不息；地势坤，君子以厚德载物。”这些语句已经成为中华民族的古训，也足以成为人人修身养性的宝典、为人处世的千古教程。站在哲学的角度看，它是世界上第一部哲学著作，其中充满了辩证思维。影响我国社会、文化、经济的儒家思想和道家思想，都可以看成源于《易经》。

儒家思想以孔孟思想为代表，提倡积极地“入世”，强调学以致用，学而优则仕，属于“阳”；道家思想以老庄思想为代表，强调保存自己的重要性，这是“避世”的角度，属于“阴”。“一阳一阴”的思想是一体两面的，如果不保存自己，怎么谈有所作为；在有所作为时，也要不断思考如何保存自己。两种思想，归结起来就是《易经》的思想，即“变”的思想，这也是我们中华文化的根本。

孔子的修订，使《易经》从一本占卜书成为哲学书。到今天，《易经》的思想已经成为我们思想的一部分，很多日常用语都是从中而来，比如说“否极泰来”、“乐知天命”、“无妄之灾”、“不速之客”、“三阳开泰”、“文过饰非”、“风雷激荡”、“防微杜渐”、“自强不息”、“反目成仇”、“立竿见影”、“物极必反”等。这些思想影响了我们每个中国人，只是我们平常没有察觉，也就是“百姓日用而不知”。要懂《易经》，就应知其然，也要知其所以然。《易经》与人类日常生活息息相关，在世界传统学问中，被誉为东方的“百宗根”。之所以这样说，是因为它深邃无比、包罗万象，既能指点人生，又能增强人的忧患意识。它有原则，有方法，但又不拘泥于原则，而是重变化，变化就是改革。《易经》教人于无声处听惊雷，处变不惊，居安思危。《易经》的内容太丰富，无法在短时间里作更多的解读，下面笔者重点谈三点体会：

1.《易经》教你找到自己的人生位置

人生最重要、最基础的事情莫过于找准自己的位置。每个人都有自己的位置，从人的一生来说，出生、童年、青年、中年、老年，这都是你的位置。你在家中是父亲的儿子、爷爷的孙子等，也都是你的位置，这些位置是一目了然、容易分辨的。如果你胸怀大志、欲成大事，那告诉你，你在追求事业的过程中，也是有位置的。正如《易经》中所说“乾、元、亨、利、贞”，种子从发芽成长、开花结果，再复归于地，重新开始。你的事业发展过程也不出其右：在开始追求事业时，你是刚刚萌芽，刚开始着手于自己的事业；接着，你不断追求，在追求中不断发展壮大；你开始在自己事业上崭露头角，有一定成就；可是你不满足，仍孜孜不倦，在经历许多风雨之后，你实现了自己的愿望，成功了。可成功只能代表过去，它不是永恒，也许你会因成功而骄傲自满，于是你因此而失败了；也许，你又开始了一项追求，你便又重新开始了……如此这般，都是一个人位置的问题，纵观这些位置你不难发现，位置并不是杂乱无章的，而是由低到高、循序渐进的，每个位置都有每个位置的表现，不可逾越。知道了这一规律，顺从而不违背，你便可以顺利解决人生位置这一问题，在不同位置上作出不同的应对。但说起来容易，做起来却非常难，因为最难把握的是分寸，你虽了解了，可真的应对起来，就需要谨慎和持久的坚持。

《易经》里说：“潜龙勿用。见龙在田，利见大人。君子终日乾乾，夕惕若厉，无咎。或跃在渊，无咎。飞龙在天，利见大人。亢龙有悔。见群龙无首，吉。”这是告诉我们，人就好比龙，当你条件尚未成熟、力量不够、还是一条“潜龙”时，你就不可轻举妄动，而应该善于隐藏自己，等待有利时机。等有机会时，你崭露头角，但还没处在能够施展才干的位置上。此时你还需要时时振奋自己的精神，努力不懈。这样你就能从“深渊”一跃而起，也就是说，你就能“脱颖而出”了。这时候，你已经完成了准备工作，能够有退有进，因此也就不会有什么灾难了。如此，你已经成了一条高飞的龙了。有了实力，在这个时刻，能结识有才干的人，会更有利于自己的发展。满则招损，所以，成功之后，要善于重新开始，这样才明智。一条龙（一个人），从潜龙显现到成长跃动再到飞腾盈满，根据每个位置的表现，作出不同的应对，这样你才不会因冒进而危险、因失去分寸而与成功失之交臂。这就是我们的大智大慧。只要我们掌握了这一智慧，找到自己的人生位置，并作出正确的应对，我们就再也不会感叹命运的不公平、成功的不确定。循序渐进，一步一个脚印，你必将成为一条巨龙，遨游于天际。

对于今人来说，“潜龙勿用”同样具有重大的指导意义。它告诉我们，一个有才干、有志向的人，在无职无权的情况下，不要争出风头、处处表现自己；也不要争功好胜、过刚过直，而应埋头实干，等待适合自身发展的时机。“潜龙勿用”是《易经》的谋略，是欲成大事者处世保身的法宝。

2.《易经》教你学会包容不浮躁

《易经》六十四卦中的第一卦就是讲包容，同其他的讲法不同。浮躁不会无端端出现的，一个人为什么会浮躁，主要就是你心里不平静。《易经》讲世界由阴阳两面构成，阳为动，看世界；阴为静，想世界。《易经》中的“地势坤，君子以厚德载物”，意思是说，做人应当效法大地，以包容的德行负载万物，切忌浮躁于世。坤代表地。人们常常将大地比喻成母亲，母亲对自己的孩子可以说是无限的包容。因为包容，地更广博；因为包容，母亲更伟大。在我们的日常生活中，人与人之间难免出现矛盾，别人也许有意或无意伤害了你，如果不是原则性的问题，要试着学会原谅对方。倘若不能包容他人，那么他人也将难以容忍你，这最终将导致朋友关系恶化破裂，也许你的朋友就成了你的敌人。这岂不等于在自己成功的路上放了块绊脚石吗？聪明人是绝不会这么干的。俗话说，气大伤身。太易动怒、太看重那些本可以过去的事情，于人于己都无好处。在现实生活中，将人们击垮的有时并不是那些看似灭顶之灾的挑战，而是一些微不足道的小事情。如果将大量的时间和精力无休止地消耗在这些事情上，最终将一事无成甚至自取灭亡。一个人不会包容，也就容易浮躁。浮躁往往使人心烦意乱、盲动冒险。学习包容，得先学会尊重别人，这样别人才会尊重自己。《易经》中“坤卦”的第一肴说，“履霜，坚冰至”。只有不浮躁，才能冷静地面对一切，见到霜就会知道结冰的季节就要来临了。

浮躁是我们人生的大敌，因此我们必须远离浮躁。想要远离浮躁，我们就要有明确的目标。《易经》说：“直，方，大，不习无不利。”这是告诉我们，为人做事目标正确，即使做不熟悉的事情也不会有什么危险。有目标也就有了方向，就不会走错路，自然少了浮躁。我们不仅不能浮躁，还要学会含蓄。《易经》说，为人做事，不可锋芒毕露，正如含蓄的文章更适合表现坚定的操守。或许你能参与君王政事，但你不可以重视个人成就，这样才能善终；反之，你不含蓄，太喜欢表现自己，注重个人成就，你就危险了。

3.《易经》教你学会抓住时机，不让机会溜走

《易经》告诉我们，云上升到天空，只要等待阴阳调和，自然就会形成雨。当你需要等待的时候，你就等待，等待有利时机的来临。时机就是机会。对于上升的云来说，它就是在等待阴阳调和的机会，以形成雨。而对于人来说，就是要等待施展抱负的机会以获得成功。机会稍纵即逝，所以需要我们耐心地等待。此时的无为，是为了将来的有为。

浅谈和谐文化　构建和谐社会

黄铁华

中华民族优秀传统文化中的和谐文化，博大精深，内容非常丰富，可以多方面、多角度、多层次去揭示，为我们构建和谐社会提供宝贵的思想资源和历史借鉴价值。

一、中华和谐文化源远流长、博大精深

早在五千多年前，中华民族就进入了农业社会。农业生产的成败既取决于农民的辛勤劳动，又受自然条件的制约，只有“风调雨顺”才能“五谷丰登”。后来，我们的祖先又将对自然与对人类社会的认识联系起来，认识到只有建立人类社会的和谐关系，才能有人和自然的和谐关系。在长时期的历史演变中，“和谐”观念的内涵不断深化，出现了“天人合一”思想，形成了“阴阳五行”的观念，产生了“和而不同”的理念，且较重视自身的修身养性思想。

(1)“天人合一”思想。由于农业生产和自然环境有密切的关系，要求有稳定的生产环境，因此就有了“天人合一”的思想。中国传统文化的“天”，不是上帝或真主，也不完全是自然现象，而是赋予了人格意识的自然规律，即“天道”、“天理”。古代学者研究天上人间如何沟通时，主要是研究人的行为怎样符合天意，“天道即人道”成为古人长期研究的课题。它要求人的行动要符合自然界的普遍规律，以实现人和自然的和谐发展。

(2)“阴阳五行”观念。人类通过长期对自然现象和社会现象的观察，把各类事物的基本组成部分分解为相互对立又相互依存的两个方面，即“阴”与“阳”。又按照“时”和“位”的不同，阴阳相交，产生八卦，衍

生六十四卦，喻示自然现象和社会现象中的“刚”。“柔”即它们互相结合和互相消长，追求阴阳协调、刚柔相济，达到中和的最佳状态，由此形成了阴阳五行、相生相克、物极必反、往复循环的思想。

(3) “和而不同”理念。世界上各种事物是复杂的，不同的事物各有特性，人们的观察也会有不同的角度，从而不可避免地会产生不同的思想，于是便产生了“和而不同”的理念。《论语·子路》载：“子曰：‘君子和而不同，小人同而不和。’”和则意味承认不同，使各种不同互相协调，以利于共同发展。宇宙间万物既独立存在，又按一定规律相互联系、互相影响，各安其位，和谐相处。这种“和而不同”的理念，又发展成为“有容乃大”，如学术上的百家争鸣、文化上的百花齐放、各种宗教和平共处、民族关系互相尊重。中国人大力主张“和而不同”，不论国力多么强大都绝不将自己的意志强加于人；中国人自古就提出“国虽大，好战必亡”的箴言，“以和为贵”、“天下太平”、“天下大同”等理念世代相传。中国是世界上非常真诚的巨大的和平力量。

(4) “和合中庸”思想。“和合中庸”是中国人对待社会问题、处理人际关系的重要原则。《论语·学而》：“有子曰：‘礼之用，和为贵。’”意思是说社会秩序的作用，贵在使社会和谐。和谐在中华文化中处处可见。例如，一个家庭讲“家和万事兴”；做生意讲“和气生财”；治国理政要“政通人和”；做事业要“和衷共济”；与人相处要“和以处众”；对外关系要“协和万邦”。可见和谐涉及方方面面，是中国人的普遍要求，“和合中庸”思想深入人心。

(5) “修身养性”思想。要实现“天人合一”，关键在“修身养性”，正确规范自己的思想和行为，以符合自然规律和社会规律。这种个人修养从人道的要求出发，推己及人。孔子对人的修养要求是“仁”和“义”，实现“仁义”的出发点是“己所不欲，勿施于人”。英国著名历史学家汤因比认为：“世界统一是避免人类集体自杀之路。在这点上，现在各民族中具有最充分准备的，是两千年来培育了独特思想方法的中华民族。”1993年，在世界宗教代表大会上通过的《走向全球伦理宣言》，把孔子的“己所不欲，勿施于人”列为全球伦理，正反映出国际上有识之士希望从中国智慧中寻找出路而作出的努力。

现在，中国提出“以人为本，全面、协调、可持续”的科学发展观，在国际事务中是“和平崛起”、“永不称霸”，在对外经济活动中贯彻“互惠互利”的共赢方针。这些主张，既是对国内国际形势作了科学分析以后提出的正确方针，也是由我国长期倡导“和谐”的传统文化背景决定的。

(6)“自强不息、厚德载物”的自立自强思想。什么是中华民族的民族精神？概括地讲，就是自强不息的进取精神和厚德载物的宽容精神。中华民族的民族精神集中体现于《易经》的两个命题，即“天行健，君子以自强不息”和“地势坤，君子以厚德载物”。前者讲的是进取精神，后者讲的是宽容精神，这可以看作中华优秀传统文化的核心，也可以称为中国文化的基本精神。

二、和谐文化是和谐社会的文化源泉和精神动力

党的十六届六中全会明确指出：“社会主义核心价值体系是建设和谐文化的根本。”和谐文化，既是和谐社会的重要保证，也是实现社会和谐的文化资源和精神动力。党的十六届六中全会作出关于构建社会主义和谐社会若干重大问题的决定，第一次把“社会主义”与“和谐社会”结合起来，提出了构建社会主义和谐社会的重大战略思想。

党的十八大报告对社会主义核心价值体系建设提出了新要求，培育、践行和弘扬社会主义核心价值观，是今后思想道德建设领域的工作方向，是文化软实力建设的重点。富强、民主、文明、和谐是国家层面的价值目标。中国共产党对我国社会主义建设的历史经验作了深刻总结，强调坚持以科学发展观统领经济社会全局，坚持科学发展和谐社会。科学发展观把坚持以人为本与实现经济社会全面、协调、可持续发展统一起来，按照“五个统筹”的要求推进改革和发展。科学发展观是促进社会和谐发展的新观点。这是中国共产党在思想文化建设上的一个重大理论创新，突出了社会主义核心价值体系在我国社会主义文化建设中的重要地位和作用，揭示了我国社会主义和谐文化与封建社会、资本主义社会的文化有着本质的区别，代表了中国特色社会主义社会的主流价值和人类文化发展的前进方向，为和谐社会建设提供了文化认同和价值追求。社会主义核心价值体系

和核心价值观有内在一致性，它们都体现了社会主义意识形态的本质要求，体现了社会主义制度在思想和精神层面的规定性，凝结着社会主义先进文化的精髓，是中国特色社会主义道路、理论体系和制度的价值表达。因此，从本质来讲，社会主义核心价值体系及其价值观，是整个社会精神文化的思想内核，是社会主义意识形态大厦的基石。社会和谐是中国特色社会主义的本质属性，是国家富强、民族振兴、人民幸福的重要保证。

正是社会主义核心价值体系和价值观的丰富内涵，决定了当代中国和谐文化的四个基本特征：

（1）和谐文化的先进性，即和谐文化建设必须以社会主义制度为基础，坚持马克思主义在文化领域的指导地位，牢牢把握中国先进文化的前进方向，努力发展面向现代化、世界、未来，民族、科学、大众的社会主义先进文化。

（2）和谐文化的目标性，即和谐文化建设要以推进和实现全社会的共同理想为目标。建设中国特色社会主义，是全国各族人民的共同理想，是和谐文化建设的目标追求。要倡导和谐的价值取向，坚持以人为本、人人平等、民主法治、公平正义、诚信友爱、充满活力、安定有序、人与自然和谐相处。这其中既包括社会关系的和谐，也包括人与自然的和谐，这可促进人的全面发展。通过一切有效的文化形式和途径，引导人们树立正确的世界观、人生观、价值观和形成科学、文明、健康的生活方式，促进全社会形成爱祖国、爱科学、爱劳动、爱社会主义的良好风气。

（3）和谐的继承性，即和谐文化建设必须大力培育和弘扬以爱国主义为核心的民族精神。中华民族优秀传统文化，包括古代文化传统、新文化运动传统和革命文化传统，是中华民族赖以生存和发展的重要条件。重和谐，求同存异，是中华传统文化的思想精华。它深刻影响着中华民族的思维方式、价值选择，在历史上起到了推动社会发展的作用。和谐文化建设就是要弘扬我国传统文化中有利于社会和谐的内容，形成符合传统美德和时代精神的道德规范和行为规则。

（4）和谐文化的创新性，即和谐文化建设必须培养以创新精神为核心的时代精神。建设和谐文化，要学习和研究中国传统文化，取其精华，去其糟粕。弘扬中华优秀传统文化、培育和弘扬民族精神，要处理好批判与继承的关系，要整合与创新发展中国传统文化，紧密结合当代中国社会文化状况，把传统文化的主导价值观与当代中国的现实价值导向、价值理想有机结合起来，创造源于中国传统文化又高于传统文化的当代价值观。

三、建设和谐社会，要重视协调和化解社会矛盾

现在中国社会总体上是和谐的，但也存在着不少影响和谐的矛盾和问题，或者说存在着不和谐的因素。这主要体现在社会分配不公，地区之间、人群之间收入差距、贫富悬殊拉大，城乡贫困人口还有相当数量，上学难、看病难等问题上。当前人民群众最痛恨的以权谋私、制假造假、欺骗群众、抢劫、打人、杀人等现象也时有发生，恐怖活动猖狂，影响社会的稳定。目前，我们的社会主义还处在初级阶段，生产力不发达，生产关系不成熟，上层建筑不完善，主要的矛盾是人民日益增长的物质文化需要同落后的社会生产之间的矛盾，所以还存在着不和谐的因素。党的十六届六中全会指出：“任何社会都不可能没有矛盾，人类社会总是在矛盾运动中发展进步的。构建社会主义和谐是一个不断化解社会矛盾的持续过程。我们要始终保持清醒的头脑，居安思危，深刻认识我国发展的阶段特征，科学分析影响社会和谐的矛盾和问题及其产生的原因，更加积极主动地正视矛盾、化解矛盾，最大限度地增加和谐因素，最大限度地减少不和谐因素，不断促进社会和谐。”当下建设和谐社会最重要的是实现经济发展，让老百姓过上好日子。不断改善民生是推动发展的根本目的。我们要全面建设小康社会、进行改革开放和社会主义建设，就是要通过发展生产力，满足人民日益增长的物质文化需要，促进人的全面发展。做好保障和改善民生工作，这是事关群众福祉和社会和谐稳定的基础。2014 年，肇庆市积极开展“社会矛盾化解年”活动，以维护社会稳定，促进全市经济持续发展。2014 年 5 月 23 日，“和谐端州协会”成立。新成立的和谐端州协会，是一个民间社会团体，其宗旨是通过暖心柔性感召方式促进社会和谐、化解矛盾，引导广大人民群众增强共建共享和谐社会的意识，值得各地学习推广。

解决人民内部矛盾应采用和平的、民主的、调解的形式，正确处理和

化解改革开放过程中出现的大量人民内部矛盾，调动一切积极因素，团结一切可能团结的人，并且尽可能地将消极因素转变为积极因素。采用的方式、方法，就当时、当地的实际条件，同各方面的人进行协调。国家、社会、个人三者之间的矛盾，部门与部门、地区与地区、企业与企业之间的矛盾，宗族、家庭以及人与人之间的矛盾等，都要用协调的方式化解。

和谐社会在重视矛盾同一性作用的同时，并不否认和轻视矛盾的斗争性。因为任何矛盾的存在和解决，都既离不开矛盾的同一性，也离不开矛盾的斗争性。毛泽东说："矛盾着的对立面又统一，又斗争，由此推动事物的运动和变化。"不重视矛盾的同一性在解决矛盾中的作用，就没有和谐，但是否认和放弃矛盾斗争性，也不会有和谐。比如，对于当前人民群众最痛恨的以权谋私、贪污腐败、抢劫、行凶、杀人，以及意识形态领域中存在着的利己主义、拜金主义、历史虚无主义等，就必须开展毫不留情的斗争，根据犯罪情节轻重，依照党纪国法给予查办。如果不坚决开展斗争，社会腐败问题就会变本加厉、愈演愈烈，社会风气也难以根本好转，当然也就谈不上社会和谐了。

化解矛盾是一个持续不断的过程，旧的矛盾化解了，新的矛盾又会发生。所以要采取妥善的方法不断化解矛盾。要依靠民主和法制，要坚持公平正义，善于发挥社会主义价值体系的作用，努力维护人民群众最关心、最直接的切身利益。

"发展是解决我国所有问题的关键。"当前，推进和谐社会建设，最重要的是全面落实科学发展观，以促进社会经济健康发展。要统筹兼顾，努力建立健全保障经济平稳较快发展的体制机制，建立健全正确处理各种社会矛盾的有效机制。要兼顾国家、集体、个人三者的利益，兼顾发展能力强群体与发展能力弱群体的利益，兼顾改革中受益较多群体与受益较少群体的利益，兼顾不同行业群体之间的利益。

综上所述，中华优秀传统文化中的"和谐"思想和精神，是传统文化中的精髓，是我们建设和谐社会最直接的文化基础和思想资源，它对建设社会主义和谐社会具有极其重要的作用。在建设社会主义和谐的过程中，要特别注意的是，在继承中华民族优秀文化传统、充分挖掘其理念蕴含的当代价值的同时，也要赋予其新的时代内涵，通过综合创新，实现传统文化与当代文化的对接，把加强社会主义核心价值体系，建设、培育和弘扬社会主义核心价值观作为一项根本任务来抓。要吸取苏联亡党亡国的教训，在全社会深入开展信念教育，开展有中国特色的社会主义和中国梦的教育，积极引导各种社会思潮，坚定人民的道路自信、理论自信、制度自信，使之与社会主义理想、信念相适应，从而为社会主义和谐社会建设奠定思想基础，成为社会主义和谐社会建设的精神支撑。

（作者为中共肇庆市直机关工委原副书记、肇庆市炎黄文化研究会副会长）

从若干历史典籍看爱国主义和社会责任感的传承

汤淼荣

中华文明历经五千年而不中断，爱国和社会责任感无疑是其中的一大因素。党的十八大倡导的个人层面的社会主义核心价值观最核心的内涵莫过于爱国了。古往今来，爱国的壮举数不胜数，没有一部著作能把从古至今的爱国壮举统统都囊括进去。本文仅就从古代至近代若干为人们熟知的名篇——文章和诗词作简要介绍和分析，从中可以看出爱国和社会责任感的传承，看出我们中华民族几千年来历经磨难而依然生生不息、屹立于世界民族之林的精神基因。

一、屈原和他的《离骚》

《离骚》是由375句诗组成的散文诗，是《楚辞》的一部分。《楚辞》还包括屈原的《九歌》、《天问》、《九章》、《远游》、《卜居》、《渔父》等作品。本文并非对《离骚》进行逐段逐句的分析，而是从《离骚》的创作背景去感悟屈原热爱祖国而又报国无门、屡遭诬陷、受到排挤，最终得不到解脱而投进滔滔汨罗江的复杂心路历程。屈原所处的时代是楚国末期，楚国是有800年历史的地区大国。其时，楚国面积最大，人口最多，先后建都于丹阳（今湖北秭归东南）、郢（今湖北江陵）、陈（今河南淮阳）、寿春（今安徽寿县）。其疆土西北至武关（今陕西商南西北）、东南至昭关（今安徽含山北）、北到今河南南阳、南到洞庭湖以南，战国时又扩大到今山东南部、西南到今广西东北，是春秋战国时期中国版图上最强盛的国家之一。到屈原时代，楚国是战国七雄的前三（秦、楚、齐）。屈原是一位很有抱负的政治家，曾辅佐楚怀王建立霸业，是怀王所倚重之臣。当时齐楚两国势力相当，有时结盟，有时又被秦国分化。其时，只要能按屈原的设想，破除贵族的世袭用人制度，广招人才，用人不疑，大胆使用人才，在与秦国的关系中，毫不动摇，始终坚持联齐抗秦的攻防谋略和基本国策，便可保持楚国的优势。如能做到这一点，屈原自信楚国有问鼎中原、统一华夏的实力。正当他踌躇满志根据怀王的意旨进行改革的时候，他遭到了贵族们的抵制。他们对屈原进行抨击、进谗陷害。昏庸的怀王居然听信谗言，冷落疏远了屈原。后来接替怀王的顷襄王更加昏庸无能。因是否要联齐抗秦的战略决策屡遭秦国分化和离间，屈原的谏言始终得不到采纳，最终屈原被顷襄王放逐于洞庭湖之南的沼泽地带长达 18 年，过着抑郁不得志的生活。屈原的人生轨迹和他的不朽著作《离骚》，给我们最主要的启迪是他的爱国情怀：他是一位有伟大抱负的政治家，他的人生追求和奋斗目标都是祖国安危和大中国的统一。后期的战国七雄实际上是秦、楚、齐三国的攻防较量，而楚国疆域辽阔、历史悠久。可惜屈原对祖国的忠贞和一切为祖国的安危着想的赤子情怀未能得到楚怀王及其继任者顷襄王的认可，并且两代君王都昏庸无能、听信谗言，楚国又屡遭秦国的离间、分化和欺骗，致使楚齐两国从友国变成仇敌。后来，楚国两面树敌，陷于孤立局面，屈原为此悲愤不已，以极其婉转隐晦的风格写出了他的不朽作品《离骚》，用于表达他不屈不挠、出淤泥而不染、不与恶势力同流合污、永不放弃对崇高政治目标的追求的高风亮节。其实，在屈原所处的时代，他本可以去别国当谋士，东家不打打西家，但他没有这样做，他把终身托付给自己的祖国。屈原（约前 342—前 278 年）和商鞅（约前 395—前 338 年）一前一后虽不处于同一时代，但商鞅的变法取得巨大成功，促成了秦国国力渐强的决定性走向。而屈原所在的楚国未能改革变法，国力渐弱，这一国力相互逆向消长的趋势，决定了两国成功与失败的走向。邓小平复出的时代，中国的国力已经受到了极大的削弱，幸好邓小平以极大的勇气和坚定的信心拨乱反正，促成了中国的改革开放，也才有了祖国今天令我们感到自信和自豪的强盛。

二、诸葛亮和他的《前出师表》

《前出师表》是蜀汉后主建兴六年（228 年）诸葛亮领兵北伐曹魏政权临行前向后主刘禅上的表章——疏奏文章，内容相当于现代下级向上级提的建议、意见，文章约 800 字。内容主要是分析当时魏、蜀、吴三国鼎立的形势，向后主刘禅提出任用干部的理念和策略——亲贤臣、远小人，同时阐明此次北伐的战略目的。后人对诸葛亮的印象主要是足智多谋、神机妙算、尽忠职守、鞠躬尽瘁、死而后已。自从三顾南阳诸葛草庐，刘备完全赞同和接受诸葛亮在《隆中对》中对天下大势的深刻分析和准确判断。他们的政治立场接近和趋同，最关键的是刘备求贤若渴、真诚感化，毫无保留地给诸葛亮以信任，而诸葛亮为此亦别无旁顾，全身心地为刘备效劳，鞠躬尽瘁，历二十年彼此的信任不变，从而奠定了双方真诚合作的政治基础和思想基础。《前出师表》这篇短文可从三方面作剖析：

1.认准政治目标

诸葛亮认准了政治目标便全身心投入，直至生命的最后一刻。我们今天的共产党员在入党宣誓时就庄严承诺，要为共产主义事业奋斗终生，而两千年前的三国蜀汉丞相诸葛亮就能为自己认准了的目标奋斗终生，令人景仰。那个时代，他认为刘备——刘皇叔——刘邦族裔是中央政权的正统。而曹操挟天子以令诸侯是非法政权，所以应该支持刘备抗击曹操，策略是联吴抗曹，最终实现复兴正统的汉室的崇高目标。

2.敢于争取胜利的精神

中国共产党从成立到取得政权，其中重要的一条就是敢于争取胜利，这可体现于从在城市领导工人运动到在农村建立根据地，再到第五次反围剿失败被迫长征，最后在长征中又历经千难万险最终胜利到达陕北的历程中。在抗日和解放战争时的力量对比，中国共产党在开始阶段就处于弱势。但中国共产党有马克思主义的理论指导，有千千万万愿为共产主义事业奋斗的工人农民和广大热血青年。而三国时期刘备一方在初始阶段更是弱小被动。从诸葛亮本人来说，他本是躬耕南阳的一介布衣，在汉末诸多英雄人物中，论资历、论年龄还是年青一辈，他比曹操、刘备要小二十多岁，而且他没有“公务员”背景，没有在中央或地方政权任过职。而刘备在当时的三方势力中是最弱小的一方。刘备三顾草庐时，只有残兵一万余人，而且没有自己的战略根据地，而曹操、孙权分别坐镇中原和江南。就是在这战略态势上对刘备政治集团极为不利的情况下，诸葛亮凭着自己认准了的政治目标和对军事形势的判断下定决心，义无反顾地把自己的终身托付给刘备复兴汉室的崇高事业，表现了诸葛亮所具有的进取精神和敢于胜利的精神。至于蜀国最先被魏国所灭，并不是诸葛亮当年《隆中对》中对天下大势的判断失误，而是关羽恃才傲物，未能贯彻诸葛亮坚决据守荆州的战略决策，“大意失荆州”，以及刘备在失去关羽后感情用事，用倾国之力与孙吴硬碰硬，致使蜀国的国力遭到了决定性的削弱。这两项教训值得后人吸取。

3.亲贤臣、远小人的干部政策

《前出师表》中，诸葛亮向后主刘禅推荐郭攸之、费祎、董允等，认为他们是可信赖的忠诚干部，是“志虑忠纯”的贤臣，并建议刘禅，在他挥师北伐不在朝中时对上述三人所有“宫中之事，事无大小，悉以咨之，然后施行，必能裨补阙漏、有所广益”。即依靠这些忠诚干部是亲贤臣、远小人的干部政策的实践依据。由于他们品行端正、忠实可靠，由他们来主事，定能“裨补阙漏”、“使行阵和睦”，达到稳定中央政权、能全身心投入北伐的军事行动中的目的。诸葛亮的亲贤臣、远小人的用人策略，用在我们今天的干部政策中，仍然有极大的现实意义。当今党政干部队伍中的“小人”不乏其人。比如有一些机关干部，思想品质很差，工作能力低下，在岗位上不胜其职，不会写，不会做，却很能钻营，投领导所好，猜摸领导喜欢什么，便满足什么，拉关系，走后门，拍马屁，阿谀奉承。这些人在民意测评中得票率很低，群众基础很差却因很会钻营，做足了“公关”工作，疏通了关节，便能顺利升官。而有关部门的个别领导却亲这种小人，以这个渠道升迁的官员是留有很大隐患的。另外，这对踏实工作而又不会投机钻营的同等条件的干部而言是极大的不公平。

4.鞠躬尽瘁，死而后已——一心扑在工作上的典范

《前出师表》这篇短文约800字，每字每句都表现出诸葛亮自谦布衣出身，感激先帝信任爱戴和委以重任，使他每时每刻想的都是蜀汉的安危、复兴汉室的宏愿。他是一位政治家、军事家、外交家。他不但管政治、军事、外交，还管国家建设，管人事任用。他的最大特点是事必躬亲，事无巨细都要亲力亲为，像我们当代的周恩来、焦裕禄、孔繁森也都如此。我们共产党员受马克思主义的熏陶、党的教育和人民的托付，如果是在领导干部的位置上，就应该借鉴诸葛亮鞠躬尽瘁、死而后已的献身精神。还有诸葛亮是一位清官，虽然《前出师表》里未曾提及，但《三国志》里有载。他死后几无存款……总之，他是一位忠臣，也是国家高级官员的典范。

三、文天祥和他的《正气歌》

文天祥是我国家喻户晓的抗元英雄，他的“人生自古谁无死，留取丹心照汗青”的著名诗句，激励着无数为国为民的仁人志士英勇抗敌、义无反顾，就是上刀山下火海也毫不畏惧。文天祥所处的南宋末期，山河破碎，国土沦丧，汉民族遭受了巨大的灾难，而南宋小朝廷又被一帮奸臣把持。在元朝的将领伯颜进攻南宋都城临安（今杭州市）的危急时刻，贪生怕死的丞相陈宜中星夜弃官出逃。在这关键时刻，朝廷任命文天祥为右丞相兼枢密使，前往临安城外与伯颜谈判。伯颜凭借武力把文天祥扣留，文天祥在被押解燕京（今北京市）途经镇江时企图逃脱。文天祥历尽艰辛辗转来到福安（今福州市）朝见了由张世杰、陆秀夫等忠臣拥立的新帝赵昰，坚持抗元。此前，临安已陷落，端宗赵昰一行被俘，被押解北上。景炎二年（1277年）在江西永丰空坑山谷（今江西兴国境内），文天祥的部队遭元军伏击，文天祥与家室离散，妻女被俘，但他成功突围。景炎三年（1278年）冬，文天祥的部队在从潮阳转战海丰途中遭包围，文天祥被俘，解往燕京途中受尽折磨，于1282年12月在燕京柴市（今北京宣武门外菜市口）英勇就义。南宋末代皇帝赵昺亦于1278年厓山陷落后投海身亡，

持续了一百五十多年的南宋至此灭亡。

文天祥的《正气歌》是在1281年夏于燕京囚牢中写就的。《正气歌》一开头便展现了捍卫祖国尊严、气壮山河的英雄气概，文天祥秉笔疾书：“天地有正气，杂然赋流形。下则为河岳，上则为日星。于人曰浩然，沛乎塞苍冥。皇路当清夷，含和吐明庭。时穷节乃见，一一垂丹青。”这篇为人千古传诵的政治宣言，深刻而全面地反映出文天祥彻底、忠实地履行儒家“修齐治平”的最高思想道德境界。

综观文天祥的一生，他的伟大在于他为国为民的“义”高于一切，重于泰山。在面临国破家亡、个人生死抉择的最后关头，在面临投降敌人可生、绝不事敌必死的两难境地，他毫不犹豫地始终如一地选择了后者。孔子说：“无求生以害仁，有杀身以成仁。”孟子说：“生，亦我所欲也；义，亦我所欲也。二者不可兼得，舍生而取义者也。”孔曰成仁，孟曰取义。文天祥把国家和民族的存亡看作最大的仁和最大的义，这也是他最高的精神追求，他把这一信念看得比生命更重要。当敌人要他放弃对故国的忠诚而保全性命时，他宁可放弃生的希望，而保留爱祖国、爱民族的最高信仰。临刑前，为了缅怀自己为之奋斗的故国和千千万万为江山社稷而牺牲的壮士，还有在元军铁蹄下受尽蹂躏的父老乡亲，他无限深情地面向南方——祖国的大好河山和他心目中的朝廷叩拜。而在敌人面前，他从未低过头，从未下跪，即使用暴力他也不下跪。文天祥被俘以后，元朝的南宋降将张弘范逼他致函劝降南宋守将张世杰，文天祥毅然拒绝，并以《过零丁洋》“人生自古谁无死，留取丹心照汗青”的诗句表明决不投降的决心。

文天祥的爱国、英勇是我们中华民族的骄傲，他的英勇形象是我们中国人心中的丰碑。

此外，南宋还有许多像文天祥那样的爱国英雄。在说这些民族英雄或爱国志士之前，必须提到北宋的范仲淹，他那“先天下之忧而忧，后天下之乐而乐”、“居庙堂之高则忧其民，处江湖之远则忧其君”的政治襟怀，以及“燕然未勒归无计”（未能建功立业）的社会责任感，无不激励着中华民族世世代代的有识之士为国家、为民族而奋斗，而献身。

南宋的民族抗金志士，首屈一指的当数岳飞。他最为有名的《满江红》充分表达了他收复祖国山河的豪情壮志——“待从头，收拾旧山河，朝天阙”和悲愤激昂——“靖康耻，犹未雪，臣子恨，何时灭”以及为国奋斗、敢于胜利的精神——“壮志饥餐胡虏肉，笑谈渴饮匈奴血”。其次是辛弃疾。辛弃疾年轻时矢志抗金，曾拼杀沙场，单骑冲进敌营擒拿叛徒，作出了惊天动地之举。但他一生壮志未酬，他的抗金主张屡遭打压，郁郁不得志。他留下了许多报国抗敌的豪放诗篇，如“醉里挑灯看剑，梦回吹角连营。八百里分麾下炙，五十弦翻塞外声。沙场秋点兵。马作的卢飞快，弓如霹雳弦惊。了却君王天下事，赢得生前身后名。可怜白发生”(《破阵子·为陈同甫赋壮词》)。第三位是陆游。陆游的爱国诗篇激愤扼腕。他死前最后一首绝笔诗仍不忘救国恢复中原：“死去元知万事空，但悲不见九州同。王师北定中原日，家祭无忘告乃翁。”（《示儿》）此外，南宋还有张元干、陈亮、江万里等一大批或抗金或抗元的爱国志士。

近代的还有林则徐的“苟利国家生死以，岂因祸福避趋之”，黄遵宪的“寸寸山河寸寸金”，康有为的“凭将士气扶中夏，泪洒山河对北风”，丘逢甲的“四百万人同一哭，去年今日割台湾”、“老生苦记文忠语，多恐中原见鹫章（帝俄的国徽)”，梁启超的“谁怜爱国千行泪，说到胡尘意不平”，谭嗣同的“四万万人齐下泪，天涯何处是神州”，秋瑾的“拼将十万头颅血，须把乾坤力挽回”。

上述几例，只是爱国诗篇的沧海一粟，但足以说明这是几千年来，中华民族热爱这片热土、誓与国土同存亡的民族性格。中华文明在五千年的历史长河中，虽历经从先秦到北魏几百年间的匈奴入侵的威胁对峙、多个朝代的外敌侵扰和逼迫、近代西方列强的企图瓜分甚至灭亡中国的血的洗礼及至当代仍然受到美日及西方列强的围堵遏制，却始终以顽强的意志，像大海容纳百川般的广博胸怀，不怕艰险，不畏强暴，始终屹立在世界民族之林。新中国成立以来，特别是改革开放三十多年来，在历届党中央的领导下，沿着近代中国有识之士探索中华民族伟大复兴的足迹，顶住了西方列强军事、经济、文化的侵略、颠覆、控制的压力，坚持政治自信、制度自信、文化自信，勇于探索，锲而不舍，我们终于找到了一条适合中国国情的社会主义道路。回顾历史，中华民族能够在近代鸦片战争、甲午国殇、列强瓜分、日本侵略等一系列关系到国家民族生死存亡的抉择面前英勇抗敌，求生存、求自强，乃至能和平崛起，除了中华民族的汉字文明，共同语文明，爱乡、爱土文明之外，十分重要的一条就是我们中国人的爱国精神和具有高度社会责任感的民族精神。从有文字记载的历史文献中，从战国、先秦到当代的两千多年时间内，中国涌现出千千万万个为了国家利益、民族利益和社会大众，不顾个人得失、安危，或挺身而出、伸张正义，或舍身救国、百折不挠，甚至为国捐躯的英雄。他们伟大的爱国精神和为社会、为民族的献身精神，通过他们的不朽作品，流传千古，并影响着一代又一代的中国人。这对形成中华民族热爱和平、热爱祖国、以邻为善、不侵略别人，又敢于抵御外敌，不惹事、不怕事、不首先开第一枪、同情弱者等处世之道和民族性格起到潜移默化的作用。近两年来，习近平总书记在多个场合的讲话中多次强调要对广大人民群众进行社会主义核心价值观的培养和教育，要使社会主义核心价值观影响像空气一样无处不在。抚今追昔，当今党中央提出的社会主义核心价值观有中华优秀传统文化的历史渊源，那就是对爱国和社会责任感的传承。

（作者为肇庆市残联办公室原主任、肇庆市炎黄文化研究会副会长）

让公益广告成为弘扬优秀传统文化的载体

叶志文

最近，习近平总书记在“培育和弘扬社会主义核心价值观、弘扬中华传统美德”的第十三次集体学习中强调，中华文化源远流长，积淀着中华民族最深层的精神追求，是中华民族独特的精神标识，为中华民族生生不息、发展壮大提供了丰厚滋养。中华传统美德是中华文化精髓，蕴含着丰富的思想道德资源。只有不忘本来才能开辟未来，只有善于继承才能更好创新。对历史文化特别是先人传承下来的价值理念和道德规范，要坚持古为今用、推陈出新，有鉴别地加以对待，有扬弃地予以继承，努力用中华民族创造的一切精神财富来以文化人、以文育人。从世界范围看，利用好公益广告这个平台弘扬优秀传统文化，能提升民众文化道德水准、规范社会行为、改善社会风气、营造良好的社会环境。中国几千年来传承了许多优秀传统文化，公益广告就是一个很好的传播载体。

一、公益广告在信息传播上的优势

公益广告诞生于20世纪40年代的美国，当时由于工业化大生产的不断发展，引发了一系列的社会问题，严重阻碍着社会的发展。为了向社会呼吁，引起社会公众的关注和响应，公益广告作为一种有力的工具应运而生。公益广告，是指不以营利为直接目的，采用艺术性的表现手法，向社会公众传播对其有益的社会观念的广告活动，以促使其态度和行为上的改变。中华民族深厚的传统文化和优秀的人格精神素质，为公益广告传播创造了适宜的人文环境。公益广告在当前社会，尤其是城乡精神文明建设过程中具有重要的影响，在传播优秀传统文化方面的优势非常明显。

1.非营利性使公众容易接受

与商业广告完全以营利为出发点相比，公益广告则是非营利性的。公益广告不是以收费性的商业宣传来创造经济效益，而是“免费推销”某种意识和主张，向公众输送某种文明道德观念，以提高他们的文明程度，获取良好的社会效益的广告。公益广告以人与社会、人与自然和谐发展为宗旨，以社会保护与群体素养提升为目的，促进社会的发展，注重社会效益。凡是从事公益广告的单位或个人，其终极目标都是公众的利益，而不是营利，因而使公众容易接受。

2.热点性使公众容易关注

公益广告诉求的是什么？是观念，以某一观念的传播，促使公众自省、自觉地去关注某一社会热点问题，并使其能规范自己的行为以形成良好的社会风尚。它传播的是精神形态的观念，而不是物质形态的商品，比如劝诫人们不要吸烟吸毒、号召植树绿化、关心希望工程等。公益广告的广告信息都是与受众密切相关的一些观念、话题，传播这些信息的目的在于引起受众的注意和重视，对于其原有观念产生加强或者是改变的影响。

3.广泛性使传播效果显著

公益广告面对的是社会公众。受众的范围当然是越广越好。长久以来，公益广告一直是被用来解决不同社会问题的手段之一，所以公益广告就是要针对社会公众的特点和心态，反映公众的意愿和呼声，反映公众普遍关注的社会问题。不同的时期会有不同的社会问题，也会有不同的公益广告。公益广告对于提高大众思想意识、鼓舞人们采取行动、促进社会进步起到了持久的、积极的作用。公益广告期待尽可能多的公众目光，受众的范围越广越好。

4.利他性使传播模式可持续

什么是公益广告的动力呢？公益广告的动力是高度的社会责任感，是人类的同情心、爱心、美德等的彰显。谁做公益广告谁付费，公众可从中感知其公共事业心。公益广告的费用包括设计、制作、发布费用等。公益广告的费用由广告人自行、自愿承担，不受制于政府或组织，不是由官方指派或强迫的，广告主有充分的自主权决定是否参与公益广告，任何人不得强制。公益广告表现了利他主义精神，只要社会需求一日存在，公益活动就不会停止。

二、公益广告在传播优秀传统文化方面存在的问题

1.脱离国情

由于公益广告的理念来自西方，长期以来我们都忽视了将中国的传统文化融入我们的公益广告中，比如公益广告的内容，对中秋节、清明节、端午节、重阳节等中华传统节日的宣传比较“冷淡”，往往在节日临近或节日期间才会宣传。而媒体对传统节日的宣传，直接影响到大众对传统节日的关注、理解和参与程度。又如公益广告的创意，国内公益广告大多缺乏中国元素，创意平平，没有摆脱说教的立场、教育人的口吻，把公益广告图解化、套语口号化，使得公益广告停留在一般宣传的层次上，其效果就可想而知了。综观我国目前的公益广告，普遍存在表现元素单调、雷同的问题。

2.脱离时代

由于国内没有一个正规的具有一定权力和威信的组织对公益广告的内容制定以及创意制作、发放等一系列行为的系统进行管制，所以我国的公益广告并不能及时地反映当下公众切实的社会现状，甚至有些地方在很长一段时间之内都看不到公益广告的宣传。例如，现如今我国频繁发生大楼着火、煤矿渗水、大桥坍塌等安全问题，至今央视都没有作出正面的公益宣传，没有号召落实施工质量和提出保证工人安全的措施。宁夏大部分山区甚至乡村街道墙体上的计划生育和禁止贩卖毒品的广告标语很多年都不曾更换，这样根本就不能保证公众公益意识与社会发展的现状接轨。

3.脱离人性

由于我国特殊的国情和文化传统，大众媒体上的公益广告更像是政府机构的行政命令，给公众的印象就是“政治性宣传”，有硬性给公众灌输

理念之嫌。因此，早期的电视公益广告根本没有丝毫的创意可言，多以口号式、说教式的面孔出现，比如“不要践踏草地”、“禁止贩毒”，甚至有“一家只允许生一个”这样生硬、强制性的广告语。这种语言方式给人的第一感受就是把公益广告的传播者和公众划清等级，不是传播者号召公众提高公民素质，而是政府命令公众执行公益活动。这容易在传者和受者之间形成情感上的隔阂，最终导致受众对公益广告内容产生排斥心理。施拉姆说过：“大量试验表明，动感情的呼吁较之逻辑的呼吁更可能导致态度的改变。”早期的公益广告的发布者往往以政府部门、行业协会的身份出现，不可否认这样能增强信息的可信度，但是单纯提高传播的可信度和权威性而忽略传播方式，是容易导致受众记忆效果的降低的。

4.脱离市场

在中国，公益广告活动还是一种政府行为，公益广告活动的发起人主要还是由政府机构来承担，由企业参与的较少。政府在公益广告的发展中，把主要精力放在组织具体的公益广告活动上，没有在建立公益广告的市场化运作方面做更多基础性、引导性工作。结果是，在公益广告活动期间，全国的公益广告活动开展得有声有色，但活动一结束，大部分公益广告就销声匿迹。和美国、日本等国家的公益广告运作相比，中国政府介入公益广告的运作最多，政府投入也最多。但是，中国公益广告的发展，不论是数量、质量，还是运作水平都和发达国家有较大的差距。没有建立起市场化运作的良性发展机制，是影响中国公益广告健康发展的重要原因。

三、运用公益广告，弘扬优秀传统文化的对策

1.结合优良传统

公益广告必须传承优秀传统文化，深深植根于传统文化的土壤中，运用民族的艺术形式，贴近受众的精神需求。比如孝亲观念，中国家庭与社会的建立是以对父母家长的孝亲为起点的，所以孝亲观念是中国伦理道德的本位，是中国人心中最为看重的观念。又如故土观念，在国人心中也占有极高的地位。故土意味着“老家”，在中国传统文化的价值取向中，家和

是重要的导向之一。再如传统节俭观念，成由勤俭败由奢，人生要心地纯正、生活俭朴才会有幸福。节俭既是传统的价值观，更是现代的价值观，在当前群众路线主题教育正在扎实开展的背景下尤显必要。还有善行观念，在人民群众中世代传承，具有十分广泛的影响和深厚的群众基础。善作为一种价值取向，也是全人类精神的永恒向往。

2.结合时代精神

公益广告同样需要与日俱增，把以中国梦为核心的社会时代价值理念和创新、务实、进取的时代精神，通过艺术的表达方式展现在人民群众面前，这不仅能满足人们的审美欣赏需求，也能达到明德进取的教化目的。具有时代性、思想性、实践性和艺术性的公益广告，既实现了传统艺术与公益广告宣传的有机结合，也实现了中华传统美德与社会主义时代精神的完美结合。比如，彩塑、剪纸、皮影、年画、木版画、农民画、漫画等传统艺术，将中华民族传统美德浓缩于方寸之间，大大缩短了艺术与道德之间的距离，消除了德育简单说教的形式和面孔，增强了真善美的感染力与说服力。

3.结合家国情怀

公益广告要体现爱国教育，将中华民族传统美德进行通俗表达，触动这种深深植根于每个国人内心的家国情怀。其实，家与国在中国人心中是密不可分的一个整体，“修身、齐家、治国、平天下”的理念是儒家文化的精髓。国家、社会、家庭和个人就这样成为一个整体。这种无比宏大同时又无比细腻的情感就是家国情怀。家不只是房子，更是孝和爱的依托，是亲情的牵挂，是共鸣在亲人心中的精神力量，是家人情感的聚合体。谈起家，中国人自然就会想到国，家是小的国，国是大的家。中国人对家国的爱大都蕴藉于内心，这通常表现在孝亲敬长、勤俭持家、遵纪守法的平凡生活的点点滴滴之中。每个时代的中国人，都会将自己、家庭同国家的命运紧密联系在一起，并为之奋斗。经历了数千年的风雨，这种情感深深植根于百姓心中，并逐渐形成国人共同的精神家园，这是民族精神的根本。

4.结合群众生活

公益广告不能脱离群众生活，要将各种优良传统、文明理念逐渐融入群众生活中去。取材必须来源于生活，来源于实践，适应大众的日常生活；还要"接地气"，从实际生活中提炼出抽象的理念和方针，既不落俗套，又不曲高和寡，语言也要通俗易懂，适合大多数人的口味，还要具有深刻的指导意义，能够在一定程度上指导和规范人们的生活、工作。通过长期宣传身边不断涌现的好人好事、道德模范、文明天使，使大家在日常生活中受到潜移默化的教育，起到发扬优良传统、传递文明新风、传播正能量的作用，使每个人的心里都有一块弘扬优良传统、文明理念的广告牌，使优良传统和文明风历久弥新。

5.结合中国实际

颁布有关公益广告的法律法规，使公益广告进一步得到完善和规范。比如，媒体必须做一定数量的公益广告。政府部门应探索适应我国国情的政府引导、市场化运作、行业管理的公益广告运作机制，逐渐从直接组织公益广告活动转向间接支持公益广告活动。此外，在资金方面，政府要加大投入，对于积极参与公益广告的制作、发布的企业，应实行激励性奖励政策，鼓励企业和社会团体参与公益广告的制作和发布。政府还要积极推动公益广告的理论研究，加强专业人才的培养，提高整体创作水平，提高公众的公益意识，为公益广告事业营造一个良好的发展环境。

（作者为中共肇庆市委党校理论研究室主任、讲师）

借鉴传统优秀文化　加强党风廉政建设

黄桂荣

“实现中华民族伟大复兴的中国梦，必须坚持党要管党、从严治党，积极借鉴我国历史上优秀廉政文化，不断提高党的领导水平和执政水平、提高拒腐防变和抵御风险能力，确保党始终成为中国特色社会主义事业的坚强领导核心。”这是习近平总书记在中共中央政治局第五次集体学习时，对党风廉政建设和反腐败斗争作出的重要指示。认真学习习总书记的讲话精神，深入研究历代贤明君王对廉洁政治的追求，认真解析我国传统廉政文化的优秀成分，我们可以得出这样的结论：廉政文化是中华文化的优秀组成部分，中华优秀传统文化蕴含着丰富的廉政思想，蕴含着丰富的廉政制度建设方面的内容，其“尚廉耻贪”、“公正廉明”、“公生明、廉生威”等为官理念，即便在社会发展的今天也有着积极的意义。

一、反腐倡廉借鉴传统优秀廉政文化问题的提出

长期以来，我党一贯重视反腐败工作，一系列的规章、制度不断出台。从标本兼治、侧重遏制到标本兼治、综合治理，再到标本兼治、综合治理、惩防并举、注重预防，这些都说明了我党反腐倡廉力度的不断加大。然而，不断加大的反腐败力度并未有效遏制腐败官员的“前赴后继”，腐败官员的级别越来越高，数量也越来越多。问题到底出在哪里呢？

1.对党的建设制度层面问题的分析

对于党的建设制度层面的问题，专家和学界给出了林林总总的评判，其主要观点可以归纳为以下两点：一是制度执行不力。规定和措施是用来执行的，执行不力使得一系列规定、措施成为摆设。二是监督体制不顺。现行体制下，“一把手”权力过于集中，使得同级监督很难有效进行。这

两个观点都是正确的，也是腐败难以根除的基本因素。如果把这两个观点再作一个深入分析，可以延伸出如下设问：其一，这些规定、措施的操作性有多强？其二，如果监督者权力过大，谁来监督监督者？由此看来，这两个方面的观点只是从表象上得出的结论。

党的建设指的是党的自身建设（如组织建设、思想建设、作风建设、制度建设、反腐倡廉建设等），加强党的自身建设的目的就是使党成为中国社会主义建设事业的坚强领导核心。而党要管党、从严治党无疑是党的建设的关键所在，也是党内目前所存在问题的关键所在。从字面上分析，党要管党，是党要管好自己的事情，通过加强自身建设带领全国各族人民完成党的历史使命；从严治党是党根据目前自身建设存在问题所表明的决心。问题是，什么是党自己的事情？为什么腐败现象在高压态势下仍然屡禁不止？如果仅从制度层面加以解释显然是不够的，那么症结又是什么呢？

2.对“德治”、“法制”层面问题的分析

以德治国与依法治国是我党提出来的现阶段的重要治国之策，其正确性和重要性毋庸置疑。在惩治腐败中，我们也发现这样一个现象：许多腐败官员在被组织审查并诉诸法律时，会痛哭流涕地悔过说，自身堕落主要在于不注重学习，世界观出现了问题；还有的“追悔莫及”，说要是组织早提醒、早教育，自己就不至于在腐败问题上越陷越深；也有一些官员则把腐败的原因归结为制度约束的乏力，过于集中的权力导致了自己腐败行为的“一发不可收拾”……

党内部分官员存在的腐败问题，必然影响到整个社会风气。尤其在经济飞速发展的今天，只要有权力、有特权的部门和职业，就会成为腐败的诱因，人们只要有机会、有能力，就想通过不正当手段获取个人私利。比如，医生可因握有“手术刀”、“处方权”而收受“红包”；教职人员可因自主招录、择校等大肆索要礼金；记者编辑可以为了金钱而报道不实新闻；城管可以因对马路有管理权而收受钱财等。

把上述现象归结为道德问题无可厚非，但仅从道德层面加以归结显然失之偏颇。笔者认为，这与我们长期以来习惯于将腐败问题理解为“修养”功夫的欠缺，强调社会成员个体的“内在修炼”与“自我约束”作用不无关系。强调“内在修炼”与“自我约束”本身没错，但“内在修炼”与“自我约束”需要高度的道德自觉，只有建立在强有力的制度保障和法律约束上，道德自觉才能真正成为一种社会的正能量。以德治国与依法治国相结合体现了中华文化的特点，如何使这一基本治国方略真正发挥作用，是笔者将要努力探讨的一个重要内容。

3.对作为意识形态层面的文化问题的分析

上述现象告诉我们，作为非正式制度的腐败文化一旦形成，对人们的行为和社会价值取向的影响将是根本的、长期的、广泛的。在我国，传统文化中的腐败亚文化与公正廉明、勤政为民的为仕之道相克相生，它们共同支撑起中华五千年的文明史。这就不难解释，在社会发展和转型的今天，为什么在我党会有一大批像焦裕禄、孔繁森、牛玉儒那样执政为民、清正廉洁的领导干部、道德楷模；而腐败者也如“恶草”般层出不穷、难以根除。如果不下大力气加强优秀传统文化建设，腐败文化就将沉渣泛起、形成气候，并为腐败现象的进一步滋生和蔓延提供温床。如何弘扬廉洁的、励志的、昌明的中华传统优秀文化，如何对历代王朝的官吏选拔及考核制度进行正确的比较和借鉴，正是我们在反腐败斗争和党风廉政建设中所要解决的一个基本问题。

二、中华优秀传统文化蕴含了廉政制度建设方面的内容

廉政文化与腐败文化是相对而言的。我们中华民族拥有上下五千年的文化历史，其中廉政文化和腐败文化有着诸多的对抗和交集，它们共同作用于历代官场，并为持不同价值观者所尊奉。在反腐败斗争中积极借鉴我国历史上的优秀廉政文化，加强廉政文化建设，是习近平总书记在研究党的建设的历史经验、研究我国政治与文化发展史的基础上提出的重要命题。命题的提出，是对我国优秀廉政文化的充分肯定。

1.中华优秀传统文化蕴含了丰富的廉政思想

早在东周时期，面对社会的动荡和变革，代表各阶级利益的知识分子纷纷著书立说，提出了解决社会现实问题的办法，并形成了诸子百家争鸣的繁荣局面。儒家提出的“德政”和“仁政”思想、法家提出的“法制”思想、道家提出的“无为而治”思想等，都对后来的政治统治起到了积极的作用。在诸多学术流派中，儒家学说无疑对中国乃至全世界都产生了深远的影响。

首先，崇尚伦理道德，推崇“修齐治平”（《礼记·大学》）。所谓“修齐治平”，即修身、齐家、治国、平天下。中国传统文化孕育下的国人不但注重“修齐治平”，而且将“治国”和“修身”紧密地联系在一起，特别强调“治国”须先“修身”，视“修身”为人生最基本的价值追求。公廉思想是中国廉政文化的核心部分。历代贤明的君王把公廉思想贯穿于统治过程中，力图培养和造就一批具有崇公尚廉理念的贤能良臣，以巩固其“清明”的江山社稷；贤人君子也把公廉的人格品质作为其毕生的追求，力图通过为民造福、为国分忧而流芳千古。这一理念体现在政治统治上，就要求君王实行“仁政”，以仁慈之心宽厚待民，以仁爱之心赢得民众的支持；体现在吏治上，则要求官员注重“修身”，在个人修养上慎独、慎行，造就道德上的所谓“完人”。

其次，确定“以德为先”的官员选任标准。历代开明君王在选拔官员上都有一个共同之处，即把官德放在第一位。比如，周朝对官员的考核有“六廉”，即廉善、廉能、廉敬、廉正、廉法、廉辨；秦朝提出官吏的基本品德是“精洁正直，慎谨坚固，审悉毋私，微密纤察，安静毋苛，审当赏罚”。比如，汉代的察举制按孝廉、茂才、察廉、光禄四行、贤良方正、贤良文学等数十种科目考查举荐的人才；之后各个朝代的官箴，都会在选任官吏问题上注重德行操守，要求官员做到“清、慎、勤”。仅以上所列，可见其核心就是“官德”。对于官吏的德才问题，历代著名学者都有经典论述，比如北宋政治家、史学家司马光著有《才德论》；同朝代的政治家、史学家欧阳修著有《廉耻论》；明朝官吏郭允礼著有《官箴》等。对此，康熙帝亦提出，用人以“德才兼优为佳”，并特别强调“节操清廉最为紧要”。

最后，推崇尚廉耻贪的核心价值理念。从廉政文化方面来看，历代先贤哲人进行了各自的探讨，从司马迁的《史记·循吏列传》中记载的各种类型的清官廉吏，到唐朝一身正气的狄仁杰；从宋朝的范仲淹、包拯，到明代的海瑞、于谦、况钟，再到清朝的一代廉吏于成龙等，他们都传递着尚廉耻贪的核心价值理念，体现着中国古代吏治的“正能量”。但是，在我国漫漫的历史长河中，相比而言，腐败文化的积淀可能更为深重。江雪松把中国古代的腐败文化概括为传统文化中的“贪渎文化”、传统的血缘宗法观念、传统文化中的官本位思想等。著名的历史学家吴晗甚至说：“一部二十四史，就是一部贪污腐败史。”传统文化精粹与糟粕并存是客观、普遍的历史现象，我们的任务就是要摒弃其糟粕、提取其精华，并使之为社会现实所用。

2.制度反腐是中华廉政文化的重要组成部分

制度是文化的凝聚，制度反腐是优秀传统文化的重要组成部分。自秦朝统一中国以后，我国古代的统治者就注重将对道德文化的追求向制度层面转化，其廉政思想在官员监察监督、考核奖惩、法律法规等方面都有不同程度的制度化表现形式。

其一，建立“崇公尚廉”的廉政监督制度。权力是腐败的温床，绝对权力导致绝对腐败，这是今人在反思腐败问题上得出的结论。其实在权力运行监督方面，我国历朝历代的制度都有各自的独到之处。比如，秦朝的三公九卿制、隋唐的三省六部制、明朝的六部制等都突出了中央对地方的控制；汉代的春秋决狱法、唐朝的“谏官”制度等，目的在于加强对皇权的制约；秦朝的监察机构、清朝的“风闻弹事”等，则强化了对百官的监督制约；而禹的“五音听治”，西周的“路鼓”、“肺石”之制，晋武帝的“登闻鼓”等，则是利用群众力量对百官进行监督。

其二，建立“奖廉惩贪”的官吏考核机制。按照官德的要求，历代统治者也制定了官员考核制度。比如，汉代考核官员勤于职守的评为“最”，反之则评为“殿”；唐代考核流内官员的官德，以“德义有闻、清慎明著、公平可称、恪勤匪懈”的“四善”为标准，而对流外官员，则不分职别，以“清谨助公为上，执事无私为中，不勤其职为下，贪浊有状为下下”为考核标准。明代则以考课、考察两种方式考核官员的德行和政绩，考核更为直接，更具有操作性。清朝的考核制度基本沿袭明制，“在内曰京察，在外曰大计”。考核合格者升迁，不合格或为官有问题者则降免或治罪。

其三，建立依法治腐的法律制度。中国历代统治者从维护其统治的目的出发，一方面对廉政法规制度进行了积极的尝试，包括从尧舜时期具有监察功能的议事会制度到春秋时期齐国的“三选”之法；从秦统一六国后的政治制度改革到北魏孝文帝惩治贪污法令的出台；从唐朝的科举取士到明朝的科道合并、三司分立。不断完善的廉政法规制度在清明吏治上发挥了重要作用。另一方面坚决惩治贪腐官员，从对各朝法律条款的比较来看，夏商周针对官员犯罪制定了严酷的刑法；明太祖朱元璋首创廷杖之例，用酷刑惩腐；清康熙雍正时期提出“治天下首在惩贪治吏”。惩治贪官污吏力度的不断加大，说明我国封建社会后期制裁官员官德行为的措施日趋成熟和法制化。

三、对借鉴我国优秀廉政文化进行反腐倡廉的思考

官员的廉洁勤政与否，关系到国家的兴衰成败，这不单是中国共产党执政实践得出的结论，也是古今中外政治界、学术界所形成的共识。不同的是，中国作为一个有着数千年悠久历史的文明古国，其廉政实践具有与别国不同的独到的廉政文化。反思中国的廉政文化，比较文化与腐败的辩证关系，笔者深感在反腐倡廉中借鉴优秀廉政文化的重要意义。但古代廉政文化的形成，有之特定的历史条件和政治人文背景。这就要求我们在借鉴中注意以下几个方面的问题：

1.加强对中国优秀廉政文化的研究

广义的文化，指的是人类在社会历史发展过程中所创造的物质财富和精神财富的总和；狭义地分析，文化又是一定历史时期的产物，一定时期的文化有其产生、发展和衰亡的过程。廉政文化是中华优秀传统文化的重要组成部分，从根本上反映着执政者的执政理念、执政目的和执政方式，

其核心价值是清廉为民。在人类社会历史发展的今天，重新审视我国古代传统优秀廉政文化，一是要加强对传统优秀廉政文化的研究，使其在新的时代体现出中华文化的独特魅力，在社会主义廉政文化建设中焕发光彩；二是要注意廉政文化传承与创新方面的研究，使之体现时代的特点；三是要加强对广大党员干部尤其是领导干部的思想道德教育，营造廉洁从政的社会氛围，构筑反腐倡廉的思想道德防线。自执政以来，党的历届领导集体围绕全心全意为人民服务的根本宗旨，创立和发展了一系列廉政文化理论，形成了社会主义廉政文化。现在的问题是，如何实现传统优秀廉政文化与社会主义廉政文化的有效结合，并将这些文化层面的内容真正贯穿于“立党为公、执政为民”的执政实践中。

2.依靠法律和制度进行反腐倡廉和反腐败斗争

实践证明，权力反腐没有出路，只有依靠法律和制度，才能有效遏制腐败行为的蔓延。要借鉴传统廉政文化的优秀部分，遵循现阶段腐败和反腐败的规律，对现有制度进行系统优化和完善，增强反腐倡廉制度制定的合理性。对此，笔者提出以下三点思考：

其一，提高反腐倡廉制度建设的科学化水平。改革开放以来，我党制定了一系列反腐倡廉的法律法规，基本形成了程序较为严密的反腐倡廉法律法规和制度体系。30余年的实践证明，这些法律法规和制度体系并未有效遏制官员腐败行为的滋生，且腐败现象越来越引起国民的不满。这一现象需要引起政界及学界的深思。制度是用来执行的，若不能有效执行，制度就成为一种摆设。除了借鉴我国传统优秀廉政文化外，我们还要积极借鉴腐败案件发生较少的国家和地区（如日本、新加坡、芬兰等）的做法，以提高我国反腐倡廉制度建设的科学化水平。

其二，建立依法、依制度治腐的科学机制体制。建立这一体系，涉及法律和制度建设以及体制机制构建的两个重要方面。它不仅要求所制定制度的系统性，更重要的是要求这一制度的可操作性以及体制机制的科学性。在法律和制度建设以及体制机制构建中，后者的难度无疑是最大的。其难度笔者认为主要有二：一是现行纪律检查、监察机构设置问题。它不仅要求解决同级机构监督难的问题，更要求解决谁来监督监督者的问题。

可喜的是新一届中央领导集体已意识到这一问题，并正在进行纪律检查、监察机构设置改革，解决上级纪委监督不到、同级机构监督不了的问题，以及在纪委内部设纪检干部监察室来监督监督者，解决“灯下黑”的问题。二是真正做到党要管党、从严治党。这涉及党的自身建设问题，其关键是管好党的各级干部和实现党内生活民主化。还有一些深层次的问题，需要学界的共同探讨。

其三，制定科学合理的干部选拔、考核制度。早在半个多世纪前，毛泽东就精辟指出，“政治路线确定之后，干部就是决定的因素”，这说明了干部工作的重要性。干部教育管理是党要管党的一项重要内容，也是反腐倡廉问题的关键所在。对此需要重点做好两个方面的工作：一是坚持党管干部原则，推进党管干部制度的科学化。要严格按照党的原则选拔和任用干部，并对各类干部实施有效的管理和监督。二是建立科学的干部绩效考核标准。要切实改变以往以 GDP 指数为考核标准的做法，以立党为公、执政为民为导向，对干部的政绩进行科学考核。

（作者为中共肇庆市委党校科学文化教研室主任、教授）

建设中国砚都　传承中华优秀传统文化

巫广永

一、中华优秀传统文化的价值和意义

在西方文化的冲击面前，我们有必要重新审视中华优秀传统文化的现代价值和意义，凝聚实现中国梦的强大内生力量。党的十七大报告首次在党的文件中提出文化软实力概念。党的十八大再次强调，文化是民族的血脉，是人民的精神家园。全面建设小康社会，实现中华民族伟大复兴，必须推动社会主义文化大发展、大繁荣，兴起社会主义文化建设新高潮，提高国家文化软实力，发挥文化引领风尚、教育人民、服务社会、推动发展的作用。实现中华民族的伟大复兴，必须建立中华优秀传统文化传承体系，大力弘扬中华优秀传统文化。习近平总书记在全国宣传思想工作会议上指出，要“讲清楚中华优秀传统文化是中华民族的突出优势，是我们最深厚的文化软实力”；在会见俄罗斯汉学家、学习汉语的学生和媒体代表时指出：“文化就像一条绵延不断的河流，源头来自远古，又由许多支流、干流汇合而成。文化交流是民心工程、未来工程，潜移默化、润物无声。”因此，我们要认真把握中华优秀传统文化的价值内涵，从而彰显中国梦的精神力量。

中华优秀传统文化是指历经沧桑而积淀传承下来的文化精华，是中华民族五千年文明智慧和精神的结晶，具有超越时代局限、反映文明永恒性的价值特征，与整个民族，乃至整个人类的共同利益和福祉相契合，并对社会发展产生深刻的影响。中华优秀传统文化具有海纳百川、地承万物的气魄，因兼收并蓄而博大精深，因求同存异而源远流长，因历史悠久而底蕴深厚，因推陈出新而独领风骚，是中华民族的血脉、灵魂和根基，是中华民族区别于其他民族的根本标志，也是中华民族屹立于世界民族之林的坚强后盾。砚文化作为中华优秀传统文化之一，正承担着传承中华优秀文化的重任。2004年，肇庆获得“中国砚都”的殊荣。砚文化最高殊荣“落户”肇庆，让有着1 300多年生产加工端砚历史的肇庆人无比自豪。

二、“中国砚都”的文化内涵

肇庆获得“中国砚都”的称号绝对不是徒有虚名，肇庆端砚文化的由来也不是一朝一夕的事。中华文明史上，砚与纸、笔、墨一道，对在世界传播中国灿烂的文化有着极其重要的作用。作为“文房四宝”中砚首的端砚，堪称中华古老文化的杰出代表。端砚以“叩之不响、磨之无声、刚而不脆、柔而不滑、贮水不耗、发墨利笔、锋芒不退”享誉天下。据传，时值科举考试，正遇天寒地冻，墨凝汁结，开笔无方，考生哗然。只有来自南蛮之地——端州的王书生从容自如，呵气成墨，风头十足。随即，南蛮之地的端砚在京城被书生们所推崇，名声大噪。

端砚产于肇庆市羚羊峡斧柯山和北岭山一带，又名端溪砚。在1 300多年前的唐代，勤劳的肇庆人民就开始生产端砚。1952年在湖南长沙出土的一方唐代端溪箕形砚和1965年在广州出土的一方唐代端溪箕形砚，双双印证了端砚问世的历史之悠久。众砚之首的端砚，作为中国砚文化的代表，历经1 300多年而不衰。端砚的开采制作，始于唐初武德年间，以当地老坑、麻仔坑、坑仔岩等最为有名。

中国历代文人骚客赋予端砚丰富的文化内涵，结下跨越千载的不解之缘。唐代大书法家褚遂良得唐太宗赐端溪石渠砚，引以为耀；名相狄仁杰把武则天赐予的“日月合璧，五星连珠”端砚视为稀世之宝，并在砚台上镌刻铭文寄托忠君爱国的坚贞精神；宋代名臣包拯在端州任职三年，铁面无私，公正廉明，离任时“不持一砚归”，成为端州人民传颂至今的佳话；抗金名将岳飞在端砚上亲笔铭文“持坚守白，不磷不缁”八个行草大字，以此表明抗金卫国、还我河山的凌云之志和绝不与投降派同流合污的气节。自端砚问世以来，不少人专门从事端砚研究。武则天、宋神宗、乾隆皇帝、李贺、刘禹锡、苏东坡、包公、岳飞、文天祥等，都与端砚有段缘，流传的传说故事动人，美妙的诗词铭文传神，为端砚著书立说的也不少。研究端砚的专著，有欧阳修的《砚谱》、米芾的《砚史》、苏轼的《东坡志林》、李之林的《砚谱》等。千百年来逐渐形成的端砚文化，历久不衰，现今推陈出新，发扬光大。周恩来、邓小平等领导人曾多次携端砚走出国门，作为国际高层文化交流的风雅馈赠；广东省原省长黄华华也将端砚作为送给洋顾问的礼品。端砚已经成为展示中国国际形象的一张美丽面孔。

如今，这一文化传统在端砚之乡完整地保存着，并被这个取得“中国砚都”称号和获得原产地保护的城市赋予了种种新的演绎，是肇庆极为重要的思想文化资源。端砚文化在城市文化发展战略中获得了相当高的地位，成为“文化名市”建设的最重要内容之一。肇庆专门从事端砚制作的厂家和作坊近500家；从事取石、选料、设计、雕刻、打磨、配盒、销售等相关人员近万人，年产端砚10万方以上，远销日本、韩国、东南亚国家和中国港澳台地区。在肇庆，一批当代端砚工艺美术师和民间艺人脱颖而出。挖掘、弘扬端砚文化大有可为，他们将传统的端砚艺术与现代的端砚艺术结合起来，无论创作人物、山水、云龙、花鸟，还是金石、篆刻，无不精益求精，使端砚艺术得以发扬光大。其中，代表人物有罗星培、罗焯培、罗耀、程泗、黎铿、刘演良、张庆明、梁弘健、梁子峰、陈洪新、陈日荣、陈伟刚、孔繁星、冯绍谋、梁满雄等。他们的作品多次参加国内外展览，并被人民大会堂、故宫博物院和省市工艺美术馆、陈列馆收藏。2003年，首届“中国端砚文化节”公开举行了以端砚精品拍卖为内容的交易。出自中国工艺美术大师黎铿之手的“中华九龙宝砚”以200万元人民币拍卖成交，成为文化节一大亮点。有相关人士认为，端砚称得上是中国最古老、延续得最长的商品品牌。端砚已成为肇庆最富地方特色、最有文化品位、最具历史价值的文化“名片”。

三、建设中国砚都，传承中华优秀传统文化

砚文化是中华文化的重要组成部分，在国内四十多种砚台中，端砚排

名首位，是中华文化产生、发展和传承的重要载体，也是中华文化得以发扬光大的重要力量，端砚文化在国内、国际交往中也越显重要。打造"中国砚都"，把端砚品牌作为建设文化强市的重要内容，全力擦亮"中国砚都"名片，大力弘扬端砚文化，就是传承中华优秀传统文化的最好方式和最有效的途径。因此，应该从以下三个方面加强肇庆"中国砚都"的建设：

1.定期举办砚文化学术研讨会，挖掘"中国砚都"的文化价值

研讨会是中国砚界以至整个文化界的一件盛事，对传承、弘扬和发展中华砚文化，促进肇庆和广东对砚文化、对中华优秀传统文化的研究具有重要意义。中华砚文化是中华文化百花园中绚丽夺目的奇葩，定期举办砚文化研讨会，共同探索制砚技艺等非物质文化遗产的保护、传承与发展，可以不断丰富和发展中华砚文化的理论与实践。通过邀请国内外专家参与研讨，推动端砚文化走出肇庆、走出国门、走向世界，为中华文明的传承发展作出贡献。

2.做大、做强端砚文化产业

肇庆现有端砚生产企业百余家，端砚作坊四百多户，从业人员一万多人。针对端砚文化产业的发展，我们应该做好发展规划，打造端砚文化传播、端砚产品生产销售、端砚工艺美术人才培养、端砚科普教育旅游等基地，并且要高瞻远瞩，落实端砚文化发展战略：体制创新战略，改革端砚的管理体制；可持续发展战略，科学和合理利用砚石资源，实现端砚业的可持续发展；市场创新战略，进一步改进、提高制砚工艺水平，面向市场开发独特的工艺品、纪念品；文化经济战略，以端砚为载体发展、挖掘肇庆的历史文化，以端砚业推进旅游业，以旅游业带旺端砚业；品牌保护战略，提高端砚原产地域产品的知名度、质量信誉和无形资产价值，维护端砚的高品质形象。

3.保护和培育端砚文化载体

端砚文化得以延续，其载体也是不可或缺的。端砚开采的文化载体主要是指老坑、坑仔岩、麻子坑，其并称为端州"三大名坑"。另外，还有宋坑、梅花坑、绿端、古塔坑、朝天岩、宣德岩、白线岩、斧柯东诸坑

等，它们散落分布在老坑附近的山岩和肇庆北岭等地，开采时期由宋至明清。由这些具有漫长开采历史的矿坑勾勒出来的端砚石开采史是端砚文化的重要脉络。因此要处理好保护开采地与适度发展之间的关系，不能盲目和过度开发，造成端砚文化载体的消失。又如端砚白石文化村被国家文化部批准为“国家级文化产业示范地”、“广东省文化（创意）产业园区”、“广东省版权兴业示范基地”，所以我们应该大力培养其成为文化村，围绕白石村建设端砚文化主题公园、文房四宝商业街、端砚展览馆、端砚故事雕塑展馆、端砚文化广场等文化艺术休闲场所，将其建成集旅游、购物、观光、探究端砚文化于一体的文化旅游基地。

（作者为中共肇庆市委党校科学社会主义教研室教师）

从老子的和谐思想看现代生态环境保护

莫春晖

《老子》又名《道德经》，是先秦诸子百家中道家的重要著作。《老子》中有两个极为重要的概念，即“道”和“无为”。由“道”和“无为”衍生出一个新的概念——和谐。分析老子的和谐社会思想，无疑可以为生态环境问题的解决提供有价值的宝贵资源，使我们从中获得解决生态环境问题的智慧和启示。

一、老子“无为”的生态伦理思想

生态伦理是指人类在进行与自然生态有关的活动中所形成的伦理关系及其调节原则。从宏观层面来看，生态伦理问题与人类未来的生存问题关系最为密切。在资源相对短缺、污染严重的今天，研究生态伦理意义重大。早在2 500年前，老子就对人与自然的关系、人对自然的态度、人们的生活方式等问题进行了探讨。老子的思想中包含了当代意义上的生态伦理的内容。老子的生态伦理思想体现在“天人合一”的生态世界观上。

1.天人相通

在老子看来，自然界中天、地、人三者是相应的。老子曰：“故道大，天大，地大，人亦大。域中有四大，而人居其一焉。”有天有地有人，即有自然界、有人类社会，因此可以理解为整个地球生态系统。老子曰：“人法地，地法天，天法道，道法自然。”老子认为，人、地、天都要效法道，而道要效法自然。这表明了人来自自然，是自然的一部分，人与自然是一致与相通的，因此一切人事均应顺乎自然规律，使之达到人与自然的和谐。“天人合一、天人相通”思想体现了人与自然的和谐，是生态伦理学的基本思想。

2.万物平等

老子提出了宇宙万物的生成模式和“道”在这一过程中所起的作用。老子曰：“道生一，一生二，二生三，三生万物。”天地万物作为“道”的产物均是与道为一、天然平等的。人与万物同质同源，天然平等，没有任何特殊权利以优越者自居。因此，人类对自然万物要平等视之、平等待之，应该加以利用和保护，而不能征服和改造。

3.万物相系

人与自然和谐统一，天地万物自然平等，那么在自然之秩序中，宇宙万物是怎样维系的呢？老子曰：“天网恢恢，疏而不失。”老子认为，大自然是由万事万物的互相影响、互相作用、互相制约而生成的一张生态之网，这张网虽然网眼稀疏，却没有缺失。这体现了万事万物是普遍联系的观点，和关于世界是普遍联系的基本观点是一致的。这种从普遍联系中来考察自然、明了自然之生存法则、确定人类行为方式的思维，正是实现人与自然和谐共生的前提条件。

天人相通、万物平等、万物相系的思想构成了老子“天人合一”生态世界观的基本内容。这些思想应用于人与自然关系的处理上，就是要消除以人类为中心的观念，把人与天地万物的关系视为彼此平等、互相影响的关系。人是自然的一部分，人不能脱离自然而存在，因此应该热爱自然，保护生态环境，最终达到人与自然和谐相处的状态。

二、当今社会发展中不和谐的现象

1.工业文明带来不良的社会后果

人类已经历了数千年的以对抗为基础的文明发展时代，即农业文明时代和工业文明时代。这是进步与灾难同生、欢乐与痛苦交混的时代。人类在不断征服自然和改造自然中创造了灿烂的文明，尤其是工业文明时代的到来，为人类创造了巨大的财富，也使人类的智能得到了前所未有的发展，从而造就了高度发达的科学技术。人们的生活因为发达的科学技术而越来越舒适。然而，与此同时，人类的行为也严重地破坏了自然界的生态平衡。科技是一把双刃剑，人类在享受着文明带来的成果的同时，也受到了自然界毫不留情的报复。

工业革命彻底改变了人类的生产和生活方式，把人类文明提升到一个前所未有的高度。与此同时，资源过度消耗、环境污染、生态破坏等一系列问题接踵而至。从20世纪30年代开始，那些进入工业化的西方国家，最早享受了工业化带来的繁荣，也最早吞下了工业化带来的苦果，环境“公害事件”层出不穷。

2.从世界范围来看，许多国家都曾遭遇过环境危机

由于生态环境的影响，古巴比伦文明毁灭了；19世纪，伦敦被称为“雾都”，污染最严重；20世纪60年代，日本被称为“公害列岛”。近代以来的“八大环境公害事件”给人们敲起了警钟，打破了人类肆意征服自然的美梦。

3.我国生态环境形势严峻

水和大气环境形势危急、土壤质量退化、生态系统更加脆弱，并已经呈现出压缩型、叠加型、复合型、耦合型的特点。环境污染也正在从城市向农村转移，从人口稠密区、经济发达区向人口稀疏、经济欠发达地区转移，从局地向区域扩散，从江河城市段向流域蔓延，从常规性污染向非常规性污染、有毒有害污染转化，从浅层次向深层次的环境问题演变。老的问题没有根本解决，新的问题不断出现。污染的范围在扩大，污染的程度在加剧，污染的风险在加剧，污染的危害在加大，治理的难度也在增加。生态形势不容乐观，区域生态系统结构破坏严重，生态服务功能持续下降。这就是我们现如今的生存状态。人与自然的和谐关系被彻底打破了。

三、和谐思想对创造良好生态环境的现代价值

随着经济社会的迅速发展，我们付出了牺牲生态的代价。所以，今天我们要按照十八大报告的要求，树立保护环境的意识，树立尊重自然、顺应自然、保护自然的生态文明理念，为国家发展和人民幸福创造良好的生

态环境。

1.遵循自然规律，做到“道法自然”

《老子》第二十五章中说：“人法地，地法天，天法道，道法自然。”人以地为法则，地以天为法则，天以道为法则，道的法则就是自然而然。所以，自然是人、地、天、道都应法的依据，人、天、地都要遵守自然之道来行事。在老子看来，既然作为万物之源的道都要顺应自然、按照自然的规律运行，那么在处理人与自然的关系之时更应该顺应自然，与自然和谐相处。这就是所谓的“道”。因此，我们在各领域的建设与发展过程中要注意协调人与自然的关系，要在不损害人与自然和谐关系的前提下利用自然资源。即要求我们树立“天人合一”的整体理念，遵守自然规律，与自然和谐相处。

2.顺应自然规律，做到“知常曰明、知和曰常”

(1) 知常曰明。老子的“天人合一”理念强调了自然规律在为人处事当中的重要性。《老子》第十六章说：“归根曰静，是谓复命。复命曰常，知常曰明。”在老子哲学中，“知常曰明”是重要内容之一。即老子认为只有认识了天地万物运动变化的规律，才叫作明智。在老子的思想看来，大自然的规律就是所谓的“天道”。“自然无为”是老子的重要观点之一。“自然”强调的是依据事物的本性任其自由发展，“无为”指的是在事物自由发展的过程中，人们不能妄意强加自己的行为。所以，“自然无为”并不是说人无所作为，它并不排斥人的行为，它所反对的是违背自然规律的强加妄为的那种行为。所以，天道自然而无为。

(2) 知和曰常。“崇尚和谐”是老子哲学的精华，也是中国传统文化的灵魂。在老子看来，和谐是自然的根本规律。万物都是由阴阳两方面构成的，阴阳二气的相互作用形成了“冲气”，也就是“中气”或“和气”。这里的“和”就是由阴阳二气交合而成的一种平衡、和谐的状态，可以这样说：“天之道，和为本。”《老子》第五十五章中再次强调了：“知和曰常，知常曰明。”老子看重的“和”也就是前文的“复命曰常”，认为“复命”即循环，是根本的和谐，是最根本的规律。所以，道家哲学是非常重视事物发展的这种循环往复的规律性的，它要求我们在生态保护中做到尊重自然、顺应自然、返璞归真。

3.崇尚自然规律，做到“知止不殆、知足不辱”

一方面，老子认为我们不仅要“知常”、“知和”，还要“知止”。即我们要认清事物自身所固有的限度，以限制或禁止自己的行为，做到适可而止。反省当代人类所处的自然环境不断恶化的原因，主要就是人们只顾眼前利益，而无限制地进行过度的行为。所以，任何事物的增长都要适度，否则就会带来灾难性的后果。目前有五大世界性难题：人口、粮食、资源、能源、环境，其问题的产生就是由盲目的无限制行为造成的。我们既要发展科学技术，为解决这些难题提供技术支持，也要牢固树立“知止不殆”的适度增长意识。

另一方面，老子哲学认为，要使人不违反自然规律，不仅要“知止”，认识与把握天地万物的限度，还要“知足”，克制自己的欲望不脱离实际情况，做到可持续发展。《老子》第四十四章说：“知足不辱，知止不殆，可以长久。”在这里，老子认为“知足”与“知止”是密切相关的。既然天地万物都有自己的限度，人的行为就应当有所禁止；既然人的行为有所禁止，那么人的欲望就应当有所满足与克制。所以，老子的“知足不辱”指的是我们要讲究实际、尊重规律，而不能为所欲为、贪得无厌，要使万物都得以可持续发展。

按照老子的理念，我们在实际的经济发展中必须改变长期以来的获得欲，克制人类自身的欲望，维持社会自身的可持续发展。改变长期以来为了人类的欲望而进行发展的自然观，追求那种万物一体、天人合一的可以使自然可持续发展的自然观，这样我们的社会生态才能真正得到保护，人类本身的利益与子孙后代的利益才能得以有机结合。

如今，面对令人担忧的生态环境，人类不得不重新反思人与自然之间的关系。在构建社会主义核心价值观的今天，中国已经站在了自己独特而深厚的文化底蕴基础上，经过几代人的不断探索，并在继承前人的基础上提出了以“民主法治、公平正义、诚信友爱、人与自然和谐相处”为特征的和谐社会建设。特别是十八大以来，中国提出建设“美丽中国”，这更是对老子“天人合一”生态伦理思想的传承与发展。我们有充足的理由相信，中国几千年来的文明发展史给我们今天的发展提供了肥沃的土壤，中国的优秀传统文化中的精华给我们的发展提供了充足的动力，我们有能力解决好我国目前发展中的问题，同时为全球的生态环境保护作出应有的贡献。

（作者为中共肇庆市委党校经济教研室主任、副教授）

浅析传统儒家文化中的廉政理念

白如雪

中国传统文化中，儒家思想具有很大的影响，其中以孔子、孟子、荀子为代表的儒家思想主张为很多统治者所推崇。在儒家的廉政思想体系中，伦理道德、民本思想、法治思想在社会生活中曾发挥了重要作用。其既通过对人的教化培养人的道德观念，又通过对人们思想的转变树立廉洁观念，从而达到治理国家的目的。

一、儒家文化中积极的廉政理念

1.孔子注重道德养成

(1) 从政者道德素质的培养。孔子认为，统治者作为行使国家公权力的主体，必须具有良好的道德品质，在从政过程中，政治应该与道德合为一体；解决政治中的首要问题，就是要解决统治者的自身素质问题。子曰：“政者，正也。子帅以正，孰敢不正。”从政者自身要端正，自身端正了，谁还敢不端正呢。子曰：“其身正，不令而行；其身不正，虽令不从。”当权者要品德端正，即使不下命令，百姓也会执行；当权者自身行为不正，即使下命令，百姓也不会服从。孔子指出：“苟正其身矣，于从政乎何为？不能正其身，如正人何？”从政者自身端正了，从政就不会有什么困难。如果自己的品德不端正，又怎样使别人品德端正呢？统治者要通过不断地克己、修己，经常地“见不贤而内自省”，坚持不懈地以“博学于文，约之以礼”来提高自身的道德修养，洁身自好，培养高尚的道德情操。自洁要求从政者“正其身”，做到洁身自好。为此，孔子要求从政者必须“非礼勿视，非礼勿听，非礼勿言，非礼勿动”。一是言行举止均以礼为标准，礼许之则为，礼禁之则不为，保持自身的高洁。二是见利思义、先公后私的道德准则。孔子曰："君子喻于义，小人喻于利。"(《论语·里仁》) 就是说，有道德的人，当然包括有道德的官员，都必定懂得义的道理，会去行义；而没有道德修养的小人就只会考虑自己的个人利益，追求一己私利。孔子不仅要求从政者不贪，还奉劝从政者洁身自好，拒收不义之财，不义而富且贵，于我如浮云。如果一个官员只知考虑自己的私利，鼠目寸光，只见眼前的一丁点小利益，只知聚敛财富，必定会招致多怨，结果是见小利，则大事不成。

(2) 德法并举的思想。在孔子的思想体系中，他强调道德在治理国家中的作用，以道德为主，辅之以刑政。道德高于刑罚，把政治的实施过程也看作道德感化的过程。孔子特别强调君臣之道、克己复礼。靠礼、忠、信等道德观念来维持君臣之间的关系，做到"君使臣以礼，臣事君以忠"。同时，孔子还主张以道德治理国家，以礼乐教化人民。重视德治的作用，并不是说完全忽略法治的作用，孔子也注意强调法治的作用。儒家在强调德治的同时，不仅不排斥法治，而且主张以法刑为辅，从而做到更好地贯彻德治的政治主张。我们可以在《论语》一书中找到很多思想观点来佐证。《论语·里仁》篇中所说的"君子怀刑"就是一例。这里的"刑"是广义的刑，相当于今天的法。"君子怀刑"就是强调治国的君子应当关心法度，注重国家法制的建设及其健全的运行。孔子认为道德是政治中的根本问题，这就有一个道德与刑政的关系。孔子主张以道德为主、以刑政为辅。他说，"道之以政，齐之以刑为政"，很清楚地表明了他对道德与刑政关系的看法。所以，在孔子的廉政思想中，我们可以看到，他一方面强调加强统治者、政府官员的道德修养，另一方面对那些"化之弗变，导之弗从，教之弗改"的贪污受贿的政府官员则强调用刑。在孔子的廉洁教育思想中，其强调既要重视为政以德，又不能忽视治国制刑，这对于今天我们治理国家也有很大的现实意义。

(3) 注重人才在治理国家中的作用。孔子认为，一个政治清明、德治实行得好的国家，一定要有良好的从政人员来治理，发挥其在道德上的典范作用。所以，在孔子的理念中，他特别重视人才的选拔。他主张将贤良充实到国家政治权力的队伍中，选拔贤能之士来辅佐统治者治理国家。孔子曰："举直搓诸枉，则民服；举枉错诸直，则民不服。"就是说，举荐那些正直的人做官，老百姓就会心服口服，否则民众是不会甘心服从的。在举贤才的问题上，孔子指出：“不以言举人，不以人废言。”对贤才的选拔要听其言，观其行。可见在孔子的思想中，选拔贤才治理国家也是实行德治的一个重要因素。

2.孟子侧重爱民、取廉、举贤

孟子是儒家学派最重要的代表人物之一，是战国时期伟大的思想家。他的廉政思想对中国廉政文化产生了积极的影响。在孟子的廉洁教育理论体系中，爱民、取廉、举贤是他廉政教育思想的主要内容。

(1) 孟子提出“民为贵，社稷次之，君为轻”的思想，也就是民贵君轻的思想，认为“得其民，斯得天下矣”。孟子主张以仁爱之心对待人民。给民以恒产，在物质上保证人民的正常生活，恒产也有利于保证人们对统治者的信心。同时，孟子主张轻徭薄赋的思想及不违民时的原则，徭赋的轻重对农民的生产和生活有直接的影响。孟子主张实行仁政，不违背王道来争取人民。孟子提出统治者应该“与民同乐”的廉政思想。孟子曰：“乐民之乐者，民亦乐其乐；忧民之忧者，民亦忧其忧。乐以天下，忧以天下，然而不王者，未之有也。”孟子认为统治者能否做到这一点，关系到国家的安危和统治者地位的巩固与否。孟子提出关爱人、尊重人是实行仁政的廉政思想基础。他说：“老吾老以及人之老，幼吾幼以及人之幼，天下可运于掌矣。”他认为树立尊老爱幼的社会风尚，是家庭和睦的基础，也是社会稳定的基础。

(2) 从政者要廉洁从政。孟子见梁惠王，王曰：“叟不远千里而来，亦将有以利吾国乎？”孟子对曰：“王何必曰利？亦有仁义而已矣。王曰：‘何以利吾国？’大夫曰：‘何以利吾家？’士庶人曰：‘何以利吾身？’上下交征利，而国危矣……苟为后义而先利，不夺不餍。未有仁而遗其亲者也，未有义而后其君者也。王亦曰仁义而已矣，何必曰利？”孟子在这里论述了义和利的关系。孟子认为，过分地追求个人利益而忽视国家利益，就会导致国家出现一种混乱的局面，反过来也会影响个人的利益。官员一旦贪污腐败、行贿受贿，就必然会把廉洁奉公抛在脑后，就会不以为耻，反以为荣，所以孟子特别强调在钱财问题上应该讲原则，“可以取,可以无取，取伤廉”，若是取了不义之财，就是伤害了廉，这是君子所不齿的。为政要廉、为廉必正，从政者只有正大光明、公正无私、身心端正、正直坦荡，才能公正廉明，廉政才可能得以实现。

(3) 孟子提出举贤才治国的思想。孟子认为，实行仁政的首要条件就是举贤才，只有贤能之士才能保证仁政的正确实施。在举贤才的问题上，孟子作了如下的论述：“何谓贤者？左右皆曰贤，未可也；诸大夫皆曰贤，未可也；国人皆曰贤，然后察之，见贤焉，然后用之。”孟子认为，选贤任能，统治者应广泛地听取各阶层的意见。

3.荀子偏爱道德礼法

荀子作为儒家学派的另一位有影响力的思想家，对孔子、孟子的思想有了进一步的发展，并在一些方面作出了创新。

(1) 平政爱民，长治久安。所谓平民爱政，是要求君王处理好与臣民的关系。君与民的关系好比舟与水的关系，荀子认为：“传曰：‘君者，舟也；庶人者，水也。水则载舟，水则覆舟。’此之谓也。故君人者，欲安，则莫若平政爱民矣。”他又说：“庶人骇政，则莫若惠之。选贤良，举笃敬，兴孝悌，收孤寡，补贫穷，如是，则庶人安政矣。庶人安政，然后君子安位。”如果君王与臣民的关系处理不好，不仅政权难保，甚至还会招来杀身之祸。因此，庶人的意志不能违背。只有做到平政爱民，才能达到长治久安的目的。

(2) 尚贤使能的用人观。荀子发展了孔子、孟子的举贤才思想，并提出了破格提拔、打破论资排辈的用人方法，主张越级提拔那些有才德的人。荀子指出：“尊圣者王，贵贤者霸，敬贤者存，慢贤者亡，古今一也。”因此，君王在治国的政治路线确定之后，就应该把尚贤使能作为组织路线。“得其人，则身佚而国治，功大而名美。”否则，“劳而国乱，功废而名辱，社稷必危”。历史的经验证明，“善择者制人，不善择者人制之；善择之者王，不善择之者亡”。而当今之世，“先祖当贤，后子孙必显；行虽如桀、纣，列从必尊”的世卿世禄制度，已成为社会不安定的祸根，必须废除。“虽工公卜大夫之子孙，不能属于礼义，则归之庶人。虽庶之子孙，积文学，正身行，能属于礼义者，则归之卿相士大夫戈。”在官吏的选拔与使用上，应做到无德不贵、无能不官、无功不赏、无罪不罚。不论出身门第和社会地位的高低，只要德才兼备，就应“论德而定次，量能而授官”；反之，即使出身名门，身居高位，而无德无才，也要降为庶人。论德使能乃圣王之道也。此外，尚贤使能还应“外不避仇，内不阿亲，无恤亲疏，无偏贵贱，以功授官，以实定名。故君人者，欲立功名，则莫尚贤使能矣”。

(3) 隆重礼法，礼法并重。所谓隆重礼法，就是要礼与法并重。“礼者，法之大分，类之纲纪也。”礼也就是典章制度，即将奴隶制的礼义改造成为适合新兴地主阶级利益的等级制度、道德规范、行为准则，以建立封建新秩序。法是实施规章制度的有力保障，因此要重视法律，依法治国。“治则刑重”，“礼行于前，法步于后”。“有法度之治，故群臣皆出于方正之治而不敢为奸。”“嫉妒之人不得用其贼心，谗谀之人不得施其巧，千里之外不敢擅为非。”荀子在强调道德、礼法的同时，更强调法律在治理国家中的作用。他强调应严惩违法犯罪的官吏，做到正法以治官，使百吏畏法循绳。

儒家传统文化中的廉政教育思想具有很多合理的内容，但是儒家传统廉洁文化也存在着两面性特征，认识其两面性是为了更好地促进当代中国廉洁文化建设和廉政建设。

二、传统儒家廉洁文化双面性特征：“潜规则”和“显规则”并行

1.政治行为中的“潜规则”和“显规则”并行是中国传统廉洁文化的双面性的集中体现

中国封建专制政治体制下的政治运作具有明显的双重性，对外依据的是合法的公开的规则，而实际运作则完全是依据另外一套，即中国社会大行其道的“潜规则”。入仕是古代士子实现其价值的唯一通道，表面上他们要以圣人之道砥砺名节，但在私下，则一定要练就遵循“潜规则”的本领，否则就不能见容于官场。虽然也有“先天下之忧而忧，后天下之乐而

乐”的范仲淹，有倡言“廉者，民之表也；贪者，民之贼也”的包拯等清官，但是这历代清官在封建王朝的尴尬处境恰恰体现出了“显规则”遭遇“潜规则”的尴尬。他们实心实意根据廉洁的标准陶冶自己的品德，规范自己的言行，也确实为历代的老百姓所景仰。他们遵循“显规则”，并且不折不扣地执行，但他们屡屡与官场内部心照不宣的“潜规则”相抵触，因此往往为他人所不容。表面上他们往往有极隆的声誉，但在实际政治过程中却受到官场的掣肘、冷遇，甚至打击。因此他们总是在官场上浮浮沉沉。

2.政治行为中的“潜规则”和“显规则”并行的主要原因

（1）封建王朝的最高统治者是这种双面文化的始作俑者。出于维护统治的需要，历代的最高统治者会维护其廉正清明的形象。因为在古代的政治家和学者看来，“为主贪，必丧其国”，“上苟好奢，则天下贪冒之吏将肆心焉；上苟好利，则天下聚敛之臣将置力焉”。由此可见，封建帝王的廉洁形象只是其统治的需要，一旦统治稳固，骄奢淫逸的现象则难免显现。开创“贞观之治”的李世民稳居帝位不久，奢靡之风已有抬头，他醉心于“崇饰宫宇，游赏池台”。贞观五年（631 年）九月修仁寿宫，接着又修洛阳宫，凿池筑山，雕饰华靡；贞观八年（634 年）十月营造大明宫，贞观后期修建飞山宫。连他自己都说：“吾位居以来，不善多矣，锦绣珠玉不绝于前，宫室台榭多有兴作，犬马鹰隼无远不至，行游四方，供顿烦劳，此皆吾之深过……顾功大过微，故业不堕，然比之尽善尽美，因多愧矣。”

（2）封建王朝的反腐和廉政建设服从于皇权统治和政治斗争的需要，故所谓的反腐倡廉常常流于形式。专制独裁的封建王朝对贪污腐败，反还是不反，什么时候反，什么时候不反，反哪些人，不反哪些人，反到什么程度，都以皇权是否受到威胁作为惩处腐败的根本衡量标准。历史学家王春瑜总结出中国封建社会反腐败的一个特点，那就是反腐败常常变成政治斗争的工具，有利于专制独裁时就反，不利于专制独裁时就不反。反腐败从来不是目的，只是手段。究竟要把哪一个贪官抓出来，这就要服从皇权统治的需要。以严刑峻法惩贪治腐的朱元璋在洪武十三年（1380 年）以擅权枉法之罪诛杀丞相胡惟庸，固然胡惟庸确实有一意专行、纳贿营私之罪，但其被杀的根本原因还是相权冲击了君权，不利于朱元璋的专制统治。

(3) 儒家伦理文化的工具性和虚伪。儒家思想一直是中国封建社会的主流意识形态。中国传统文化必然会打上儒家思想的深深烙印，廉洁文化也当然如此。儒家思想是维持封建王朝稳定的工具。孔子说：“道之以政，齐之以刑，民免而无耻；道之以德，齐之以礼，有耻且格。”这种工具性价值决定了它的虚伪性。“满嘴仁义道德，实质男盗女娼。”鲁迅对此作出过深刻的批判。如很多贪渎行贿之事都在“礼”的名义下肆行无忌。寒暑变迁有“冰敬”、“炭敬”，平日送礼有“别敬”，婚丧喜庆有贺礼，中国社会传统的庆贺送礼，往往成了明目张胆的行贿。时至今日，社会上仍可见其影子，可见流毒之深远。

“中华文化是中华民族生生不息、团结奋进的不竭动力。要全面认识祖国传统文化，取其精华，去其糟粕，使之与当代社会相适应、与现代文明相协调，保持民族性，体现时代性。”这就说明了要坚持历史唯物主义的指导，从中国传统文化发展的历史深度，从现代文明发展的时代高度，从当代中国政治发展的现实需要，来认识和取舍中国传统廉洁文化。从中国传统文化发展的历史深度出发，就是要继承和弘扬中国传统廉洁文化的优良传统；从现代文明发展的时代高度出发，就是要坚持与时俱进，去其“人治”，取其“德治”，加入“法治”，实现“以德治国”和“以法治国”相结合。

（作者为中共肇庆市委党校党史党建教研室主任、副教授）

从《论语》中看“礼”的当代价值

谭庆娟

习近平总书记自十八大以来多次强调，要立足中华优秀传统文化，深入挖掘和阐发中华优秀传统文化中蕴含的时代价值，构建具有强大感召力的核心价值观。而社会主义核心价值观中的种种，诸如仁义、诚信、友爱、尚和合、求大同等，其外在的表现形式均可用《论语》一书中的“礼”字来概括。当今中国，由于人们普遍遭遇价值缺失的困境，因此，加强社会主义核心价值观体系建设，丰富人民群众精神文化生活，增强人民精神力量，都离不开对“礼”的倡导和弘扬。

一、《论语》中“礼”的核心地位

从古到今，“礼”影响着我们生活的方方面面。如果不了解“礼”，就不能真正理解中国传统文化；如果不能继承传统礼仪中的合理内核，弘扬中华文化实际上就是一句空话。“礼”对中国传统文化的重要性可以用三句话来概括：①中华是礼仪之邦；②儒家文化是礼乐文化；③礼是中国传统文化的核心。

在孔子的礼学思想体系中，《论语》一书始终贯穿着“礼”这一核心思想，“礼”在全书中直接或间接地出现了70多次。“礼”是建立在“仁”的基础上的，孔子及其弟子多次阐析了“礼”的重要性。首先，“礼”是君子修身之道。《论语·里仁》中有“子曰：‘恭而无礼则劳，慎而无礼则葸，勇而无礼则乱，直而无礼则绞。’”（意思是说，恭敬而不顾礼法就会辛苦，谨慎而不顾礼法就会胆小怕事，勇敢而不懂礼法就会作乱，直爽而不按礼法行事就会尖刻刺人。）君子有种种美好的品格，其基本前提是接受“礼”的节制，只有合礼、守礼、循礼，才有其价值。再者，“礼”是与人交往之道。《论语·泰伯》言：“不学礼，无以立。”（意思是说，不学礼，在社会上无法站稳脚跟。）“礼”是衡量一切社会行为的准则，君子与人交往，离不开“礼”的约束与规范，无“礼”则寸步难行。更进一步说，“礼”是治国之道，“推行仁政，礼治天下，方可天下大同”。这一思想在《论语·为政》中得到了充分的体现。“子曰：‘道之以政，齐之以刑，民免而无耻;道之以德，齐之以礼，有耻且格。’”（意思是说，用政令来治理百姓，用刑法来整顿他们，老百姓只求能免于犯罪受惩罚，却没有廉耻之心；用道德引导百姓，用礼制去同化他们，百姓不仅会有羞耻之心，而且有归服之心。）由此可见，儒家讲求的就是仁政与德政，以及礼的树立。“礼”与“仁”同为治国安邦的重要手段，它们相辅相成，互为表里，成为儒家思想价值体系的核心内容。

二、《论语》中“礼”的思想内涵

《论语》中“礼”的思想内容丰富，寓意深刻，主要有以下几种含义：

1.指具体的礼仪、礼节

例如丧礼，子曰：“生，事之以礼；死，葬之以礼，祭之以礼。”（意思是说，父母在世，按照礼节侍奉他们；死了，按照礼节埋葬他们，按照礼节祭祀他们。）我们今天的婚丧嫁娶，很多礼节、礼仪是从古代沿袭下来的。需要指出的是，“礼”的本质是仁心与敬让。我们对“礼”的理解，不可囿于外在的形式，而要关注其内在的情感、态度是否合乎“敬”的原则。当今清明祭祖，离家万里的人在网上写文、献花、点烛寄托哀思，不失为一种“礼”，而有人却花费大把金钱请人代理扫墓，代烧支票、外汇、电脑、别墅，甚至烧“小三”画像，代自己在先人墓前痛哭流涕。表面看来很隆重，很讲礼节，实际上这种“礼”脱离不了“作秀”和“炫富”的嫌疑，也有违清明节慎终追远的本义，所以只是“虚礼”、“假意”，不能感动人。礼主敬，敬意在心，方可称之为“礼”。

2.指合乎道德要求的行为规范

《论语·颜渊》中言：“子曰：‘非礼勿视，非礼勿听，非礼勿言，非礼勿动。’”（意思是说，不合乎礼的不看，不合乎礼的不听，不合乎礼的不说，不合乎礼的不干。）礼是一个人为人处事的根本，也是人之所以为人的一个标准。中山大学前校长黄达人于2007年首度引进西方毕业礼，每年亲手为上万名毕业生颁授学位。他长时间站立，对每一名毕业生微笑，与每一名毕业生交流、握手，颁发学位证书，不辞劳苦。这种庄严肃穆的仪式对构建大学礼仪文化、弘扬大学精神产生了深远影响，受到了众人的一致赞誉。

3.指治理国家的理念、制度

广义的“礼”是协调人际关系、稳定社会秩序的仪节形式，包括合于道德要求的治国理念和典章制度。《论语·先进》中有“为国以礼”的说法。孔子崇尚“周公制礼作乐”，周公以道德建设为主旨，提出了勤政、无逸、戒酒、孝友等条目，要求臣下恪守。这些执政思想直到今天仍有深刻的意义。之前有“表哥”杨达才在造成36人死亡的延安特大车祸现场不合时宜地露出笑容，成为众矢之的；近日，又传出江西某市政府办公室副主任在3名小学生溺水救援现场，为避免蹚水让同事背其过河，在短时间内被群众舆论拉下马来。在当今的法治社会，像杨达才这样的贪官，像“水煮红小豆”局长这样的懒政官员，像醉驾被查的广州番禺区榄核镇纪委书记，像不守孝道殴打父母的深圳公务员廖天野，都将为他们不守“礼”和不合“法”的行为付出代价。

三、《论语》中“礼”的当代价值

孔子的礼学思想重实践、合道理、体人情。即便在科技与经济飞速发展的今天，仍有其重要价值。下面略举几点，谈谈感悟。

1.克己复礼——节制欲望，修养身心

子曰：“克己复礼为仁。一日克己复礼，天下归仁焉。为仁由己，而由人乎哉？”（意思是，克制自己，一切都照着礼的要求去做，这就是仁。一旦这样做了，天下的一切就都归于仁了。实行仁德，完全在于自己，难道还在于别人吗？）“克己”就是“节制欲望”。现代人有太多的欲望和需求，当其欲望得不到满足的时候，身心便会处于烦躁甚至是失控的状态。这时需要一种强大的精神力量去对抗这种失衡，而“礼”的教化和修为便是利器。在心灵得到净化以后，就能自然而然恢复“礼”的境界，做到随时随地很庄严、很诚敬，对人对事处处有礼、有节制，那便是礼仪了。

2.恭近于礼——远离侮辱，自尊自强

子曰：“恭近于礼，远耻辱也。”（意思是，态度容貌庄矜而合于礼，就不至于遭受侮辱。）浮躁与利己、自私之心让有些人变得偏执狭隘。近日媒体报道有一男一女公交车司机分别被一老汉、一老太骂晕，生活中的不如意如何消解？君子高人一等之处，是他的心胸坦荡、谨守礼法，不与他人，更不与小人计较，保持心灵的高贵洁净。近年来，网络报道了大量的对摔倒者“不扶”、“扶被讹”现象——“三儿童扶老太被诬撞人”、“上海老人倒地无人扶”、“军人扶老人反被讹三千”……不少人站在道德的制高点上批判国人缺乏同情心，素质低下。沈阳却有一位老人被电动车撞后，对撞人的小伙子说：“我有社保，你去上班吧。”这位老人处理不愉快事件的态度，不是不依不饶、破口大骂，而是一种息事宁人的“礼”，给社会带来了正能量，也让那些为挽回损失不惜讹诈好心人的人，那些在公交车、地铁上为争座位而大打出手的人，那些路见危难漠然处之的人相形见绌。

3.为富而仁——行善积德，广结善缘

子贡曰：“贫而无谄，富而无骄，何如？”子曰：“可也，未若贫而乐，富而好礼者也。”（意思是，子贡问：“虽然贫穷但不谄媚，虽然富有但不骄傲，这样的人，老师以为如何呢？”孔子回答说：“可以，只是还不如贫穷仍能乐道、富贵仍然好礼的人。”）安贫乐道，不亢不卑，穷且快乐，是一种淡泊宁静的人生境界。更可贵的是富而好礼者，不因金钱带来的优越感而自骄骄人，依然以礼待人，谦逊平和，甚至追求道德的自我完善，乐于救济他人，回报社会。高调慈善的陈光标虽在炫富，“礼数”或不周，但“好礼”之心却是真真切切的，低调慈善如“微捐”方式的集腋成裘、“免费馒头”的长久坚持、“待用快餐”的体贴温暖等，都是一种“礼”。现代社会行善的方式是多元的，比别人富有的人，只要是真心帮助有需求者的，就值得社会尊重。

4.礼让治国——学会礼让，文明和谐

子曰："能以礼让为国乎，何有？不能以礼让为国，如礼何？"（意思是，能够用礼让原则来治理国家，那还有什么困难呢？不能用礼让原则来治理国家，怎么能实行礼呢？）在现实境况中，不少人的行动原则，就是抢先得到实际的好处和利益。正由于一些人时时处处都不择手段地"抢"，我们的社会才变成一个越来越崇尚"抢"的世界：日本核泄漏事件之后，中国掀起了"抢盐"狂潮；在交通路口，我们总能看到闯红灯的人，只为"抢先一步"；但凡需要排队的地方，我们总能看到插队的人……"抢"折射出中华民族素养、文明、道德、心态等方面的缺陷。回归中华优秀传统文化、以礼让之心医治国民痼疾、重塑谦谦君子的国民形象、重建礼让文明的社会迫在眉睫。

5.有理有节——追求和平，世界大同

有子曰："礼之用，和为贵。先王之道，斯为美，小大由之。有所不行，知和而和，不以礼节之，亦不可行也。"（意思是说，礼的应用，以和谐为贵。古代君王的治国方法，最可贵的地方就在于此。无论大事小事，都要遵循这一原则。但也有不能"和"的时候，如果只是为了和谐而和谐，而不依照礼制来节制，也是不可行的。）这句话深刻地诠释了"礼"与"和"的关系。"和"是中华民族普遍具有的价值观和理想追求，《论语》中的"君子和而不同，小人同而不和"正表达了孔子提倡的"和"并不是无原则的调和与苟同，不是盲从附和、不分是非，而是"和而不同"——在承认事物有差别的前提下的统一与和谐。这正与当今中国倡导世界和平的理念——推动不同的文明相互尊重、和平共处相契合。

四、当今社会"礼"的失落和重建

恩格斯指出："人们自觉或不自觉地，归根结底总是从他们阶级地位所依据的实际关系中——从他们进行生产和交换的经济关系中，获取他们的道德观念。"同样，孔子的礼学思想也不可避免地打上了时代的烙印，具有一定的局限性。春秋战国时期，周室衰乱，孔子曾感叹“礼崩乐坏”。自汉朝以来，“礼”被执政者利用，成为统治人民的工具。近百年以来，尤其是十年动乱时期，“礼”又被妖魔化，人们避之唯恐不及，以致“礼”渐行渐远。

如何重建道德是当今中国社会面临的一个最为严峻的挑战。凭借法治的力量可扬善遏恶，但要真正拯救道德人心，最终还需从中华优秀传统文化的核心价值观中寻觅精神的力量。人们开始反思“礼”对现代社会道德秩序的重建的重要意义，认识到“礼”是行为的准则、文明的基础。尽管“礼”的表现形式会随着时代的发展而变化，但“礼”作为维系中国社会的支柱，其基本精神是不会变的。现代中国呼吁“礼”的重建，要恢复传统礼仪精神，让“礼”回归我们的生活，回归我们的思想意识之中。

当今时代，如何以社会主义核心价值观为指导，弘扬孔子尚“礼”、践“礼”的精神呢？我们需要做的，是建立与中国优秀传统文化相衔接、与社会主义市场经济相适应的新型道德体系，与时俱进地继承和发扬孔子的礼学思想中的精华，为国人提供正确的精神指引和强大的精神动力。倘若我们努力推广中华优秀传统文化的教育，把正确的道德认知、自觉的道德养成、积极的道德实践紧密结合起来，提高全民的礼仪素养，使得社会向着“仁”和“礼”的目标前行，相信最终将可营造出一个人人讲文明、处处充满礼仪的美好社会。

(作者为肇庆中学高级教师)